부모들이 모르는
우리 아이 ADHD 이야기

학교생활과 인생의 성공을 위한 자녀의 힘을 기르는 양육법

부모들이 모르는 우리 아이 ADHD 이야기

샤론 살린 지음 ✦ **송지영** 옮김

圖書出版 하나醫學社

What Your ADHD Child Wishes You Knew
: Working Together to Empower Kids for Success in School and Life
Copyright © 2018 by Sharon Saline

한국 독자들에게 보내는 메시지

제가 25년 넘게 ADHD 아동과 십 대, 이들의 가족들을 치료하는 동안
정신장애에 관한 정보와 치료법은 드라마틱하게 변하였습니다.
그래서 저는 이 책이 ADHD 아동과 십 대를 양육하며
매일 맞닥뜨리는 문제에 해결책을 제공하고,
가족 구성원이 친밀한 연대감을 조성할 수 있도록 ADHD의 복잡한 특징을
모두가 이해할 수 있는 언어로 번역될 수 있게 집필하였습니다.
모든 한국 독자들이 저의 5C 양육방법으로
자신만의 고유한 뇌를 수용하고, 고유한 특성으로 인해 기뻐하며
매일의 삶 가운데 갈등은 줄이고 평정심은 늘려갈 수 있기를
진심으로 소망합니다.

샤론 살린

저를 믿고 자신의 이야기를 들려준 아이들과
이 프로젝트의 시작부터 저를 믿어주신 어머니께 이 책을 바칩니다.

이 책에 쏟아진 찬사

"바쁜 부모가 실제로 읽고 적용할 수 있는 간결한 책입니다. 확실한 근거가 있고 권위가 있으면서도 절대 현학적이지 않습니다. 또한, 현명하고 친절하며 ADHD 아동의 활기찬 목소리로 가득합니다. 이 책은 긍정적인 에너지와 신뢰할 수 있는 정보가 깃든 보물창고와 같은 훌륭한 책으로, 여러분의 필요를 지속적으로 충족시켜 줄 것입니다. ADHD 자녀를 가진 모든 부모가 읽어야 할 책이라고 생각합니다."

– **에드워드 할로웰**Edward Hallowell, MD
베스트셀러 『Delivered from Distraction』 저자

"저희는 ADHD 아동의 일상을 돕기 위한 여러 효과적인 치료와 전략을 제공하고 있습니다. 이 책에서는 이러한 치료, 전략과 동등하게 중요한 치료법을 제공하는데, 그것은 바로 '이해받는다는 느낌'입니다. 저는 이 책이 부모를 도와 자녀와 더욱 깊은 관계를 맺음으로써, 가족 전체를 번창하게 한다는 점이 너무나 좋습니다."

– **아리 터크만**Ari Tuckman, 심리학 박사
『More Attention, Less Deficit』, 『Understand Your Brain, Get More Done』 저자

"살린 박사는 부모로 하여금 가족의 부정적, 긍정적 사고 패턴을 이해하고, 건강하지 못한 행동요소를 발견한 후, 그녀의 5C 양육방법을 사용해 실행가능한 해결책을 사용하도록 안내하고 있습니다. 제가 이 책을 강력히 추천하는 이유는, 이 책을 통해 부모가 자신의 능력을 조율하여 자녀가 보내는 사인을 정확하게 듣고 보게 하며, 꼬여버린 대화의 매듭을 풀고, ADHD와 더불어 살기 위한 가족 구성원 모두의 대처능력을 개선하도록 돕기 때문입니다."

– **아론 벡**Aaron T. Beck, 펜실베니아 주립대 의과대학 명예교수

"ADHD 아동의 부모를 교육하고 집행기능의 어려움을 이야기할 때 제가 전달하고자 하는 메시지는 '대부분의 ADHD 아동들은 잘 자란다'라는 것입니다. 이 책은 자녀가 잘 자라기를 바라는 부모를 위한 훌륭한 청사진입니다. 살린 박사는 내담자의 말을 경청하는 법을 터득한 숙련된 치료전문가입니다. 이 책은 우리에게 살린 박사처럼 경청하는 법을 가르쳐 줍니다."

– **페그 도슨**Peg Dawson, 심리학자

『산만한 내 아이 집중력 높이는 방법Smart but Scattered』 공동저자

"살린 박사는 ADHD로 광범위하게 영향을 받고 있는 개인과 가족에게 자애롭고 일관성 있으며 포괄적인 안내를 제시합니다. 그녀의 5C 양육방법은 ADHD로서 겪는 삶의 다양한 어려움을 극복하기 위한 해결책의 실질적 근거를 제시하고 있습니다."

– **마크 버틴**Mark Bertin, 발달전문 소아과 의사

『How Children Thrive』, 『Mindful Parenting for ADHD』 저자

"살린 박사는 심리치료사 중 정말 무엇이 필요한지 알아차리는 보기 드문 인재입니다. 복잡한 아이들을 이해할 뿐 아니라 대화가 가장 필요한 순간인 고

조된 상황에서 부모가 어떻게 대화할 수 있는지를 친절하고 직선적이며 명확한 방법으로 가르쳐 줍니다. 이 책은 창의적이고 건설적인 조언과 더불어 ADHD 자녀를 가진 부모를 이해하고 공감하는 마음으로 쓰였습니다. 제가 속한 공동체의 부모님들께 추천하고 싶은 책입니다."

– 일레인 테일러 클라우스 Elaine Taylor-Klaus, Impact ADHD.com 공동 창립자
『Parenting ADHD Now!』 저자

"살린 박사는 ADHD 아동이 직면한 문제를 다루기 위한 긍휼과 통찰을 불러일으키는 데 탁월합니다. 그녀의 아이디어에는 ADHD가 자신에게 미친 영향에 대해 얘기해 준 전 연령의 ADHD 아동의 경험이 깃들어 있습니다. 이 책은 여러분에게 아이들과 어려움을 함께 해결할 수 있는 긍정적인 마음과 영감을 안겨줄 것입니다."

– 신디 골드리치 Cindy Goldrich, 교육학 박사,
ACAC, ADHD 부모코치, 교사트레이너, PTS 코칭

"제가 ADHD 진단을 내리면 부모님들은 저에게 '그러면 이제 어떻게 해야 하나요?'라고 질문합니다. 이 책은 제가 그렇게 물으시는 분들께 드디어 추천할 수 있는 책으로 아이들의 이야기와 예시, 과학적 근거를 기반으로 한 조언과 함께 자녀를 돕는 구체적인 방법을 제시하고 있습니다."

– 조나단 스왑 Jonathan Schwab, 노스햄턴 소아과 병원장

"저는 학교심리학자로서 아이들이 어떤 어려움을 겪는지 잘 알고 있으며, 아이들이 나눠준 지혜에 감사함을 느낍니다. 제가 부모로서 처음 이 책을 읽고 난 후의 반응은 '드디어 책으로 나왔다!'였습니다. 제가 엄마로서 살린 박사의 현명한 조언을 따라 이 책에서 얻은 교훈은 우리 부모들이 ADHD 자녀가 정

말 필요로 하는 챔피언이 될 수 있다는 것입니다."

– **캐시 까살레**Kathy Casale, 학교심리학자, 두 명의 ADHD 자녀의 부모

"제 아이들이 어렸을 때, 이렇게 통찰력과 설득력이 있는 책이 있어서 제가 읽을 수 있었다면 얼마나 좋았을까요? ADHD 자녀의 부모가 반드시 읽어야 할 책입니다."

– **아이엘렛 왈드맨**Ayelet Waldman,
『A Really Good Day』 저자

"이 책은 ADHD 진단을 받은 아동의 부모에게 숨겨진 보물과도 같습니다. 저는 부모로서, 교사로서, '총알 브레인bullet brain'을 가진 고통을 경험한 자로서 이 책을 읽고 또 읽고 있습니다."

– **네리사 닐즈**Nerissa Nields, 싱어송라이터, 닐즈 밴드 공동 창립자
『How to Be an Adult』 저자

"저는 교사와 부모로서 많은 경우에 우리 아이들의 좌절이 부모의 좌절이 되는 것을 목격하였습니다. 살린 박사는 아이들과 양육자, 교육자가 지지받고 있음을 느끼게 하며, 성공을 위한 준비를 돕습니다."

– **에이미 멜쳐**Amy Meltzer, 교사 수상자, ADHD 십 대 자녀의 부모

"이 책은 부모가 ADHD 아동을 최선의 방법으로 지지하는 법을 간략하게 보여 주는 보물창고입니다. 좌절하고 있는 부모는 심호흡을 한 후 살린 박사의 유용한 팁과 전략을 사용해 가정에서 긍정적이고 협력적인 분위기를 조성할 수 있습니다."

– **데비 스텐버그 컨츠**Debbie Steinberg Kuntz, Positive Impact Family 창립자

"이 책은 아이들과 어른들로부터 나온 지혜와 실질적인 정보로 가득한 ADHD 자녀와 부모를 위한 선물입니다. 저도 살린 박사의 5C 양육방법을 사용하고 있고, 항상 제 실습현장에서 이 방법을 가르치고 있습니다."

– **크리스토퍼 윌라드**Christopher Willard, 하버드 의과대학 교수
『Growing Up Mindful』, 『Raising Resilience』 저자

추천의 글

아이를 양육한다는 것은 힘든 일입니다. 그러나 ADHD 뇌를 가진 아이를 양육하는 일은 한바탕 성질을 부리며 난리를 치는 아이를 보면서, 나도 온몸을 던져 똑같이 행동하고 싶을 정도로 힘든 일입니다.

사실 ADHD 아동이 사춘기나 십 대가 되었다고 해서 상황이 더 나아지지는 않습니다. 아들이 학교에서 계속 사물함 정리를 해야 하고 숙제를 제시간에 내는 것을 기억해야 할 때, 딸이 복잡한 친구 문제로 고민하는 와중에 교실에 제시간에 서둘러 들어가야 할 때, 부모가 이를 눈으로 직접 못 보기 때문에 나아지고 있다고 생각하는 것입니다. ADHD의 뇌는 좀 더 천천히 발달하지만, 학교는 십 대에게 매일 더 많은 부담을 줍니다.

여러분이 학교와 인생에서 점점 독립하고 있는 아동과 십 대 자녀에게 성공에 중요한 집행기능기술을 어떻게 가르칠지 고민하고 있다면 이 책이 힘이 되어줄 것입니다. 25년 넘게 ADHD 아동과 청소년을 치료하고 있는 샤론 살린 박사는 사춘기, 청소년, 성인을 거치는 자녀에게 제일 중요한 조력자이자 그 무엇으로도 대체할 수 없는 역할을 바로 여러분이 할 수 있음을 설득력 있게 입증하고 있습니다.

지금 이 책을 읽고 있는 아이들의 어머니, 아버지야말로 자녀에게 집행기능을 가르치고 감정조절기능의 모델이 될 가장 중요한 스승이라고 말해드리고 싶습니다. 이 책을 로드맵이라고 생각하십시오. 여러분이 이 지도에서 자녀에게 필요한 능력 있고, 친절하며, 조력하는 부모가 되는 확실한 길을 찾음에 따라 여러분의 자녀는 최선의 모습으로 성장할 수 있습니다.

무엇보다 살린 박사는 부모와 자녀가 소망하면서도 마땅히 누려야 할 관계를 세우기 위한 구체적이고 실질적인 도구를 제시합니다. 그녀가 제시한 5C 양육방법인 '자기절제, 긍휼, 협력, 일관성, 축하'는 아이가 잘 자라기 위해 필요한 기술을 익히도록 자녀를 돕는 동시에 부모를 지지해 주는 프로그램입니다.

살린 박사는 가정이 ADHD로 인해 얼마나 힘들어질 수 있는지를 잘 알고 있습니다. 그녀는 아이와 부모가 ADHD로 인한 어려움으로 씨름하면서 함께 느끼는 수치심 같은 어려운 주제에 대해 굉장히 명료하고 솔직하게 이야기합니다. 이뿐 아니라 그녀는 우리가 ADHD 아동이 지닌 에너지, 상상력, 즐거움이라는 장점을 함께 축하할 수 있도록 돕습니다. 여러분은 이 책을 읽으며 다른 가족들이 ADHD와 성공적으로 씨름하며 자녀가 성인의 삶을 감당하기 위해 어렵게 얻은 기술을 연마하도록 잘 도왔음을 상기할 수 있습니다.

이 책의 제일 뭉클하면서도 부모에게 가장 도움이 될 부분은 각 장을 채우는 많은 ADHD 아동과 청소년들의 목소리입니다. 살린 박사의 비밀파워와 여러분의 비밀무기는 동일한데, 이는 바로 경청입니다. 여러분이 진심으로 자녀의 말을 듣고, 자녀의 눈으로 세상을 바라보며, 자녀가 여러분이 자신을 바라보고 이야기를 들어준다고 느낄 때, 여러분과 자녀 모두는 사랑과 긍휼의 관계를 쌓을 수 있으며, 이로써 어려운 시간을 견딜 수 있습니다.

ADHD 뇌를 가진 아이의 부모 역할을 하기란 항상 쉽지만은 않을 것입니다. 때로는 절망하며 "과연 이 아이가 커서 뭐가 될까?"라는 의문도 들 것입니다. 다행히도 여러분은 이 책에 담긴 아이들의 목소리를 통하여 아이들이 스스로의 모습을 찾고 그 이상의 가능성을 펼치는 것과 여러분이 자녀를 위해 학교에서 중재하고, 마음에 상처를 입었을 때 함께 시간을 보내며, 학업과 집안일을 잘할 수 있도록 지지하고, 스스로를 믿지 못할 때조차 자녀들을 믿어주는 경험이 이들의 힘겨운 싸움에 얼마나 큰 도움이 되는지를 보고 듣게 될 것입니다.

싸움이 힘들수록 승리는 더 달콤합니다. 살린 박사의 관계기반 치료모델은 여러분과 자녀가 행복하고 서로를 지지하는 관계를 형성하는 데 필요한 실질적인 지혜를 줌으로써 자녀가 가능성을 펼치며 성장하는 데 필요한 기술을 전해줍니다. 여러분 모두 이 책에서 알려주는 가르침과 통찰이 매일의 삶의 일부가 되어 성장할 것입니다. 자녀나 부모에게 이보다 더 바랄 것이 있을까요?

로라 마컴 Laura Markham **박사**
『부모 멘탈 수업: 오늘도 아이와 힘 겨루느라 지친 당신에게』 저자

목차

제3부 가정과 그 이외의 삶

역자 서문

역자가 상담실과 공동체에서 만난 ADHD 자녀를 키우는 부모님들은 누구보다 최선을 다하면서도 자신을 돌아보고 때로는 가족 구성원, 사회의 편견과 싸우며 눈물로 자녀와 함께 성장하는 분들이었다. 그분들을 돕고자 고민하던 중 이 책을 접하게 되었고, ADHD를 보다 쉽고 올바르게 이해할 수 있고, 매일의 삶에서 적용 가능하여 실질적인 도움을 줄 수 있길 바라는 마음을 담아 번역을 결정하였다.

이 책에 나오는 아이들의 이야기를 통해 그동안 만나온 ADHD 아이들과 어른들의 삶이 좀 더 생생하게 그려졌다. 진단받지 못하고 비난받았던 가족 구성원이 떠올랐다. 그리고 어린 시절 한 인간으로서 존중받고 이해받고 싶었던 마음, 잘하고 싶었지만 방법을 몰라 포기했던 시간들, 비난받기보다는 배우고 성장하고 싶었던 나의 소망이 떠올랐다. 우리가 만나는 모든 사람들에게는 이러한 소망이 있다고 생각한다. 남들에게 보이지 않는 이 마음과 소망을 볼 수 있는 기회가 되길 바라며, 책에 나오는 살린 박사의 5가지 양육방법을 먼저 자신의 삶에 적용해보길 바란다. 자신을 먼저 조절하고, 결과보다 과정에 집중하며 일관성 있게 행동하고, 공동체와 함께하며, 나 자신을 긍휼히 여기고, 과정에서 얻은 배움을 칭찬하고 축하하면서 길어 보이지만 짧은 이 인생의 여정을 나아가길 바란다. 당신의 눈물과 수고가 당신 그리고 아이들 마음 깊은 곳에 사랑으로 새겨지리라 믿는다.

저자 서문

"학교는 괜찮은데, 숙제, 특히 엄마랑 같이하는 숙제는 정말 최악이에요. 엄마는 저에게 숙제가 얼마나 힘든 일인지를 전혀 이해하지 못해요. 엄마랑 숙제를 해서 끝내긴 하지만 엄청나게 싸우죠. 혼자 하고 싶지만 혼자는 또 못하고, 이러지도 저러지도 못하고 있어요."

- 9세 올리버

"저는 순식간에 집중하거든요. 뭘 잘 잊어버리지만, 솔직히 저의 이런 점이 좋아요. 작은 일 같은 건 별로 신경 안 써요."

- 16세 엘라

"저는 방과 후에는 외출하거나, 혼자 혹은 친구들과 같이 플레이스테이션을 하기도 해요. 혼자서 게임할 때는 멈추기가 힘들어요. 친구랑 같이 할 때는 아빠가 그만하라고 소리를 지르면 멈추고 애들이랑 다른 걸 하죠. 근데 혼자 있을 때는 '아, 뭐 어때?' 하고 계속해요."

- 11세 로건

"ADHD가 있다는 건 마치 자전거로 언덕을 올라가는 것과 같아요. 올라가려는 데 기어가 말을 듣지 않아 뒤로 미끄러지는 거죠. 아무리 올라가려고 해도 안 움직이는 거 있잖아요. 제가 엄청 비이성적이 되고 화를 낼 때가 있는데, 그건 제가 너무 열심히 해보려고 하기 때문이에요."

- 17세 아마리

당신이 ADHDattention-deficit hyperactive disorder라고 불리는 주의력결핍 과잉행동장애(과잉행동이 있는 경우, 없는 경우) 아동이나 십 대의 부모라면 위의 얘기가 익숙할 것이다. 아들이 학교생활을 힘들어하며 당신과 과도하게 다투고, 딸이 자주 깜빡하는 문제로 그녀의 축구연습에 가거나 집안일 하는 걸 기억하게끔 상기시킬 여러 장치가 필요하단 것도 알 것이다. 그렇지만 당신은 자녀에게 ADHD가 있다는 게 어떤 의미인지 제대로 이해하고 있는가? 자녀가 책임 있고 유능하고 행복한 어른으로 성장하도록 부모가 매일 고군분투하는 것이 무슨 변화를 가져올 수 있을까? 이 책은 다양한 민족과 사회경제 계층의 아이들을 인터뷰한 내용을 기반으로, 당신에게 ADHD 아동, 청소년의 생각과 감정을 통찰하게 한다. 아이들의 이야기는 ADHD가 있다는 게 무슨 의미인지 그리고 풍부한 보물과도 같은 스스로에 대한 감정, 생각, 아이디어를 드러낸다. 이들의 관점은 부모가 아이들의 생각과 감정 그리고 행동을 훨씬 더 잘 이해할 수 있는 놀라운 기회를 열어줄 것이다. 이들이 들려준 이야기는 지난 수십 년간 천 명이 넘는 아이들과 가족을 도운 나의 임상경험과 더불어 ADHD 자녀 양육을 위한 나만의 특별한 5C 양육방법 형성에 큰 영향을 미쳤다. 이 모델을 통해 당신은 가정에서 겪는 일상의 어려움을 극복할 지속적인 해결책을 강구하는 방법을 배울 수 있다.

나는 치료전문가, 학교의 자문가, 기조연설가, 워크숍 협력자로, 아동, 청소년과 이들의 가정을 도우면서, ADHD에 대처하는 많은 가정 속에서 서로에게 보내는 신호를 놓치고, 결국 화내고 좌절하며 상처받고 단절되는 것을 목격하였다. 아이들은 나에게 부모님에게는 말하기 싫지만 의논하고 싶은 문제에 대해 반복해 이야기한다. 부모님은 아이들에게 어떤 일이 일어나는지에 대해 이해하고 싶어 하면서도, 일상의 어려움을 극복할 실질적인 전략이 필요하다고 말한다. 나의 5C 양육방법인 '자기절제self-Control, 긍휼Compassion, 협력Collaboration, 일관성Consistency, 축하Celebration'는 근거기반의 로드맵으로, 가족 구성원의 스트레스를 줄이고 모두가 바라는 사랑으로 연결되는 것을 목적으로 한다.

이 책에 담긴 아이들의 목소리는 당신의 아들, 딸의 감정과 행동을 당신에게 마치 메아리처럼 되돌려 주며, 이들에 대해 몰랐던 것을 보는 창이 되어준다. 이 아이들 중 내가 아닌 다른 임상가에게 치료를 받았던 아이들도 있고, 한 번도 치료를 경험하지 않은 아이들도 있다. 아이들 모두는 자신의 경험을 놀랍도록 진솔하고 유머 넘치고 신랄하게 이야기한다. 이 책을 읽으면서 당신은 자녀가 자신의 말과 행동을 통해 당신에게 무엇을 얘기하고 싶어 하는지를 알아차리는 효과적인 방법을 배우게 될 것이다. 또한, 당신도 자녀로 인한 복잡한 문제를 해결하는 데 점점 더 숙련될 것이다. 효율적인 변화에 기반을 둔 5C 양육방법은 아동이나 십 대 자녀를 고치는 데 초점을 두기보다, 관계를 쌓고 협력을 증진하는 데 주목한다. 많은 아이들은 자신을 봐주고, 그들의 이야기를 들어주고, 이해받기를 바라는 마음에 대해 이야기한다. 당신은 아이들이 당신과 함께 문제를 해결하고 싶어 하는, 모두에게 좋은 윈윈의 상황을 만들어 갈 수 있다. 많은 ADHD 관련 책은 부모가 무엇을 해야 할지, 어떻게 자녀를 훈육해야 할지에 대해 이야기한다. 이 책은 당신과 자녀가 바라는 지속적인 변화를 어떻게 서로 이해하면서 만들어 갈지에 대해 설명한다. 나는 오랫동안 여러 가족들과 함께 작업하면서 협력의 방법이 실제로 제일 효과가 크다는 것을 알게 되었다.

책의 각 장은 아이들의 인터뷰에서 발췌한 내용이나 이야기로 시작하며, 책 전반에 스며들어 있는 아이들의 이야기는 앞으로 나와 당신이 함께할 여정의 방향을 잡아줄 것이다. 제1부에서는 ADHD 자녀 양육을 위한 5C 양육방법 모델을 살펴보겠다. ADHD를 가진 삶이 어떤 것인지, 학습차이는 어떠한지, ADHD의 뇌와 그 집행기능에 대한 이해는 물론 정확한 진단을 받는 과정과 당신과 자녀 모두가 ADHD의 뇌를 가진 삶을 어떻게 수용할 수 있는지를 알아보려 한다. 제2부에서는 학업문제와 과제, 자기주장을 포함한 학교에서의 다양한 영역에 관해 자세히 알아보겠다. 제3부에서는 가정생활에서 나타나는 성질부림, 걱정과 불안, 정리문제, 친구 관계와 전자기기 사용에 대해 살펴보겠다. 이 과정을 통해 당신은 실생활에 적용할 수 있는 연습법과 기억하기 쉬운 기술, 실제로 효과가 있는 다양하며 실용적인 전략을 배울 수 있다.

이 책 전반에 걸쳐 내가 ADHD의 일부로 집중의 문제를 언급하는 이유는 ADHD나 ADD는 단순하지 않으며, 이를 임상적, 의학적으로 모두 "ADHD, 부주의 타입, 과잉행동-충동성 타입, 복합형 타입"*으로 명명하고 있기 때문이다. 나는 젠더 다양성의 스펙트럼을 존중하기 위해 아동과 십 대를 지칭할 때, '그, 그녀' 대신 가능한 이들을 모두 포함하는 복수형인 '그들'을 사용하였다. 트렌스젠더나 젠더의 규범을 따르지 않는 십 대들을 배제하지 않기 위한 언어사용의 편의를 위해 아동을

---

* 과잉행동과 부주의의 문제, 행동은 다를 수 있으나, 대부분의 아이들이 경험한 ADHD의 삶은 사실상 유사하다. 이러한 이유로 'ADHD'라는 용어를 사용하였다.

'남자아이들', '여자아이들', '아들들', '딸들'이라고 지칭하였다. 여기에 나오는 모든 아동과 십 대, 부모의 이름과 신분은 개인정보 보호를 위해 가명으로 바꾸었다.

마지막으로 나는 대부분의 저자와는 달리 ADHD와 개인적인 연결고리가 있다. 나는 과잉행동을 하며 충동적인 기질이 있는 남동생과 함께 자랐다. 동생은 5살 때 치료를 시작해 분노조절의 문제에는 도움을 받았지만, 결국 행동의 진짜 원인은 찾지 못했다. 동생이 주로 보였던 주의집중의 어려움, 집행기능 문제를 잘 다루지 못한 이유는 당시였던 70년대 초반에는 ADHD에 대한 정보가 거의 없었기 때문이다. 동생이 힘겹게 싸울 때, 부모님도 동생과 함께 힘들어했으며, 나는 이 모든 과정을 목격했다. 부모님은 상의하달식 권위주의 양육모델을 적용했는데, 아무런 효과는 없었다. 나는 가족의 갈등을 회피할 때도 있었고, 중재해 보려 하기도 했다. 모두에게 힘든 시간이었지만, 특히 동생이 제일 힘들었을 것이라 생각한다.

내가 가족 안에서 속속들이 경험한 치료받지 않은 ADHD의 삶과 이것이 가족 모두에게 어떤 영향을 주는지를 형제자매로서 목격한 시각이 처음에는 나를 아동과 가족치료로 이끌었고, 지금은 이 책을 쓰게 하였다. 나는 ADHD 아동들이 자신의 이야기를 들려주길 바라고, 이들의 이야기가 이들을 사랑하는 어른들에게 얼마나 중요한지와 우리가 아이들에게 귀 기울이고 있음을 아이들이 알기를 바란다. 나는 갈등과 스트레스가 줄어들고, 매일 수월한 상호 작용을 하는 가정을 꿈꾼다. 이 책에 등장하는 낯설지 않은 아이들의 이야기를 당신의 아들, 딸과 나누면서, 그들이 혼자가 아니라고 안심시켜 주시기를 바란다. 이 책이 부모와 자녀 간의 진중한 대화와 성공적인 중재의 길을 열어줄 것이라 믿는다. ADHD 자녀를 위한 5C 양육방법은 서로를 친밀하고 협동하게 하며, 대화와 성공의 길을 열어주는 귀중한 지도가 되어줄 것이다. 당신의 아동, 십 대 자녀는 이 도구를 사용하여 의미 있고 생산적인 삶으로 이끌 능력과 자존감, 회복탄력성을 기르며, 성장의 발판을 마련하게 될 것이다.

제1부

ADHD의 삶

제1장

ADHD 자녀를 위한 5C 양육방법

12살 드류를 만나 보자. 드류는 아빠에게 "사물함 열지 말라고요! 그냥 제시간에 수업에 갈 수 있게 해줘요"라고 얘기한다.

어딘가 어색해 보이는 이 부자는 주변에서 흔히 볼 수 있는 조합이다. 드류는 키가 크고 눈까지 흘러내리는 까만 곱슬머리에 구겨진 티셔츠를 입고 12세 사이즈의 검은색 컨버스 운동화를 신은 호리호리한 소년이다. 대머리에 키는 드류보다 한 뼘 정도 작은 땅딸막한 드류의 아빠는 드류 옆에서 힘겹게 걸어가고 있다. 이들의 미션은 가을 녘 오후, 학생들이 모두 집에 갔을 때 학교에 가서 교실로 가는 가장 빠른 길을 파악하여 최근 ADHD 진단을 받은 드류가 더 이상 수업에 늦지 않도록 하는 것이다.

드류와 아빠가 들어간 학교에는 적막만이 흐르고 있다. 사실 한 번도 학교를 좋아해 본 적이 없던 드류의 아빠 빌은 주위를 조심스럽게 살핀다. 빌은 심호흡을 한 후 여기에 아들을 도우러 왔음을 스스로에게 상기시킨다. 빌은 드류를 보며 "네 사물함부터 열어 보자"라고 퉁명스럽게 말을 던진다. 아빠와 아들은 아무 말 없이 텅 빈 복도를 지나 152번 사물함 앞에 도착했다.

"열어."

"아빠, 여기에 지금 제 사물함 보자고 온 게 아니잖아요. 수업에 안 늦을 방법을 찾으러 왔잖아요. 물론 제가 원래 느려서 어차피 소용은 없을걸요. 저는 걸음이 느린 사람이에요."

빌의 눈은 찡그려지고, 목은 답답해졌다. "드류, 사물함 열어. 네가 물건을 어떻게 보관하는지 봐야 할 거 아니냐. 경과보고서progress report에도 네가 수업에 늦고 숙제 내는 것도 잊어버린다고 쓰여 있었잖니. 빨리 열어. 사물함 안이 어떤지 보자."

드류가 주저하면서 자물쇠를 돌리자, 사물함 문이 확 열리면서 공책, 종이 몇 장, 빈 음료수 깡통이 바닥으로 떨어진다.

"드류, 어떻게 네 물건을 이런 식으로 보관하니? 딱 네 방처럼 엉망진창이구나." 빌이 몸을 숙여 바닥에 흩어진 종이를 주웠다. "종이는 파일에 넣고 이 책들은 여기에 던져놓지 말고 꽂아놓아라. 아니, 이건 뭐야?" 빌은 공책에 눌어붙어 있는 반쯤 먹다 남은 초코바를 집어 들었다. "내가 너 이렇게 가르쳤니?" 빌이 사물함에 있는 모든 물건을 꺼내 바닥에 늘어놓기 시작한다.

"아빠, 그냥 그만하면 안 돼요? 제가 이래서 사물함을 열기가 싫었다고요. 제 물건이잖아요. 저 종이의 반은 필요도 없어요…" 드류가 "제 물건 그만 만지라고요! 아빠는 알지도 못하면서!"라고 소리친다.

빌은 멈추지 않고 책임감에 대해 계속 이야기한다. 드류가 자기 앞에 있는 사물함을 주먹으로 내려쳤지만 그래도 아빠가 멈추지 않자 화가 치밀어 바닥에 드러누웠다가 결국 자리를 박차고 밖으로 나가버린다. 드류는 아빠가 자기를 완전히 무시하는 게 너무 싫었다. 게다가 수업에 늦지 않고 빨리 가는 방법을 찾으러 학교에 왔지, 사물함을 정리하러 온 것도 아닌데 사물함을 뒤지는 게 바보 같아 보인다. 빌은 드류에게 소리를 지른다. "너 지금 어디 가는 거야?"

"멀리요."

"내 차로 집에 가야 할 거 아니냐."

"걸어갈래요."

혼란스럽고 당황한 빌은 드류가 나가버리는 것을 보며 어떻게 아들을 도와야 할지 의문이 든다.

익숙한 이야기인가? ADHD 아동의 부모라면 이와 비슷한 일을 많이 겪었을 것이다. 부모는 끊임없이 스스로에게 질문한다. 아이에게 뭐가 그렇게 어려운지, 왜 똑같은 실수를 계속 되풀이하는지, 이해 못 하는 게 대체 무엇인지 말이다. 당신은 마치 영화 「사랑의 블랙홀」 속에 사는 것처럼 느껴질 수도 있다. 매일 똑같은 부정적인 일이 반복되어 일어나지만, 상황을 바꾸기 위해 할 수 있는 일이 하나도 없기 때문이다. 당신은 자녀를 사랑하지만, 좌절을 반복하면서 마음속 깊은 곳에서 두려움을 느낀다. "우리 아이가 지금처럼 계속 정신을 못 차리면 나중에 뭐가 될까?", "저임금을 받으며 사회 밑바닥에서 만족스럽지 못한 일을 하며 평생 지낼 운명인가?"라며 자신에게 묻는다. 아이를 양육하는 것은 기본적으로 힘든 일이지만, ADHD를 가진 아동을 양육하는 일은 마치 드디어 진전의 정점에 다다른 후 다시 심하게 퇴보하는 과정을 반복하는 것처럼 느껴진다.

왜 ADHD 아이들에게는 일상생활이 이토록 힘들까? ADHD 아이들에게는 분명 학업, 사회적, 심리적인 어려움이 있어 보인다. 아이들은 기억해야 할 것을 잊어버리고, 조급하고, 집중하기 힘들어하며, 자주 멍하니 있다. 체계적이지 못하고, 어쩔 줄 몰라 하고, 감정조절이 안 되며, 친구와 상호 작용 시 상대의 뉘앙스를 알아차리지 못한다. ADHD 아이들은 자신의 창의성과 틀에 박히지 않은 사고방식, 활기찬 에너지를 좋아하면서도 대개는 자신의 약점을 수치스러워하고, 문제 해결을 회피하거나 변화를 시도하는 일에 무력감을 느낀다. 다른 아이들과 마찬가지로 ADHD 아이들도 평범한 아이이고 싶어 한다. 아이들은 당연히 '장애disorder'를 원하지 않는다. 당신이 수없이 모든 사람의 뇌는 다르다고 말해줄지라도, 아이들은 단순히 ADHD가 "집중의 문제"만은 아니라고 생각한다. 당신은 부모로서 어떻게 자녀가 매일 부딪히는 어려움을 해결하고 자신의 뇌를 수용하도록 능숙하고 효율적으로 도울 수 있을까? 어떻게 하면 아이들이 자신의 경험을 이야기할 때 경청하며 아이에게 필요한 공감과 지도를 해줄 수 있을까?

사실 이 두 가지 질문은 본질적으로 연결되어 있다. 당신에게 힘든 일은 아이들에게도 그만큼 힘든 일이다. 당신의 ADHD 자녀가 현재 자신의 기량으로 할 수 있는 최대한의 노력을 하고 있음을 기억하는 것이 중요하다. 물론 자녀의 기량은 ADHD에 내재된 복잡한 특징인 단기기억, 충동통제 및 집중의 어려움 등의 문제로 제대로 발휘되지 못하고 있다. 아이들은 자신이 가진 자원으로 최선을 다하고 있으며, 자신이 부족하다는 것을 직접적으로든 간접적으로든 알고 있다. 당신은 주 양육자로서 아이들이 애쓰는 모습을 보았다. 어느

> 당신에게 힘든 일은
> 아이들에게도 그만큼 힘든 일이다.

날은 성공적으로 해내고, 다음날 완전히 실패하는 것도 보았을 것이다. 당신이 상황을 더 나아지게 해보려고 하는 말이 끝나기도 전에 자녀에게 퇴짜를 맞으면서도 효과 있는 방법을 제안했을 것이다. 하지만 너무 자주, 마치 80년대 슬램 댄스를 추는 것처럼 서로 부딪혀 튕겨 나가 멍들고 과열된 상태에 처하게 된다.

ADHD 아동과 십 대들은 자신들도 어쩌지 못하는 일로 자주 오해받고 비난받는다고 느끼면서도 사람들과 연결되고, 사랑받고, 있는 그대의 모습으로 수용 받고 싶어 한다. 아이들은 잘하고 싶고, 성공적으로 해내길 바라고, 소속감을 원하며, 특히 자신의 말을 들어주기를 바란다. 많은 경우 아이들은 이러한 바람과는 정반대로 자신이 무능하고, 불안정하며, 걱정하고, 분노하고, 억압받는다고 느낀다. 아이들은 부모의 도움에도 매달려 보고, 어느 때는 부모를 밀어내기도 한다. ADHD 아동은 자신이 하는 행동, 말과는 다르게 모든 아이들과 마찬가지로 부모의 인정과 지지를 갈망한다. 또한, 선생님과 또래가 이들을 수용해 주기를 원한다.

당신은 부모로서 자녀를 사랑함에도 아이의 터무니없는 행동에 즐겁기보다 에너지가 소진된 적이 더 많을 것이다. 자녀의 창의성, 지능, 신체적 역량이 가치 있다고 생각하더라도 갈등과 혼란으로 인내와 균형, 유머 감각을 유지하는 데 어려움을 겪었을 것이다. 부모는 아이들이 더 협조적이고 책임감 있게 행동하기를 바란다. 그런데 바닥에 세탁한 옷과 더러운 옷이 섞여가는 걸 보면서 아들에게 세탁할 옷은 따로 모아두라고 세 번씩이나 말하고 싶지는 않다. 딸이 수업 시간에 멍하니 앉아 있거나 숙제를 제출하지 않는 문제로 딸의 담임선생님과 상담하는 일도 원치 않는다. 무엇보다도 당신은 자녀가 사회적으로 충분히 기능하는 어른으로 성장하도록 지도하면서 부모로서 무능력하거나 무지하다고 느끼고 싶지 않을 것이다. 당신도 모든 부모와 마찬가지로 양육에 유능하며 능숙한 부모이기를 바랄 것이다.

이 책의 목적은 ADHD 아동과 십 대의 목소리를 통해 당신이 유능한 부모가 되기 위한 로드맵을 제공하는 데 있다. 당신은 자녀의 이야기를 끌어내고, ADHD에 관한 이야기를 들어주며, 공감하고 지지하는 태도로 상황에 침착하게 대응할 수 있다. 자녀가 당신에게 말과 행동으로 무슨 대화를 건네는지도 알아차릴 수 있게 된다. 매일 겪는 어려움의 해결 방안을 마련하기 위해 자녀와 함께 고민할 때, 자녀는 당신을 자신의 편이라 여기게 될 것이다. 나를 봐주고 나의 이야기를 들어준다고 느끼기 때문에 부모의 제안에 더 협조적이게 된다. 이로 인해 부모가 스트레스를 받는 상황이 줄어들고 자녀는 더욱 성장할 수 있다.

나는 이러한 길로 이끌어 줄 이 로드맵을 ADHD 자녀의 5C 양육방법the Five C's of ADHD Parenting이라 명명하였다.

- **자기절제:** 먼저 자신의 감정을 다루는 법을 배워 상황에 효과적으로 대응한 후 ADHD 자녀에게 동일한 방법을 가르친다.

"어제 친정 부모님과 저녁식사를 하러 가기 전에 아들한테 완전히 뚜껑이 열렸어요. 신발을 신으라고 세 번이나 얘기했는데 그때까지 신발을 안 신은 걸 보고 '테럴! 신발!'이라고 소리를 질렀죠. 제가 인내심이 많으면 좋겠지만 저도 한계가 있어요."

- 모니카, 8세 테럴의 엄마

"저는 감정적인 사람이에요. 가끔씩 제 감정이 통제가 안 돼요. 항상 화산이 폭발하기 직전과 같아요."

- 17세 마티나

■ **긍휼:** 자녀에게 원하는 모습이 아닌, 현재 자녀의 모습 그대로를 바라본다.

"마르코는 학교에서 하루를 잘 보내려고 정말 열심히 노력해요. 어떻게 그렇게 열심히 하는지 너무 놀라울 정도예요. 제가 마르코와 숙제하는 방식을 가지고 다툴 때 이 사실을 기억하려고 해요."

- 에바, 10세 마르코의 엄마

"부모님이 저를 도와주려는 방식이 싫은 이유는 너무 말을 많이 하고 질문이 많기 때문이에요. 저는 답을 못할 때 스트레스를 받는데 그래도 뭐라도 말하려고 하죠. 부모님이 저한테 화내는 게 싫거든요."

- 11세 엔젤

■ **협력:** 매일 직면하는 문제를 해결하기 위해서는 당신의 규칙을 자녀에게 강요하지 말고, 자녀와 자녀 인생에 중요한 어른들과 함께 해결책을 마련한다.

"저는 딸의 농구팀 코치입니다. 딸이 팀에서 해야 할 일을 잘 잊어버려서 다른 선수들이 당황하거나 딸에게 소리를 지르기도 합니다. 딸은 당연히 이런 상황을 싫어하죠. 그래서 계획을 세웠습니다. 제가 딸이 기억할 수 있도록 조용히 암시를 보내는 거죠. 그랬더니 딸이 도움을 더 요청하더라고요. 어제는 딸이 준비운동을 놓쳤는데 재빨리 달려가서 동료 선수에게 뭐 하고 있냐고 물어보더니 바로 준비운동을 시작했습니다. 감정적인 상황을 겪지 않게 되었어요. 딸에게는 아주 큰 발전입니다."

- 에릭, 12세 쉬나의 아빠

"제 길에 장애물이 있을 때가 있는데 아침이 그래요. 엄마가 제가 학교 갈 준비를 다 마치면 비디오 게임을 해도 된다고 했는데 저는 나갈 시간이 다 되어서도 멈추기 싫고 막 화가 나요. 지금은 제가 기억할 수 있게 타이머랑 마쳐야 한다는 걸 알려주는 벨도 있어요. 딱히 좋진 않지만 소리는 많이 지르지 않게 되었어요. 엄마는 좋아하시죠."

- 8세 잭

■ **일관성:** 당신이 한 말을 실제로 행하며, 완벽이 아닌 지속을 목적으로 한다. 최선을 다하여 노력하도록 가르치며 같이 노력한다.

"저희는 컴퓨터 사용 시간을 인센티브나 체벌로 사용하지만, 항상 계획대로 실천할 수는 없습니다. 저희가 계획을 잊어버릴 때도 있고 무슨 일이 생기거나 그냥 너무 피곤할 때도 있거든요. 우리가 아이에게 모순된 메시지를 주고 있다는 것은 알지만, 저희도 최선을 다하는 겁니다."

- 스캇, 15세 대런의 아빠

"제가 이해할 수 없는 엄마의 행동은 엄마가 청소를 하고 불평을 한다는 거예요. 엄마는 '다음에 네가 또 어지르면 너보고 치우라고 할 거야'라고 말하지만, 제 방에 들어와 또 청소를 하고 또 그 일에 대해 불평을 해요. 엄마한테 '다음엔 제가 할게요'라고 말해도 엄마는 제가 하게 놔두지 않아요."

- 14세 스텔라

■ **축하:** 현재 잘하고 있는 행동을 지속적인 격려와 칭찬, 타당화하는 말과 행동으로 알아차려 주고 인정해 준다.

"저는 놀란이 학교와 집에서 최선을 다해 노력하기를 바라기 때문에 그렇게 하지 않을 때 화가 납니다. 지난주에 놀란이 아빠는 자기한테 한 번도 만족한 적이 없다는 말만 한다고 했습니다. 제가 아들에게 '네가 얼마나 똑똑한지'와 '그래서 더 잘할 수 있을 거다'라고 한 말을 아들이 듣지 못했다는 것에 놀랐습니다."

- 마이클, 11세 놀란의 아빠

"엄마는 저에게 긍정적으로 생각하는 법을 가르쳐 주셨어요. 낮에 제가 스스로 '나는 지금 무엇을 하고 있지?', '이 상황이 조금이라도 나아지는 데 내가 할 수 있는 일은 무엇이지?'와 같은 질문을 하고 나면 엉망진창인 상황을 바꿀 수 있어요. 이런 연습을 엄마랑 함께할 때 엄마는 긍정적인 면을 보도록 도와주는데, 그게 되게 고맙죠."

- 17세 마르티나

5C 모델Five C's model은 장점 기반의 사고strength-based thinking와 의식적인 알아차림attentive awareness을 근거로 하고 있다. 당신은 '장점 기반의 사고'로 자녀가 가진 능력에 집중하여 자녀가 역량, 자신감, 긍지를 쌓도록 도울 수 있다. 또한, 장점 기반의 사고는 자녀의 특성과 뛰어난 행동을 발견하여 이 기술을 양성하게 한다. 아이들의 능력은 명백히 드러날 수도 모호할 수도 있지만, 아이들에게는 분명히 능력이 있으며, 이를 발견하는 것은 당신의 몫이다. 만약 가정에서 아이로 인해 힘든 시간을 보내고 있는데, 보이는 것이라곤 7살 아들이 레고를 잘 만들고, 애완견을 잘 안아주는 것이라면 그 장점에서부터 시작한다. "션, 레고로 이렇게 근사한 집을 만들었구나. 여기 이 방들 좀 봐봐", "네가 강아지를 잘 안아주어서 좋단다. 엄마는 네가 강아지를 많이 사랑한다는 걸 알거든"처럼 말이다. 책을 너무 느리게 읽는다거나 축구를 마지못해 하는 것 같은 단점에 비해 아들이 가진 좋은 점에 더 많은 관심을 쏟기는 힘들지라도 동일

한 관심을 쏟아야 한다. 아이의 장점이 아무리 특이할지라도 집중하고 알아차려야 한다. "와, 수저와 포크를 유리잔에 넣어 테이블을 세팅했구나. 새로운 방법인데?", "화장실을 청소하고 색조화장품을 색깔별로 정리했구나. 멋져 보인다." 부모가 장점 기반의 사고를 통해 실패가 아닌 자녀의 역량으로부터 문제를 해결하려 할 때, 자녀는 자신감, 회복탄력성, 동기를 구축할 수 있다.

'의식적인 알아차림'은 자녀가 무엇을 이야기하는지를 관찰하고, 경청하고, 알아차리는 일을 포함한다. 당신이 바라는 변화는 여기서부터 시작된다. 13살 딸이 월요일까지 내야 할 수학 과제를 잊고 있다가 일요일 밤 패닉 상태로 당신에게 달려왔다면, 여기서 딸에 대한 몇 가지 사실을 알 수 있다. 딸은 숙제가 무엇인지 파악하는 일에 체계적이지 못하고, 숙제를 기억하지 못할 뿐만 아니라, 겁을 먹고 걱정하며 어찌할 바를 모르고 있다는 것이다. 화가 나서 "내가 이렇게 늦기 전에 숙제를 미리 하라고 몇 번이나 얘기했어? 30분 후면 잘 시간인데", "너는 왜 뭘 따라가려고 하질 않고 언니처럼 하라는 대로 하지 못하니?"라고 말하는 대신에 의식적인 알아차림으로 공감하며 대응하라. 예를 들면 이렇게 얘기해 볼 수 있다. "수학 과제 때문에 얼마나 걱정되고 당황했니. 일단 진정하고 우리가 뭘 할 수 있을지를 생각해 보자. 잘 해결할 수 있을 거야. 내가 뭐든 도와줄게." 딸에게 화를 내는 것은 당신에게도 딸에게도 도움이 되지 않는다. 딸은 지금 감정에 압도되어 있고, 당신의 지지를 필요로 하고 있다. 이때 의식적인 알아차림은 당신이 딸과 함께 문제를 해결하도록 안내하는 역할을 한다.

다음 날 상황이 진정되었을 때, 당신은 딸과 함께 주말에 숙제를 하기 위한 다양한 방법을 브레인스토밍해 볼 수 있다. "우리가 어제와 같은 상황을 피하기 위해서는 앞으로 계획이 필요할 것 같아. 어떻게 생각해? 언제 얘기해 볼까?" 그런 후, 어제 일에 대한 당신의 의견과 관찰한 내용을 나누고, 함께 해결책을 마련할 수 있다. ADHD 아동이 해야 할 과제를 하지 못하는 것은 대개는 무엇을 해야 할지 모르거나 어떻게 할지 방법을 모르기 때문이다. 균형 잡힌 삶(www.livesinthebalance.org)의 설립자 로스 그린Ross Greene 박사는 "아이들은 방법을 알면 잘할 수 있다", 즉 아이들에게 과제를 할 수 있는 기술이 있다면 잘하고 싶어 한다고 주장한다.[1]

아이들이 패배를 경험하는 이유는 그 순간 다른 선택 사항을 보지 못하기 때문이다. 우리 어른의 사고방식으로는 이러한 관점을 이해하기가 어렵다. 당신의 십 대 아들은 알코올음료 마이크 레모네이드Mike's Hard Lemonade를 훔칠 때 다른 선택을 할 수 없었을까? 여기에는 낮은 충동통제력, 또래로부터의 압박, 현실적인 결과에 대한 부인, 위험한 행동이 주는 재미 등 여러 원인이 있다. 그 순간에는 아들의 사고하는 뇌가 작동하지 않았지만, 그렇다고 아들이 '비행'을 저지르는 것을 좋아한다는 뜻은 아니다. 많은 경우 ADHD 아이들이 현명한 선택을 하지 않는 이유는 이들이 잠시 행동을 멈추고 대안행동을 고안할 수 있는 환경적, 시각적, 언어적인 사인을 놓치기 때문이다. 아이들은 너무 많은 실패를 거듭하며 더 이상 자신이 성공할 수 있음을 믿지 않기도 한다. 15세 소년인 대런은 나와 상담할 때 생물 선생님에게 자기가 망친 기말시험에 대해 얘기하고 싶지 않다고 말했다. "저는 작년에 시험을 통과하지 못했어요. 근데 이번에 또 그럴 것 같아요. 말해서 뭐해요? 소용없어요." 이에 대해 더 얘기를 나눈 후, 우리는 최근에 대런이 생물 선생님에게 어려운 숙제에 관해 질문했을 때 선생님이 많은 도움을 주었던 것을 기억하였고, 대런은 생물 선생님께 시험에 대해 다시 말해보는 것을 고려해 보았다. 선생님과 대런은 틀린 문제를 검토하였고, 선생님은 고친 내용으로 대런의 학점을 인정해 주었다.

'장점 기반의 사고'와 '의식적인 알아차림'은 자녀가 실패하는 패턴을 상쇄시킨다. 흔히 아이를 좌절시키고 압도하고 고립시키는 문제가 대처 가능한 문제로 바뀌는 이유는 당신이 그 문제에 함께 직면해 주기 때문이다. 아이들은 당신에게 먼저 다가와 조언을 구하거나 문제 해결을 위해 도움을 요청하기도 한다. 또한, 자신의 이야기를 들려주고, 당신의 말을 듣고 행동을 지켜본다. 부모와 연결된다는 것이 무엇인지를 보고 느낀다. 아이들이 외롭다고 느끼더라도 혼자가 아님을 깨닫는 것은 아이들의 성공과 실패의 현장에 당신이 함께하기 때문이다. 양육에 필요하지만 어려운 자녀의 문제영역을 다뤄야 할 때도 있다. 이러한 순간에는 당신이 먼저 다가가 부드러운 말과 도우려는 태도로 문제를 의논할 장을 만들 수 있다.

당신이 자녀와 함께 머리를 맞대어 중요한 문제에 대한 대안을 마련하고 새로운 선택을 고안해 낼 때, 5C 양육방법의 효과가 나타난다. 당신은 보고 들은 내용, 견해, 피드백을 자녀와 침착하게 나눠야 한다. 당신이 발견한 문제나 아이와 함께 찾은 문제를 다룰 때, 아이를 그 과정에 포함시켜 기본적으로 자녀를 존중하고 있음을 보여준다. 비록 아이들이 항상 부모를 존중하지 않더라도 말이다. 아이들은 이러한 과정을 거쳐 성인으로 발달한다. 이 과정의 핵심은 부모와 자녀가 서로 의견을 내는 것이다. 물론 최종 결정권은 당연히 부모인 당신에게 있다. 당신의 아들이 사용한 접시를 자기 방에 밤새 놔두고 별문제 없다고 생각하거나, 딸이 집에 한 시간이나 늦음에도 전화를 안 한다면 당신은 책임 있는 어른으로서 자녀에게 행동의 변화를 요구해야 한다.

앞서 얘기한 ADHD 아동의 양육방법을 공유하면, 많은 부모님이 나를 의심의 눈초리로 바라보며 이렇게 말한다. "우리가 왜 '타협'해야 하나요? 왜 제 딸이 제가 시키는 걸 그냥 하면 안 되나요? 제가 걔 엄마예요. 저도 그렇게 컸어요. 내가 하라는 대로 하지 않으면 어떻게 되는지 보자." 많은 부모들이 생각하는 '어떻게 되는지'에는 분노에 차서 소리 지르기, 손이나 벨트, 매로 엉덩이 때리기, 혼자 두기(몇 시간 동안 방에 혼자 두기) 등이 있다. 그러나 "내 방식대로 안 할 거면 집어치워라my way or the highway"라는 양육방식은 철학적 신념이나 어릴 때 느낀 통제에 대한 거부감을 이유로 자녀를 억압하기를 원치 않는 X세대나 밀레니얼 부모X or Millennial parents 세대에게는 적합하지 않다.[2] 심리학자 다이애나 바움린드Diana Baumrind는 50년 전 이러한 강압적인 양육방식을 "권위주의적" 방식이라고 명명했으며,[3] 그 이후 학자들은 벌을 주고 통제하는 것이 자녀가 부모에게 협조하는 데 도움이 되지 않는다는 사실을 연구를 통해 증명하였다.[4] 실제로 아이들에게 참여하고 따를 수 있는 동기를 부여하는 것이 부모-자녀의 관계이다. 세계적인 양육 전문가이자 작가인 알피 콘Alfie Kohn은 이렇게 말한다.

> 모든 것을 감안할 때, 부모의 말을 잘 듣는 아이들의 부모는 강압적이지 않고 아이들과 따뜻하고 안전한 관계를 맺는다. 이런 아이들의 부모는 아이들을 존중하며 통제를 최소화하고 아이들에게 하는 요구에 대한 이유를 설명하는 데 많은 노력을 들인다.[5]

내가 만난 ADHD 아이들의 이야기도 전적으로 콘의 의견을 뒷받침한다. 실제로 자녀와 한 팀이 되어 문제를 해결하는 것이 모든 면에서 더 나은 결과를 초래한다. 그러나 아이들의 좋아졌다 나빠졌다 하는 행동의 반복은 사람을 미치게 할 수 있다. 당신도 부모로서 자녀와 마찬가지로 모든 자원을 동원하여 최선을 다하고 있을 것이다. 부모는 당연히 자녀가 잘 자라도록 돕고 싶어 하며 대개는 할 수 있는 모든 방법으로 자녀를 뒷바라지한다. 당신은 아들과 딸에게 생활에 필요한 기술을 가르치고, 방법을 제안하고, 가르침을 반복하면서 아이들이 어느 때는 물 흐르듯이, 또 어느 때는 간헐적으로 앞으로 나아가기를 소망하며 바라보고 있을 것이다. 지난주 월요일과 화요일 아침, 6살 딸이 기적적으로 제시간에 학교 갈 준비를 마쳤고, 당신이 상기시키는 말을 듣고 해야 할 일을 하였다. 수요일에는 당신이 직장과 아이 학교에 늦지 않으려고 정신없이 서두른다. 당신이 출근하려고 옷을 서둘러 입는 동안 딸은 이를 닦고 옷을 입어야 했다. 그런데 딸은 모자를 눈까지 덮어쓴 채 자기가 눈먼 캥거루라면서 한 발로 깡충깡충 집 안을 뛰어다니고 있다. 한 걸음 전진하면 두 걸음 물러서고 말이다. 딸의 이런 행동이 즐거울 때도 있지만, 정말 낙심하게 만들 때도 있다. 당신이 스트레스를 받고, 진저리가 나고, 의기소침해지는 이러한 순간에 5C 양육방법이 도움이 된다.

> 한 걸음 전진하면
> 두 걸음 물러서고 만다.

당신은 이러한 시나리오를 몇 번이나 경험해 보았나? 13살 딸은 학교에서 돌아와 간식을 먹으면서 동시에 TV를 보며 수학 숙제를 하고, 위층에서 돌아다니면서 친구의 페이스북을 보는 동안 소파에 접시와 책을 늘어놓는다. 당신은 수천 번 딸에게 공부하면서 TV를 보거나 소파에서 무얼 먹지 말라고 얘기했을 것이다. 가족의 규칙에 서로 동의했음에도 퇴근하면 여지없이 엉망인 집이 당신을 기다리고 있다. '쟤는 도대체 왜 저럴까?'라는 생각이 들어 참지 못하고 소리를 지르게 된다. "당장 안 치우면 5일간 핸드폰이고 컴퓨터고 못할 줄 알아!" 심지어 딸에게 "멍청한 게으름뱅이"라고 말하기도 한다. 대체 집에서 지켜야 할 규칙을 알고 있냐고 물으면 딸은 주저하며 안다고 답한다. 그러면 도대체 알면서도 못 지키는 이유가 무엇이냐고 다그칠 것이다. 딸은 대답을 못 한다. 알지만 대답하기 싫은 것일 수도 있고, 정말 모를 수도 있다.

ADHD와 발달수준을 고려해 볼 때, 딸의 행동은 단순히 딸이 현명한 선택을 지속적으로 하고 있지 않음을 보여준다. 물론 딸이 집안의 규칙을 알고 있지만, ADHD를 가진 십 대로서 갖는 충동적인 욕구, 일을 시작하기 전에 하던 일을 끝내는 능력의 부재, 할 일을 기억해 내는 데 실패하는 특성에 의해 규칙은 패배하고 만다. 아마 딸은 자신의 이러한 모습에 수치심을 느끼겠지만, 당신이 소리를 지른다면 딸의 당황하는 마음은 볼 수 없고 방어적이고 화내는 딸을 만날 것이다. 건설적인 대화는 사라지고, 서로의 이야기도 듣지 않게 된다. 당신은 한계에 부딪힐 것이다. 이제 당신과 자녀에게는 다른 기술과 새로운 행동방식이 필요하다. 지금이 바로 그때이다!

5C 양육모델인 '자기절제, 긍휼, 협력, 일관성, 축하'의 방법은 당신이 원래 잘하던 영역을 기반으로 역경을 헤쳐나갈 새로운 아이디어와 시각을 제공한다. 앞으로 이 장에서 자세하게 살펴볼 이 다섯 가지 요소는 가족의 화합을 도모하고 구성원들의 스트레스와 불화를 줄이는 동시에 당신만의 양육 스타일을 견고하게 만들 것이다.

자기절제

"어제 아침에 아빠가 시리얼을 먹으려는데 우유 대신 오렌지 주스를 꺼내서 제가 아빠한테 바보라고 했어요. 저는 웃겨서 그랬는데, 아빠는 아니었나 봐요. 아빠가 우유를 식탁에 세게 내려치니까 우유가 쏟아졌어요. 그리고 제 팔을 잡아채고 네가 감히 나한테 그런 식으로 얘기하냐며 제 얼굴에 대고 소리를 질렀어요. 그리고 부엌에서 나가버렸고, 저는 쏟아진 우유를 닦았어요. 제가 쏟은 것도 아닌데요."

- 12세 칼리

부모가 갈등의 순간이나 다른 상황에서 이성을 잃고 감정적으로 촉발되거나 통제력을 상실한다면 ADHD 아들, 딸뿐 아니라 그 누구와도 효과적으로 상호 작용할 수 없다. 대부분의 아이들은 특히 부모를 미쳐버리게 하는 행동을 하는 데 능숙하다. ADHD 아동은 내재된 낮은 충동 조절력과 망각, 강렬한 감정으로 반복적으로 화를 돋우며 부모를 완전히 지치게 한다. 당신이 사려 깊고 침착하게 행동할 때 이러한 일의 반복을 막을 수 있게 된다. 당신은 아들에게 다시금 소리를 지르며 마치 밧줄 끝에 겨우 매달린 상태에서 밧줄의 실이 손가락 사이로 빠져나가는 듯한 느낌을 몇 번이나 받아보았는가?

현실적으로 당신이 자신을 통제할 수 없을 때는, 사실 어떠한 상황에서도 효과적인 대처를 하기가 힘들다. 당신의 감정을 인식하고, 내면에서 끓어오르는 것이 무엇인지를 알아차리는 것은 당신의 아동, 십 대 자녀와 긍정적인 협력관계를 맺는 첫걸음이다. 숨을 깊이 들이마시고 잠시 멈춘 뒤, 당신이 느끼는 감정과 만나 보라. 다음에 나오는 연습법은 당신의 내면에 존재하는 불길을 식혀줄 것이다.

연습 1	호흡법

여기에서는 내가 선호하며, ADHD 여부와 상관없이 모든 아이들이 좋아하는 아주 간단한 호흡법을 소개하고자 한다. 당신의 아들, 딸과 함께 시도해 보고 선호하는 호흡법을 정해보라.

교호 호흡법

요가에서 사용하는 호흡법이다. 오른손 손가락으로 오른쪽 콧구멍을 막고 숨을 들이쉬고 왼손 손가락으로 왼쪽 콧구멍을 막고 숨을 내쉰다. 콧구멍의 위치를 바꾸어 가며 들숨과 날숨을 쉰다. 다섯 번에서 열 번까지 해 본다. 어떤 느낌이 드는지 알아본다.

흉식 호흡법

손을 가슴이나 횡격막 윗부분에 얹고 숨을 깊이 들이마시고 내쉰다. 다섯 번 반복한다. 어떤 느낌이 드는지 알아본다.

꽃/촛불 호흡법

내가 치료했던 16살 조라가 알려준 호흡법이다. "꽃향기를 맡은 후에 촛불을 부는 방법"[6]으로, 조라가 학교에서 배운 것을 활용해 보았다. 집게손가락을 얼굴에서 15cm 간격을 두고 뻗는다. 마치 아름다운 장미의 향기를 맡듯이 숨을 길고 깊게 들이쉰다. 그리고 생일 케이크의 촛불을 끄는 것처럼 숨을 내쉰다. 세 번 반복한다. 어떤 느낌이 드는지 알아본다.

이제 마음이 진정되었다면 당신이 상황을 고조시키는 행동을 하기 전에 상황을 해결할 방법을 마련할 기회를 얻은 것이다. 이러한 마음챙김 과정은 화가 나서 이성을 잃는 상태와는 반대의 상태라 볼 수 있다. 로라

마컴Laura Markham 박사는 이렇게 말한다.

> 마음챙김 상태란 지금 느끼는 감정에 집중하면서도 감정에 따라 행동하지 않는 것이다…. 감정에 휩쓸려 하는 말과 행동은 우리의 양육에 해를 끼친다.[7]

마음챙김을 선택할 때 우리는 감정대로 반응하지 않고, 상황에 대응할 수 있다. 마음챙김은 우리를 대립상황으로 점점 끌려들어 가는 소용돌이에서 벗어나게 하여 5C 양육방법의 본질인 긍정적인 부모-자녀 동맹을 형성하도록 이끌어 준다. 누구에게나, 화가 나서 한 얘기를 주워 담고 싶을 때가 있다. 대부분의 경우, 정서적인 뇌가 사고하는 뇌를 장악했을 때 나오는 말들은 무릎을 치면 자동으로 올라가는 무릎반사와 같다. 폭발하는 감정과 적절하지 않은 행동으로 표현되는 반응은 관계의 단절을 야기하고 고조된 상황을 활활 타오르게 하는 불씨가 된다. 우리 어른들은 사고하는 뇌가 위치한 전전두엽이 발달하여 '자기절제'를 회복하고, 폭발하는 감정을 재점검할 수 있다. 그렇지만 우리 자녀들의 전전두엽은 최소 만 25세까지 계속 발달하므로 자신을 조절할 수 있는 중요한 단계에 아직 도달하지 못하였다.[8] 아이들이 자신의 격한 감정을 다루기 위해서는 지침이 필요하다. 아이들에게는 감정과 신체반응이 빠르게 일어나는데, 어느 십 대 소년은 자신의 분노에 대해 나에게 이렇게 말했다. "마치 거대한 파도가 밀려오는 해일 같아요. 저는 잘하고 있었는데 어느새 '쾅!' 하고 부딪히죠. 그러곤 갑자기 제가 물 위로 머리를 들려고 허우적거리

> 마음챙김을 선택할 때
> 우리는 감정대로 반응하지 않고,
> 상황에 대응할 수 있다.

고 있는 거예요." 아마 당신도 인생에서 이러한 거센 감정의 파도를 경험해 보았을 것이다. 그러나 어른인 당신에게는 감정을 가라앉히고 스스로를 다스릴 수 있는 능력이 있다.

감정적인 반응은 보통 비판과 비난을 수반하며, 후회가 뒤따른다. 비판은 어른들이 분노와 참을 수 없음을 즉흥적으로 분출하는 창구로, 아이들은 이를 즉각 알아차린다. 이는 ADHD 아동에게는 마치 피부를 계속 문지르는 사포와도 같다. "아침조회 시간에 제이미랑 타일러처럼 가만히 앉아 있어!", "냄새 나는 축구 양말을 매일 부엌에 두지 말고 빨래통에 넣으라니까?!", "보고서에 대문자는 왜 안 쓰는 거야? 이렇게 제출하면 안 돼." 당신이 자녀에게 도움을 줄 수 있는 부분을 상기시키거나 긍정적인 피드백을 주려 할 때조차 말의 톤이나 전달방법에 따라 아이들은 내용과 상관없이 이를 비난으로 느낄 수 있다. ADHD 아동을 포함한 많은 아동은 "긍정적인 피드백"이라는 개념에 이의를 갖는다. 하지만 ADHD 아동과 십 대는 긍정적인 피드백이라는 개념 자체를 믿지 않는 것으로 보인다. 10살 클로이는 내 사무실 줄무늬 의자에 거꾸로 매달려 몸을 흔들면서 이렇게 말했다. "긍정적인 피드백이라는 건 없어요. 피드백 자체에 좋은 게 하나도 없어요. 모두 나쁜 거예요. 왜 어른들이 이걸 인정하지 않는지 모르겠어요." 이렇듯 아이들에게 피드백이란 모두 비판이며, 또 자신이 어떻게 망쳤는지에 대해서 끊임없이 상기시키는 독촉장일 뿐이다.

비난은 아이들에게 어른은 옳다는 것이 남을 이해하는 것보다 중요하다고 가르치며, 남이 실수하면 비난이 허용된다는 것과 무언가 잘못되면 그것이 누군가의 잘못이라고 가르치는 일이다. 자녀에 대한 비난은 자녀가 스스로의 행동에 책임을 질 수 있는 능력을 감소시키고, 거짓말을 부추기며, 두려움을 갖게 만든다. 비난받을까 봐 두려울 때, 아이들은 의식적으로 자신이 한 행동에 대한 책임을 회피한다. 9살 루비는 부모님이 그녀의 방에서 개미를 발견했을 때 방에서 음식 먹은 것을 부인했는데, 그 이유는 아빠가 싫어하는 행동이라는 것을 분명히 알고 있었기 때문이다. 루비는 책을 읽으며 무언가를 먹는 걸 좋아하여 자기 방에서 주로 그렇게 했다. 루비는 결국 이 사실을 인정했다.

> 저는 그냥 부엌에 들어가 책 읽을 때 먹을 걸 가지고 와서 제 방을 이리저리 돌아다녀요. 저는 책에 신경을 쓰지, 음식에 신경을 쓰지는 않아요. 부모님은 방에 음식을 두면 벌레가 나온다고 했는데, 저는 사실 부모님 말을 믿지 않았거든요. 부모님께 정말 죄송한 마음이 있는데, 이런 제 마음을 알아주지 않아요. 부모님은 "아, 얘가 우리 집을 망쳐 놓아 돈이 들어가게 생겼어. 얘는 벌을 받아야 해" 하는 식인데 제가 뭐 하러 말하겠어요?

ADHD 아이들이 자신이 하는 일을 통제할 수 없을 때조차 아이들의 행동과 선택에서 결점을 찾아내 비난한다면 아이들의 자존감은 계속 낮아질 것이다.

물론 이러한 상황에 대응하는 것은 어려운 일이다. 부모나 주 양육자는 자녀가 말과 행동으로 표현하는 것들을 판단하지 않으면서도 알아차려 주어야 한다. 아이들의 말과 표현을 묵살해서는 안 된다. "아이패드 그만하는 게 뭐가 그렇게 힘들어? 지금 한 시간째 하고 있는데!"와 같은 반응은 긴장을 고조시킬 뿐이고, 아이에게 아이패드 끄는 일이 힘들다는 것을 부정하는 것이다. 당신은 '자기절제'를 모두 끌어모아 인내하며, 오직 당신이 듣고 본 것만을 말에 반영해야 한다. "지금 아이패드

하는 게 너무 재미있어서 그만하기 힘들구나. 그런데 우리가 약속한 시간이 다 되었네." 감정적으로 반응하지 않고 상황에 대응함으로써 현재 일어나는 일을 타당화한 후, 필요하다면 대안을 마련할 수 있는 장을 열어둔다. "지금 네가 이 상황이 불공평하다고 생각하고 아이패드를 그만 둘 준비가 되어있지 않는다는 거 이해한단다. 우리가 뭘 할 수 있을까?" 현재 상황에 관한 이야기를 나누고, 내일 시도해 볼 다른 계획을 세운다. 아이들은 여전히 속상해하지만, 당신이 자신의 의견을 들어주고 의사결정 과정에 참여할 수 있다는 사실에 위안을 얻게 된다. 상황에 대응한다는 것은 "항복한다"라는 뜻이 아니라 단지 당신이 아이들의 감정을 알아주고 미래를 위한 계획을 함께 세움을 의미한다.

어떤 일이 빠르게 일어나고 순식간에 긴장이 고조되는 가정에서 상황에 대응하기란 특히 어렵다. 가족 모두의 행동을 조절하고 화가 폭발하는 상황을 피하고 싶지만 조절할 수 있는 것은 오직 당신 자신뿐이다. 부아가 치밀 때 감정적으로 반응하느냐, 아니면 상황에 대응하느냐에는 큰 차이가 있다. 당신이 직장에서 종일 일을 마치고 마법처럼 맛있는 요리로 탄생할 재료가 든 큰 쇼핑백을 두 손 가득 들고서 지친 몸을 이끌고 집에 오자마자, 12살 딸이 달려와 당신의 얼굴에 핑크색 종이를 힘차게 흔들며 "이거 사인해 줘야 금요일에 현장학습 갈 수 있어요! 선생님이 이거 아주 중요한 거래요. 지금 사인해 줘요"라고 소리를 지른다면 여기에서 두 가지 선택을 할 수 있다. 감정적으로 반응하며 "뭐 하는 거야?! 엄마가 지금 뭐 잔뜩 들고 있는 거 안 보여?"라고 소리 지르거나, 상황에 대응해 "아, 이게 중요한 거구나. 근데 엄마가 손에 든 게 많아서 손을 쓸 수가 없네. 엄마 좀 도와주겠니? 일단 이걸 놓고 현장학습에 대해 알아보자"라고 말할 수 있다. 당신이 첫 번째 반응을 선택한다면 자녀로부터 더 강한 반응이 돌아올 확률이 높고, 두 번째 대응을 선택한다면 감정의 폭발을 피하고 자녀의 협력을 도모할 수 있다.

13살 윌리와 아빠 데이비드는 세심한 '자기절제'를 실천하면서 얼마나 관계가 좋아졌는지에 대한 경험을 나누고 있다.

데이비드 이제 우리는 대화가 더 잘 통해요. 감정적으로 흥분하지 않고 서로의 말을 잘 들어주죠. 저는 선호하는 방식이 뚜렷하고, 제 주장도 강합니다. 제 방식대로 흘러가지 않으면 통제하려고 해요. 대개는 맘대로 되지 않죠.

윌리 맞아요. 일반적인 대화가 전보다 잘 이루어지는 것 같아요. 예전에 아빠는 제가 거짓말을 한다고 자동으로 지레짐작했는데 이제는 그러지 않아요. 그게 우리가 한 몇몇 싸움의 원인이었어요. 아빠가 저를 비난하고 소리를 지르면, 저는 "아니, 나는 안 그랬다고"라며 화를 냈어요. 아빠에게 복수하려고 아빠가 하라는 걸 그냥 하지 않을 때도 있었어요. 벌 받는 일 따위는 신경 쓰지 않았죠.

데이비드 저는 평정심을 더욱 유지하고 경청하려고 노력하고 있어요. 항상 쉽지만은 않아요. 윌리도 알 거라 생각합니다. 윌리가 예전만큼 고집을 부리거나 화가 나서 나가버리는 행동을 하지 않는데, 그것도 도움이 되고요.

윌리 저에겐 간단한 문제예요. 저한테 거짓말한다고 하지 않고 제 말을 무시하지 않는 거요. 아빠가 예전처럼 저를 비난하지 않으니 저도 화낼 필요가 없죠.

'자기절제' 연습은 완벽해지려고 하는 것이 아니라 끊임없는 과정 자체를 의미한다. 당신은 여전히 속상할 때가 있겠지만 이때 자신을 비난하지 말고, 그냥 다시 당신 자신으로 돌아오면 된다.

당신이 제일 좌절하는 순간이야말로 한발 물러서서 생각하는 마음가짐이 가장 필요할 때이다. 2분 정도 시간을 내어 앞서 소개한 교호 호흡이나 흉식 호흡을 하라. 그 후에 당신이 지금 일어나는 상황에서 알아차린 내용을 간단히 아이에게 반영해 줄 수 있다. 당신이 관찰하고 경청하며 '자기절제'와 안정적인 행동을 취함으로써 고조된 상황에서도 선택할 수 있는 다른 옵션이 있음을 자녀에게 몸소 보여 줄 수 있다. 한 14살 소년의 아빠는 "모범을 보임으로써 모든 부모가 우리의 자녀들에게 영향력을 끼칠 수 있다"라고 했다.

긍휼

"제가 감정에 압도되면 그걸 말로 표현하기가 힘들어요. 만약 저 자신에게 실망해도 그걸 말로 표현하지 않죠. 머리에서 많은 생각이 엄청 빠르게 돌아가요. 그러면 그냥 누워서 아무것도 안 하고, 아무것도 안 들리는 척을 해요. 엄마는 제가 도와달라고 하지 않으니까 어떻게 해야 할지 모르겠다고 하셨어요. 근데 그냥 그렇게 안 되는걸요."

- 11세 제임스

당신이 ADHD 아동과 십 대를 양육할 때, 긍휼은 어떤 모습으로 나타날까? 달라이 라마는 인간의 생존에 사랑과 긍휼은 사치품이 아닌 필수품이라고 했다.[9] 양육에서의 긍휼은 아이들의 현재 상태를 알아봄을 의미한다. 덧붙이자면 아이들의 인지적, 사회적, 정서적, 신체적 발달단계의 맥락에서 공감과 인내를 가지고 아이를 현재 모습 그대로 보는 것이다. 10살 아들이 저녁 식사 후 그릇 치우는 것을 도와줄 때, 아들에게 친절하게 대하기란 어렵지 않은 일이다. 16살 딸이 친구와 관계가 깨져 품에 안겨 울 때, 딸을 사랑하고 이해하는 일도 그리 어렵지 않다. 그러나 9살 딸이 거품이 얼마나 나는지 보려 했다며 샴푸를 욕실 전체에 발라놓고, 거품을 닦겠다고 물을 사방에 뿌려 욕실 전체를 엉망으로 만들어 놓았을 때, 딸의 호기심과 세심함에 반응해 주기란 어려운 일이다. 누구에게나 너무 화가 치미는 상황이다. 이런 순간에 모든 자원을 동원하여 스스로에게 긍휼의 필요성을 상기시키고 이를 찾아내야 한다.

'자기절제'와 마찬가지로 다른 사람에게 긍휼을 보이기 위한 첫걸음은 먼저 스스로에게 긍휼하도록 연습하는 것이다. ADHD 자녀를 키우는 부모가 자신을 있는 모습 그대로 수용할 수 있다면 자녀의 약점도 받아들이기 쉽다. 당신은 이렇게 할 수 있는가? 아니라면 무엇 때문인가? 긍휼이란 주어진 순간에 판단을 멈추고, 다른 사람을 있는 그대로 받아들이는 마음 상태이다. 비록 상대방이 당신이 원하는 모습이 아닐지라도 말이다. 당신의 자녀에게라면 더욱 그렇다. 자녀에 대한 넘치는 기대가 아닌 한, 당신은 자녀가 변화할 것이라는 가능성을 붙들고 있을 수 있다. 대부분 기대는 실망을 낳지만, 소망은 우리를 기회로 인도하기 때문이다.

이 책을 쓰기 위해 내가 인터뷰했던 많은 ADHD 아이들은 어떻게 부모님이 이들에게 중요한 지지자가 되었는지를 거듭 말해주었다. 다음은 "힘든 시간을 어떻게 견뎠니?"라는 내 질문에 대한 아이들의 대답이다.

- "심지어 제가 실패하고 있을 때도 가족이 저를 많이 지지해 주었어요."

- "부모님과의 관계 때문에 버틸 수 있었어요. 부모님께 제가 빚을 많이 졌죠."
- "저는 힘든 문제를 주로 엄마랑 얘기해요."
- "제가 해야 할 일을 잘하도록 엄마가 함께 있어 주었어요."
- "제가 자신에 대해 부정적인 말을 하는 것과 달리 부모님이 '너는 멍청하지 않아'라고 말해주는 거요."
- "저랑 아빠는 농장에서 일할 때 대화해요. 아빠와 제가 서로에게 솔직할 수 있는 통신망이 있는 게 좋아요."
- "아빠가 학교 물건을 정리하는 것을 도와주는 게 굉장한 도움이 돼요. 저는 혼자 어떻게 정리를 해야 할지 모르거든요."

이 아이들은 부모가 이들을 알아봐 주고, 이야기를 들어주며, 지지받고, 이해받는다고 느낀다. 아이들은 자신이 한심하다고 느끼지 않고, "멍청한" 아이나 "결점이 있는" 아이라며 꼬리표를 붙이지 않는다. 부모가 자신을 돕기 위해 학교에서 중재에 나서고, 함께 앉아 있고, 공부나 집안일이 힘들 때도 함께 어려움을 헤쳐나가고, 스스로를 믿지 못할 때도 자신을 믿어준다는 사실을 알고 있다. 이는 때때로 부모가 어느 시점에서는 자녀에게 제일 필요한 것을 공급해 주기 위해 부모의 바람, 좌절, 실망을 내려놓아야 함을 의미한다. 또한, 부모는 자녀가 처한 현재의 힘든 상황을 넘어선 가능성을 향해 자녀를 이끌어야 하기도 한다. 이때, 당신의 입장을 언제 고수할지, 내려놓아야 할지 판단하는 일은 어렵다.

몇 달 전 내 상담실에서는 총명한 14살 아들 케빈과 아빠 릭은 케빈의 고등학교 1학년 스케줄을 두고 말다툼을 하고 있었다. 케빈은 고등학교 1학년 상급반 영어 수업을 들으려 하지 않았다. 아빠는 케빈이 똑똑하다고 말했지만 케빈은 영어 수업을 힘들어했고, 특히 글쓰기가 어려웠다. 릭은 아들이 글쓰기를 힘들어한다는 걸 알았는데, 훗날 대학 진학 시 상급반 영어 수업을 듣지 않은 것이 영향을 미칠 거라 걱정하였고, 경제적으로 여유가 없음에도 아들의 과외 선생님까지 구할 생각이었다. 그러나 케빈은 아빠의 제안에 꼼짝하지 않았고, 릭과 케빈의 다툼은 계속되었다.

케빈 (씩씩대며) 아빠, 저는 수학 상급반 수업을 들을래요. 제가 수학을 좋아하잖아요. 그거로는 안 돼요? 아빠는 항상 제가 완벽하기를 바라잖아요. 근데 저는 완벽하지 않아요. 고등학교에 가는 것도 긴장된다고요. 아빠가 그걸 알아요? 제가 중학교 생활 시작할 때 어땠는지 기억이나 해요? 밤에 잠도 못 잤어요.

릭 (잠시 멈춘 후 조용하게) 아빠는 네가 감정적으로 압도되고 불안해하지 않았으면 좋겠어. 그냥 너 자신을 포기하지 않았으면 해. 넌 영리한 아이잖아. 나에게는 없던 기회를 너한테 주고 싶단다. 네가 영어 상급반 수업을 들으면 글을 잘 쓰는 법도 배울 수 있지 않니? 글쓰기는 인생에서 중요한 기술이야. 나도 글을 잘 썼으면 했었다.

케빈 (아빠를 쳐다보고) 근데 저는 아빠가 아니잖아요. 일반 영어반에서도 글 쓰는 거 배울 수 있어요. 전 그것도 어려워요.

릭 (한숨을 내쉬면서) 그 말도 맞는 것 같다. 내가 생활지도 상담 선생님께 말해볼게. 그래도 나는 아직 네가 다른 상급반 수업을 듣는 게 나중에 입시에 도움이 된다고 생각하거든. 과학 상급반은 어떠니? 너 과학 좋아하잖아.

케빈 상급반이 아빠에게 그렇게 중요하다면 그냥 생물 상급반을 들을게요. 그런데 아빠가 도와줘야 해요. 돈 들어가는 과외 선생님 붙이는 거 말고요.

릭 (케빈의 제안을 고려해 본 후) 괜찮은 생각 같다. 생물을 상급반으로 바꾸는 것도 나쁘지 않다고 생각해. 그러면 영어는 좀 지켜보자. 만약에 일반 영어반에서도 글쓰기 부분이 어렵다면 어쨌든 과외 선생님을 구해야 한다.

케빈 (웃으며) 알겠어요.

케빈과 아빠는 자신의 생각을 조절해 서로의 필요에 맞는 새로운 계획을 세웠다. 릭이 앞장서 케빈을 끌어주며 현재 아들의 모습 그대로를 만나게 되었다. 수학과 과학을 좋아하지만 고등학교에 진학하는 일이 두려운 아들을 만난 것이다. 릭은 아들에게 공감하며 자신의 통찰을 통해 아들이 상급반 수업을 통해 우수한 지능을 드러낼 좋은 성적을 내는 것이 가장 중요하다고 생각하였고, 이에 중점을 두었다. 릭은 케빈의 이야기를 주의 깊게 듣고 직면한 문제에 다른 해결책을 제시한 후 생활지도 상담 선생님에게 자문을 구하기로 했다. 아빠와 아들은 논쟁을 멈추고 궁극적으로 케빈을 지지하며 부모로서의 목표를 반영하는 대안으로서의 계획을 세웠다.

또한, 긍휼은 용서를 아우른다. ADHD의 뇌는 현재에 집중하고, 원한을 품지 않는다. 지금 당장 일이 벌어지는 상황에서는 어제나 지난주에 일어난 일은 잊힌 지 오래다. 반면 부모인 어른의 마음속에는 아직도 아이가 웃으며 장난친 사건이 남아 있다. 일주일이 지난 뒤에도 당신은 아이가 욕실을 샴푸로 칠해 치워야 했던 사실이 화날 수 있지만, 딸은 오늘 자기가 원하는 반짝이 운동화를 부모가 사줄지에 대해서만 집중한다. 긍휼의 동반자인 용서는 과거에 머무르지 않고 앞으로 나아가는 작업을 필요로 한다. 당신의 감정을 꾹꾹 누르고 있다가 무슨 일이 생기면 그때 터뜨리는 것이 아니라 진정으로 넘어가는 것 말이다. 아마 당신은 이런 의문이 들 것이다. "이렇게 거슬리고 해결할 수 없는 일이 매일 터지는데 대체 어떻게 넘어가라는 겁니까?"

부모는 아이들이 책임의식이 부족하거나 아예 없을 때, 진심으로 사과하지 않을 때, 아이들을 용서하기가 어렵다는 걸 알고 있다. 아이들은 불편한 상황을 빨리 넘기고 싶어 하며, 미안하다고 얼른 말하는 것으로 넘어가려 한다. 이때 당신이 할 수 있는 가장 좋은 선택은 자녀가 이 일을 기억하는 24시간 내 조용한 시간에 아들, 딸과 대화하는 것이다. 당신이 해야 할 말을 하고, 아이들이 이를 들었는지 확인하고, 책임의식을 갖도록 요청한다. 대화가 끝나면 당신이 할 일은 끝났으니 다시 정비하고 앞으로 나아가라.

긍휼이란 성공적인 양육의 핵심인 동맹을 맺는 일이다. 에드워드 할로웰Edward Hallowell과 피터 젠슨Peter Jensen 박사는 그들의 책인 『ADD 자녀를 위한 슈퍼양육Superparenting for ADD』에서 이를 강조한다.

> 이는 긍정적인 연결감이며 무슨 일이 있어도 사랑받는다는 느낌이다. 말로 표현되기 전의 상태로 나의 존재보다 더 큰 긍정적인 무언가에 연결되어 있다는 소속감이다.[10]

이러한 유대감은 가족의 친밀함과 무슨 일이든 함께 직면하게 하는 협력의 기초를 만든다.

협력

"부모님이 제 물건을 빼앗아 가는 건 별로 효과가 없어요. 왜냐하면 제가 계속 달라고 요구하거나 아니면 물건을 줄 때까지 부모님을 짜증나게 만들거든요. 지금은 고등학생이니까 부모님이 저를 좀 더 믿어줬으면 좋겠어요. 그래서 더 많은 이야기를 나누고 싶어요."

- 14세 잭슨

협력은 본질적으로 경청과 상호존중을 포함한다. 하지만 이는 ADHD 아동이 일상에서 받는 피드백의 유형이 아니다. 아이들은 늘 그렇듯 자기가 무언가를 잘못하고 있으며 행동을 고쳐야 한다는 말을 듣는다. ADHD 아동도 우리와 마찬가지로 다른 사람이 이래라저래라 하는 말을 듣기 싫어하지만, 대부분의 ADHD 아이들은 학교에서, 스포츠 경기장에서, 집에서, 누군가가 자신에게 지시하는 말을 듣는다. 아이들은 자신의 문제를 해결하기 위해 다른 사람이 주는 해결 방안을 정말로 원하지 않는다. 할 수 있다면 차라리 문제를 피하거나 빨리 그 상황을 벗어나 다른 사람처럼 되고 싶다고 느낀다. 물론 자신이 도움이 필요하다는 사실을 깨닫기도 하며, 도움을 받지 않으려 저항하기도 하지만, 변화하고자 무엇을 해야 할지 파악하기 위해 지속적으로 당신과 함께 노력하기를 원한다.

ADHD 아이와의 협력이란 이 일이 '너'의 문제라는 태도가 아닌 '우리'의 문제라는 태도로 접근함을 말한다. 당신이 자녀와 고민되는 문제를 해결하기 위해 함께 대응하는 것이다. 이는 당신과 ADHD 아들, 딸이 함께 문제를 인식하지만, 당신이 부모로서 해결책을 지시하지는 않음을 의미한다. 다음은 "우리"의 문제라는 개념이 실제 생활에서 어떻게 적용되는지를 보여준다. 10살 딸이 주중에 할당된 컴퓨터 사용 시간인 30분이 지났을 때도 멈추기 힘들어한다는 점에 당신과 딸이 동의하고 있다. 딸은 컴퓨터 사용을 마치고 테이블 세팅을 도와주기로 했지만, 당신이 딸에게 컴퓨터 사용 시간이 다 됐다고 말하면 이것이 큰 싸움으로 이어진다. 당신은 저녁을 준비하느라 이리저리 분주하게 움직이는데, 딸은 계속 컴퓨터를 조금만 더 하면 안 되냐고 물어보고, 아직 테이블 세팅은 되지 않았다. 결국 당신은 딸에게 소리를 지르고, 딸도 소리를 지르며 울고, 음식은 식은 채로 식탁에 놓여 있게 된다. 어느 때는 남은 저녁 시간이 이 때문에 계속 어그러져, 목욕하거나 취침하는 시간마저 서로 스트레스를 받으며 힘들어지기만 한다. 당신과 자녀 둘 다 이러한 일련의 사건들로 인해 불행하다. 이러한 상황에서는 어떻게 협력할 수 있을까?

당신이 우선적으로 해야 할 일은 계획하여 정한 시간에 대화를 함으로써, 당신과 자녀가 가정에서 무슨 일이 일어났는지를 함께 나누며 돌아보는 것이다. 당신이 느낀 좌절을 묘사하고 자녀의 관점을 물어본다. 소리를 지른 것에 대한 부정적인 감정을 나누고 가족과 함께 맛있고 따뜻한 저녁식사를 하고 싶은 소망도 이야기한다. 딸은 컴퓨터 게임을 끝내지 못했을 때 그만두는 일이 얼마나 힘든지를 얘기한다. 서로 말하고 서로 듣는다. 지금 문제가 되는 부분을 발견한다. 서로의 의견을 브레인스토밍하면서 판단하지 않고 모든 의견을 나눠본 후, 당신과 자녀 모두가 실행 가능하다고 생각하는 한 가지나 두 가지의 변화 방법을 선택한다. 딸에게 컴퓨터에서 떨어지라고 몇 번이고 얘기하는 것보다 2분 간격으로 타이머를 울리는 게 더 나은 방법이라는 데 아마 모두가 동의할 것이다. 딸은 타이머가 꺼지면 당신이 직접 자기를 데리러 오거나 컴퓨터를 종료했을 때는 안아주기를 바랄 수도 있다. 테이블 세팅을 게임이나 경기처럼 진행해 더 재미있게 세팅하기를 원할 수도 있다. 당신과 자녀는 함께 가게에 가서 비싸지 않은 타이머를 사기로 결정한다. 일주일 동안 이 방법을 시도해 보고 난 후 이 방법을 검토하고 어떻게 효과가 있었는지 알아보라.

ADHD 아동과 함께 문제를 해결하는 가족협력모델은 협동을 조성할 자녀의 참여를 장려한다. 당신이 문제 행동을 다루는 과정에서 자녀를 참여시키고 자녀가 언어와 행동으로 전달하려는 바를 경청할 때, 당신은 자녀의 적군이 아닌 아군이 된다. 나아가 아이들은 당신이 자기를 바라봐 주고 들어주고 존중해 준다고 느끼게 된다. 자녀가 당신이 하고자 하는 무엇이든 믿어주는 이유는 자신이 의사결정 과정에 참여하고 있기 때문이다. 물론 안전이나 건강 문제와 관련한 위기의 순간에는 부모가 개입하여 의사결정을 해야 한다. 이제 막 운전면허를 딴 십 대 아들이 집에 들어와야 할 토요일 밤 통금 시간을 지키지 않았다면, 당신은 다음 주말에 아들이 차를 운전해도 될 것인지에 대한 여부를 결정해야 한다. 6살 딸이 한밤중에 깨어 TV를 본다면 부모가 개입해야 한다. 이러한 순간은 당신이 부모와 어른의 역할을 할 때이다. 당신에게 ADHD 자녀에게 집안의 규칙을 정할 권위를 부여하고 허용할 수 있는 행동 범위를 정하게 하라고 말하는 것이 아니다.

당신은 자녀의 부모이지 친구가 아니다. 아이들은 한계를 정해주기를 원하고, 아이들에게는 방향 제시가 필요하다. 자녀는 당신과 당신이 알려주는 가치로부터 도덕적이고 윤리적인 행동이 무엇인지를 배우게 된다. 여기에서 핵심은 자녀의 인생과 가정에서 생기는 문제의 해결책을 마련하는 과정에 아이들을 참여시키는 것이다. 당신이 아이에게 동의하지 않더라도 질문하고, 질문에 대한 답을 들어준다. 7살 아들이 아침마다 등교 준비를 너무 힘들어하고, 학교 가는 차 안에서 울면서 아빠보다 엄마가 더 잘 도와줘서 엄마랑 등교하는 게 좋다고 말한다면, 이때 아들의 불평은 중요한 정보가 된다. 아들은 단순히 아빠를 비난하는 게 아니다. 아들은 자기가 어찌할 바를 모르겠고, 아빠가 등교 준비를 시킬 때는 자기가 해야 할 일을 알지만, 실행이 어렵다는 사실을 말하는 것이다. 아빠로서 해야 할 일은 아내가 아들에게 적용하는 효과적인 방법을 정확히 파악하고, 그와 비슷하게 할 수 있는지를 결정하는 것이다. 이것이 아이의 말을 자신의 양육기술에 대한 모욕으로 받아들이는 것보다 훨씬 중요하다. 또, 아이가 지지받고 있다고 느끼도록 계획을 절충하고, 부모가 바라는 독립심을 키우도록 도와야 한다. 이러한 것들은 아들이 아빠에게 자신의 의견과 피드백이 중요하다는 메시지를 전달하는 과정이며, 당신과 아들이 서로 힘을 모아 아침마다 반복되는 등교 전쟁에 맞서 효력 있는 해결책을 마련하는 과정이다.

일관성

"저희는 냉장고에 해야 할 집안일 목록을 붙여놨어요. 그런데 엄마가 저희에게 리스트를 확인하라고 말을 안 해주면 저희는 잊어버려요. 엄마가 말을 안 해주는데 저희가 그걸 어떻게 기억하겠어요? 그걸로 엄마가 화를 내는 건 부당하다고 생각해요. 사람들은 누구나 잊어버리잖아요. 별로 중요한 일도 아닌데요."

- 10세 클로이

일관성이란 당신이 하겠다고 반복하여 말한 내용을 최선을 다하여 실제로 실행하는 것을 의미한다. 이는 자녀의 되풀이 되는 행동에 유사한 방식으로 대응하고 계획을 바꾸고 싶은 압박에 맞서 꿋꿋이 견디는 일을 포함한다. 그렇다고 당신이 완벽해야 하거나, 일관성이 없을 때 스스로 수치스러움을 느껴야 한다는 뜻은 아니다. 필요하다면 가족의 동의사항이나 기본 규칙을 당신 스스로 기억할 수 있도록 메모할 수 있고, 당신이 아이들이 한 일을 책임지게 할 때 지키지 못할 약속을 하지 않음을 의미하는 것이다. 대개 일관성은 계획을 지켜내기 위해 끝까지 힘써 노력하는 것과 다른 옵션이 없을 때 유연한 선택을 하는 일을 돕는다.

그렇다면 일관성을 지키기 위한 기초는 어떻게 쌓을 수 있을까? 당신의 자녀가 지켜야 할 뚜렷한 행동 가이드라인을 자녀와 함께 세우는 일부터 시작해 보라. "네가 학교에서 집에 오면 우리가 합의한 대로 간식을 먹어야 하고, 컴퓨터 게임을 하기 전에는 먼저 숙제를 해야 한다. 그런데 숙제를 다 안 한 거 같구나." 일관성을 지키는 일은 상대방을 얼마나 믿느냐에 달려 있다. ADHD 아동은 무슨 일이 일어날지 알고 싶어 하며, 예측할 수 있을 때 올바른 선택을 할 수 있다. 아이들은 경험하면서 배우고, 자신의 행동에 결과가 따른다는 사실을 이해하기 시작한다. (이러한 인과관계 파악의 어려움은 아이들의 집행기능이 발달하지 않았음을 정확히 나타낸다.) 딸이 당신과 약속했던 여섯 시까지 방 청소를 하지 않으면 핸드폰을 사용할 수 없다는 것을 알면서도, 딸에게 연락을 해야 한다는 이유로 핸드폰을 쓰게 한다면 이는 일관성 있는 행동이 아니다. 딸은 이를 통해 부모의 말에 무게가 없고 자기의 행동에는 책임이 따르지 않음을 학습한다.

일관성 있는 부모는 계획에 차질이 생기면 다시 계획으로 돌아간다.

계획에 생기는 차질은 모든 학습 과정의 일환이며, 그렇다고 길에서 영원히 벗어난 게 아니다. 이는 당신과 자녀 모두에게 가르치고 배우는 기회가 된다. 계획을 잘 실행하다가 갑자기 길에서 "아이쿠" 하고 장애물을 만나면 누구나 난관에 봉착한다. 16살 딸이 지난주에는 잘 가져가던 점심 도시락을 잊고 가져가지 않았을 때, 그리고 9살 아들이 지난주와 지지난 주에는 정리를 잘하다가 거실 전체에 늘어놓은 레고를 치우지 않겠다고 할 때를 생각해 본다. 이러한 순간을 실패했다고 말하지 않아야 하며, 이 순간은 당신이 "완벽한 사람은 없어, 다시 하면 되지"라고 말할 때이다. 이 말은 아이들뿐 아니라 당신에게도 적용된다. 실수하면 모든 전략을 다 버리고 패배를 선포할 것이 아니라 재정비를 해야 하는 것이다.

> 계획에 생기는 차질은 모든 학습 과정의 일환이다.

일관성에 대한 예외 적용은 일관성이 없는 것과는 다르다. 당신이 명확한 메시지를 전달하고자 할 때나 우발적인 사건이나 비상상황으로 인해 집안의 규칙을 깨뜨려야 할 때를 예외라 말할 수 있다. 이러한 일로 규칙이 완전히 바뀌지는 않는다. 양육방식이 변덕스럽다는 뜻도 아니다. 7살 딸이 매일 당신이 저녁을 만들 동안에 30분씩 텔레비전을 시청할 수 있다고 해보자. 그런데 어제는 바닥에 떨어져 깨진 유리잔 조각을 치우는 바람에 저녁 준비 시간이 더 필요했고, 바닥을 쓸고 요리하는 동안 딸에게 텔레비전을 30분 더 보라고 한다. 그리고 딸에게 왜 이런 선택을 했는지 설명했다. 이런 경우는 '목적이 있는 예외상황'으로 집안의 텔레비전 시청에 관한 일반적인 규칙에 지장을 주지 않는다. 만약 당신이 딸과 씨름하는 일이 힘들고 집안의 규칙이 부당하다고 징징거리는 소리가 듣기 힘들다는 이유로 텔레비전 시청을 30분 더 허락할 때는 목적이 있는 예외상황이라고 할 수 없게 된다. 당신은 딸에게 부모를 성가시게 하면 자신이 원하는 걸 얻을 수 있고, 가족의 규칙은 쉽게 깨질 수 있음을 가르치는 것이다.

일관성 있는 제한을 두는 이유는 아이를 사랑으로 교육하기 위함이다. 아이들은 실망을 견뎌내고 회복탄력성을 쌓으며 일의 예측이 가능함을 깨닫는다. 일관성 있는 부모는 공감하면서도 단호하다. 부모가 자녀를 위해 분투하고 있음을 자녀에게 이해시키기란 어려운 일이지만 부모는 최선을 다해야 한다. 당신은 자녀가 겪는 어려움을 주제로 자녀와 같은 프로그램에도 참여하고 함께 해결하려고 시도해야 한다. 자녀가 부모의 결정을 탐탁지 않아 할 때, 일관성 있는 부모는 자녀의 감정을 알아차리면서도 예외상황을 제외하고는 자녀에게 항복하지 않는다. 이처럼 당신이 경계를 유지하고 계속 버티는 이유는 이것이 결국 자녀를 능력 있고 독립적인 성인으로 성장하게 하는 유일한 길임을 알기 때문이다.

일관성 있는 제한을 두는 이유는 아이를 사랑으로 교육하기 위함이다.

축하

"저는 춤, 치어리딩, 독서, 뜨개질, 코바늘 뜨개질하기를 좋아해요. 저는 생산적이면서도 저에게 보탬이 되는 일을 많이 하고 있어요. 제 가족과 친구들을 사랑하고요. ADHD가 제 인생에 걸림돌이 되지 않도록 노력하고 있어요. 부모님은 제가 잘할 때 말로 표현해 주시고, 진심으로 행복해하는 게 보여요. 제가 실패할 때도 저를 도와주시고요. 이제는 저도 '괜찮아, 다음번에 더 열심히 하면 되지'라고 말하고 다시 일어서죠.”

- 16세 아나

혹시 당신의 ADHD 아동, 십 대 자녀가 사람들이 자신에게 했던 긍정적인 말보다 부정적인 말을 더 잘 기억한다는 사실을 아는가? 모든 인간이 본래 긍정적인 것보다 부정적인 것을 잘 기억한다(심리학자들은 이를 부정편향이라고 부른다).[11] 특히 ADHD 아동은 자신의 “나쁜 점”을 더 마음에 간직하기 쉬우며, 이러한 말을 어른들에게 들었을 때는 더욱 그러하다. 이 패턴은 대부분 아이들이 수년간 잘 잊어버리고, 제대로 일을 해내지 못하고, 자신을 절제하지 못한다는 등의 이유로 비난받으며 점진적으로 형성되어 온 것이다. 우리의 조상들은 생존을 위해서 학습해야 했고, 힘든 경험을 통해 얻은 교훈을 기억하는 능력을 필요로 했지만, 오늘날의 사람들은 사기를 높이고 자신감을 키우기 위해 좋은 경험에서 얻은 교훈과 피드백을 간직하는 법을 배워야 한다. 특히 아동기와 십 대 때는 더욱 그렇다.

자존감은 ADHD가 있는 젊은이들에게 중대한 이슈이다. 낮은 자아존중감은 우울과 불안을 야기하고, 자포자기와 무관심, 실패에 이르게 하지만, 긍정적인 경험과 의미 있는 관계는 내면의 힘을 길러준다. 좋은 기억이 나쁜 기억보다 우세하려면 좋은 기억이 뇌의 신경구조체brain's neural structures에서 영주권을 얻어야 한다. 일반적으로 이 과정은 좋은 기억이 “작업기억”이라고 불리는 곳에 단기기억이 될 때까지 머물러야 하고, 이렇게 머물러 형성된 단기기억이 견고해지며 장기기억으로 변하는 과정을 거치는 것이다. 하지만, ADHD를 가진 사람은 보통 작업기억 손상으로 인한 어려움 때문에 긍정적이거나 부정적인 정보가 장기저장소로 넘어갈 때까지 뇌에 머물러 있지 않는다. 그러나 수많은 반복과 시간, 신체적 발달을 통해 이러한 정보가 효과적으로 기억장치로 넘어가게 되는데, 바로 이것이 학습 과정이다. ADHD가 있는 청년들은 이들의 잘못된 행동을 어떻게 바로잡아야 할지에 대해 수많은 교정과 제안을 받은 탓에 자신에 대한 부정적인 견해로 가득 차 있다. 이상적으로 말하자면, 긍정적인 견해가 이러한 부정적인 견해를 상쇄할 수 있다.

25년 이상 ADHD 아동과 청소년을 치료하면서 관찰할 수 있었던 이들에게 끊임없이 나타나는 마음 아픈 주제는 각각의 개인이 모두 자신이 ADHD이고 또래와 다르게 "유별나다"라고 느끼는 데에 자리한 뿌리 깊은 수치심이었다. 몇 가지 예로, 딸이 친구를 사귀지 못하거나 또래처럼 글을 잘 쓰거나 쉽게 쓰지 못하고 수업 시간에 멍하니 시간을 보낼 때 수치심은 명확히 드러난다. 아들이 비디오 게임과 농구 경기에 대해서는 자랑하지만, 학교 시험 결과를 숨기거나 숙제를 시작하기 전 끊임없이 미룰 때는 수치심이 숨어 있다. 드러나는 수치심과 숨어 있는 수치심 모두 발달의 초기 단계에서부터 시작돼 어른이 될 때까지 계속 이어진다. 많은 ADHD 아이들은 스스로 자신이 부정적인 말을 들을 것이라 예상한다. 과거 가족상담 중 12살 카일에게 자신의 행동에 대해 어떻게 피드백 받기를 원하는지 물었을 때, 그는 "좋은"이나 "건설적인"이라는 단어가 나오자마자 내 말을 끊고 말했다. "전 싫어요. 듣기 싫어요. 그런 말 듣는 거 너무 지긋지긋해요."

축하, 즉 아동, 십 대 자녀가 무엇을 잘하는 순간에 주는 긍정적인 피드백은 이러한 수치심을 줄이고 자존감을 세워준다. 이는 단순히 듣기 좋으라고 꺼내는 거짓 칭찬도, 가식적인 멘트도 아니다. 축하는 치어리딩, 혹은 피상적인 칭찬이나 자녀가 하는 모든 행동의 좋은 면을 지나치게 부각하는 일도 아니다. 축하는 관찰과 진실성, 세심함을 기반으로 한다. 또한, 부정적으로 보이는 것을 긍정적인 것으로 재구성하고, ADHD 자녀가 대수롭지 않게 여기는 작은 성공에 대한 알아차림을 포함한다. 17살 엘리스는 어떻게 가족의 격려가 그에게 힘이 되었는지를 다음과 같이 말한다.

> 부모님은 최대한 참아줘요. 당연히 힘드시겠죠. 제가 의도하지 않은 행동으로 인해 정말 화가 많이 날 거예요. 그렇지만 부모님은 대부분 문제의 원인이 무엇인지 이해하고 최선을 다해 저를 도와줘요. 절대로 저에게 막 화를 내지 않아요. 그래서 제가 진정하고 뭔가 일을 저지르지 않게 돼요. 부모님은 항상 "그래, 네가 지금 이러한 행동을 했구나. 같이 해결해 보자"라고 말하죠. 그래서 저는 저 자신에게 그렇게 화가 나지 않아요.

축하는 자녀가 한 행동에 대해 직접적이고 정확하며 긍정적인 코멘트를 하는 일을 수반한다. 바바라 프레드릭슨Barbara Fredrickson 박사는 긍정적인 감정 대 부정적인 감정을 3:1의 비율로 경험하는 것이 사람의 삶을 더 만족스럽고 생산적인 쪽으로 인도한다고 주장한다.[12] 즉 당신이 자녀에게 전달하는 긍정적인 말과 부정적인 말의 비율을 바꾼다면, 자녀들의 자아존중감 회복을 위한 기초를 쌓을 수 있을 것이다.

당신이 무엇을 말하고 언제 말하는지에 주의를 기울여보라. 칭찬은 노력과 성과 모두를 언급하며 즉시 전달할 때 가장 효과가 좋다. 이때 칭찬하려는 사항에 대해 구체적으로 설명하는 것이 ADHD 아동에게 의미 있는 칭찬을 전달하기 위한 제일 중요한 요소인데, 대부분의 ADHD 아동은 현재 보이는 것에만 집중하는 구체적 사고를 하기 때문이다. 예를 들어 "자러 가는구나, 잘했어"라고 말하는 대신에 "오늘 밤 잘 준비를 잘했구나. 내가 두 번밖에 얘기 안 했는데 준비한 점이 좋은데"라고 얘기하는 것이 더 효과가 좋다. 첫 번째 말에서는 부모가 자녀가 한 행동이 마음에 든다고 전달하였고, 두 번째 말에서는 자녀가 무엇을 어떤 이유로 잘했는지를 정확히 이야기해 주었다. 부모의 마음에 들었다는 사실만 알려준다면, 자녀는 행동의 의미를 학습할 수 없다. 가끔은 당신의 긍정적인 발언이 아이들의 기억에 오랫동안 머무를 수 있도록, 자녀에게 지금 들은 말을 반복해 말해달라고 요청할 수도 있다.

부모 내가 한 말을 네가 이해했는지 확인하고 싶은데, 내가 했던 말을 다시 해줄 수 있니?

자녀 꼭 해야 돼요?

부모 응.

자녀 알았어요. (긴 한숨을 내쉬며) 엄마가(아빠가) 제가 집에 왔을 때 코트를 걸어놔서 고맙다고 했어요.

이러한 형태의 대화는 부모와 자녀 간의 유대감을 조성하는 동시에, 당신이 강화하고자 하는 아이들의 작업기억의 신경회로 형성에 도움이 된다. 모두가 승리하는 상황이라 볼 수 있다.

또한 축하란, 자녀가 흥미를 보이고 기쁨을 느끼는 일을 하도록 장려하는 것이다. ADHD 아동이 비디오 게임을 무척 좋아하는 이유 중 하나는 성공을 위한 목표가 명확하고 목표 달성이 가능하기 때문이다. 아들은 게임을 하면서 그 안에서 요구하는 것을 파악하고, 각각의 목표를 달성하며 레벨을 올린다. 학교생활 여기저기에서 생기는 복잡한 문제와 방과 후 스포츠 등 여러 활동과 해야 할 일들은 이에 비해 훨씬 더 난해하고 때로는 보상이 적어 보인다. 아무리 작은 것이라도 자녀가 즐기는 것이 무엇인지 찾는 일은 자녀의 자존감을 세우는 데 매우 중요하다. 15살 자녀가 연기하는 것을 좋아한다면, 자녀가 즐기는 일을 찾아내기란 쉽다. 그러나 10살 아들이 오직 온라인 게임 위자드 101Wizard 101만을 좋아한다면 이는 어려운 일이다. 자녀가 좋아하는 일이 당신의 마음에 들지 않더라도 아이들이 재미있다고 생각하는 일에서 애써 좋은 점을 찾으려 노력해야 한다. 예를 들어 아들이 위자드 101을 하기 위해 친구를 집에 부르고 싶어 한다면, 아들이 게임하는 것이 마음에 들지 않더라도, 적어도 아들이 사교적이라고 생각해 볼 수 있다. 아들의 게임 시간이 끝나면 아들과 함께 부루마불 게임을 해보라. 언젠가 당신의 아들이 실제 컴퓨터 게임을 프로그래밍하는 사람이 될지도 모르는 일이다. 모든 아이들은 무엇인가에 열정을 보인다. 다만 어떤 아이들의 경우, 그 열정을 표현하는 데 도움이 필요할 뿐이다.

ADHD 자녀 양육의 여정

이번 장에서 설명한 5C 양육방법은 모든 가족 구성원이 서로를 이해하며 개인의 책임감과 가족의 유대감을 견고하게 쌓는 일을 도와준다. 이 양육방법으로 수많은 가정이 순조롭게 잘 지내게 되었다. 이 모델은 아동과 십 대가 가정과 그 외 장소에서 무엇이 도움이 되었고 한계였는지 나에게 전해준 이야기를 기반으로 만들어졌다. 아이들의 이야기는 가족 구성원 한 명이 고통을 겪을 때, 그것이 가족 전체에 영향을 주고, 함께 고통을 겪음을 보여준다.

이 책을 읽으며 당신은 자기조절과 공감, 만족스러운 관계가 이례적인 일이 아닌 일상이 되는 가정을 세우는 법을 배울 것이다. 더불어 진정한 경청과 침착하고 진솔한 대화를 통해 구성원 모두가 관심을 보이면서도 오래 지속가능한 해결책을 발견하는 일에 협력하는 법도 얻을 것이다. 5C 양육모델을 매일의 삶에 접목할 때, 당신은 당신이 말하고 동의한 내용을 끝까지 지키며, ADHD 자녀가 잘하는 일을 알아차리고 그들이 좋아할 만한 활동을 지원해 주는 능력을 극적으로 향상시킬 수 있다.

제2장

ADHD 뇌를 이해하면 달라진다

"저는 항상 사람들이 '그 사람은 ADD가 있어. 정상이 아닌 것 같아' 라고 말하는 걸 듣고 '이런, 사람들이 나도 무엇에도 집중 못 하는 통제 불능 십 대로 보겠구나'라고 생각했죠."

- 16세 에밀리

"부모님은 저에게 약을 먹어야 한다고 했는데, 왜냐하면 제가 정말 엄청 이상하고 들떠 있거든요. 저는 통제가 안 되고 교실에서 소리를 높이거나 고함을 지르고 막 돌아다녀요…. 부모님이 저에게 이런 얘기를 했을 때, 대체 무슨 말을 하는지 못 알아들었어요. 지금도 몰라요. 저에게 뭔가 문제가 있다고 생각했어요. 주사 맞을까 봐 걱정했었는데… 안 맞아도 된다고 해서 엄청 좋았죠."

- 11세 카터

"저는 과잉행동은 안 하는데 조금씩 끊임없이 움직여요. 손으로 무언가를 만지면서 놀고, 다리를 떨거나 움직여요. 과잉행동이라기보다는 정신이 팔린 쪽에 가깝죠. 제가 서 있을 때나 앉아 있을 때조차 몸을 앞뒤로 흔들거나 좌우로 흔들어요. 끊임없이 흔드는 사람이랄까요."

- 16세 헨리

"저는 집중하는 일이 힘들어요. 그럴 때면 되게 산만해지거나 공상을 시작해요. 부모님이 엄청 크게 말해야지 소리를 들을 수 있어요. 혼날 때 제가 창밖과 창밖의 새를 보고 그것에 대해 이야기하면 부모님은 제가 말을 끊었다고 화를 내요."

- 10세 카라

ADHD란 무엇일까?

놀랍게도 너무 많은 ADHD 아이들이 ADHD가 무엇인지, ADHD가 어떻게 자신에게 영향을 끼치는지 이해하지 못하고 있다. 아이들은 인터넷이나 사적인 대화에서 근거 없는 정보와 전해 들은 이야기를 통해 ADHD란 그냥 들떠 있고, 아예 집중을 못 하거나, '자기절제'가 완전히 결여된 상태라 쉽게 추측한다. 내가 만난 대부분의 아이들은 ADHD에 대해 더 이해하고 싶어 했다. ADHD가 몸에서 어떤 기능을 하는지, 얼마나 오래가는지, 자신이 할 수 있는 일이 무엇인지를 궁금해했다. 대부분의 부모님도 마찬가지였다. 의사나 심리치료사가 설명해 준다고 해도 대개 아이들은 질문이 있을 때 부모님께 먼저 묻는다. 아이들은 부모가 자신이 알아들을 수 있도록 ADHD를 설명하고 공감해 주며 자신을 이끌어 주기를 바란다. 부모가 ADHD가 무엇이고 어떤 역할을 하는지 알 때, 이를 아들, 딸에게 설명해 주기도 훨씬 쉽다. 또한, 치료나 개입 방법 등 정보에 근거해 결정을 내릴 때를 위한 준비에도 도움이 된다.

당신과 자녀가 모두 ADHD에 관한 생물학적 원인과 사실을 이해할 때, ADHD는 기이한 것이 아닌 소망과 힘과 협력의 원천이 된다. 8살 벤의 부모 코니와 후안은 나에게 이렇게 말했다. "뇌의 기능에 대한 이해가 많은 경우에 도움이 되었습니다. 벤이 하는 행동이 우리 생각처럼 의도적이지 않다는 걸 알게 됐거든요." 이번 장에서는 아동, 십 대 자녀를 위한 효율적인 자원으로써 부모가 이해해야 하는 ADHD의 가장 중요한 사실들의 개요를 살펴봄으로써, 당신이 자녀의 필요를 적극적으로 지지하는 데 도움을 줄 것이다.

생물학적 원인에 기반하여 전 세계적으로 나타나는 발달장애 ADHD

많은 사람이 ADHD가 새로운 진단명이라고 믿지만, 아동과 청소년에게서 보이는 과잉행동과 충동성은 의학 관련 문서에서 200년 이상 논의되었다.[1] 한때는 발달 초기 뇌 손상의 한 형태로 간주되던 "과잉행동 아동 신드롬"은 1960년대에 고유의 의학 범주가 되었다. 또한, 10년 후 버지니아 더글러스Virginia Douglas 박사는 이러한 증상을 갖는 아동이 지속적인 집중력과 충동 소설이 결핍됨을 발견하고, 이를 다시 주의력결핍장애[ADD]로 명명하여 과잉행동이 있는 타입과 없는 타입으로 구분하였다. 1987년에 다시 주의력결핍 및 과잉행동장애[ADHD][2]로 바뀌었고, 현재 "지속적인 부주의성으로 기능이나 발달을 저해하는 과잉행동을 동반할 수 있음"[3]으로 정의하고 있다. ADHD는 세 가지 타입으로 나뉘는데, 부주의 타입(주의력결핍 타입), 과잉행동-충동성 타입, 두 가지가 함께 있는 복합형 타입이다. ADHD는 현재 생물학적 원인에 기반한 행동상태로, 이는 집행기능으로 알려진 뇌의 관리체계에 영향을 미치는 것으로 알려졌다. ADHD는 미국만이 아닌 전 세계에서 나타나는 현상으로, 전 세계 18세 이하의 인구 중 5%가[4] ADHD를 가진 것으로 보이며, 부주의 타입이 가장 일반적이다.[5]

전 세계적으로 ADHD에 대한 연구 결과가 있지만, 이 책에서는 주로 미국의 아동과 십 대의 패턴, 통계자료에 관해 이야기하려 한다. ADHD는 다양한 인종과 사회경제 계층의 아이들에게 영향을 끼치고 있다. 미국 아동과 청소년의 대략 11%가 ADHD의 진단기준에 부합한다.[6] 남아가 여아에 비해 두 배 많이 진단을 받으며, 대부분 과잉행동-충동성 타입이다. 이러한 결과는 남아의 충동성과 그에 기반한 행동이 어른들에게 더 많은 관심을 끌기 때문이라 볼 수 있다.[7] 그에 비해 여아의 진단 시기는 더 늦다. 남아와 여아는 비슷한 증상을 보이는 경향이 있으며 모두 치료에 잘 반응한다.[8] 아동이 성장하면서 이들 다수의 ADHD는 지속되지만 그 양상은 바뀌는데, 대개 과잉행동과 충동 증상은 점차 사라지고 부주의는 남게 된다.[9] 지난 십여 년간 ADHD로 진단받는 미국의 아동이 꾸준히 늘어나 많은 부모와 의사, 정신건강 전문가들을 긴장시켰다. 이러한 흐름은 ADHD를 측정하는 새로운 검사방법과 관련 있을 수도 있고, ADHD가 실제로 증가하였거나 부정확한 판단으로 인한 과잉진단이 원인일 수도 있다.[10]

현재 ADHD는 단 하나의 요인에 의해서가 아니라 여러 요인에 의해 발생하는 것으로 알려져 있다. 유전적인 요소가 가장 큰 영향을 미치며, 자녀에게 유전될 확률도 높다.[11] 자녀 한 명이 ADHD라면 가족 중 다른 자녀가 ADHD일 확률은 33%이다.[12] ADHD의 원인으로는 뇌 손상, 지속적인 트라우마, 임신 시 산모의 알코올, 약물 남용이나 흡연, 또는 납 노출이 있다.[13] 사람들이 믿고 떠도는 이야기와는 반대로, 식품 첨가물이나 설탕이 포함된 식습관, 과도한 TV 시청이나 잘못된 양육방식은 ADHD의 원인이 아니다. ADHD의 뇌는 단순히 다른 구조로 되어 있기 때문에 독자적인 ADHD의 특성이 나타나는 것이다. 이제 ADHD 뇌의 내부를 함께 들여다보자.

ADHD의 뇌는 다르다

ADHD는 아동과 십 대에게 수많은 양상으로 발현된다. ADHD를 가진 두 명의 아이가 같지 않은 것처럼 이들의 뇌도 각기 다르다. 이러한 차이로 인해 아동은 각자 고유한 경험을 한다. 내가 만났던 남자아이들과 여자아이들은 ADHD가 있다는 게 어떤 것인지를 이렇게 얘기하고 있다.

> "싸움이죠. 뇌에서 벌어지는 광기예요."
>
> \- 12세 라몬

> "저는 대체로 제가 생각한 것을 소리 내서 말할 때까지 생각을 끝내기가 힘들어요."
>
> \- 17세 브리아나

> "저는 기억이 나질 않아요. 머리에 들어왔다가 그냥 녹죠. 제가 붙잡을 수 없어요."
>
> \- 15세 스카일러

"저는 하나에만 집중하려고 저를 훈련하고 있고, 다른 일에 정신이 팔리지 않으려고 정말 많이 노력하고 있어요."

- 12세 타일러

"글쎄요. 손으로는 뭔가 만질 걸 찾다가 뭐라도 있으면 그때부터 그것에 집중하죠."

- 9세 리비

"저는 뭔가를 하고 있지 않으면 졸기 시작해요. 전 어디서든 잘 수 있어요. 학교에서 잘 때도 있어요."

- 15세 대런

안절부절못하고 신체 일부분을 계속 움직이거나 수면과 집중의 어려움을 겪는 것은 모두 ADHD 뇌의 징후라 할 수 있다. 개인차가 있음에도 ADHD가 있는 대부분의 사람들에게 나타나는 기본적인 패턴이 존재하는데, 이는 당신이 알아야 할 중요사항이다.

인간의 뇌는 자궁에서 자라기 시작해 청년기에 완전히 성숙한다. 또한 뇌에서 엽이라 불리는 부위는 뒤에서 앞으로, 안에서 바깥으로 발달한다.

뇌는 10억여 개의 세포인 '뉴런'으로 구성되어 있는데, 뉴런은 시냅스라 불리는 간격에 의해 서로 분리되어 있다. 뉴런은 전하와 화학전달물질을 통해 서로 소통한다. 메시지가 시냅스에 도착하면 신경전달물질이라고 불리는 운송화학물질의 도움 없이는 가까이 있는 세포에 메시지를 전달할 수 없게 된다. 당신의 뇌가 100년 전 밤낮으로 북적거리던 뉴욕이라고 상상해 보라. 한 건물의 신발장수가 길 건너편 모자공장에 급

뇌의 영역과 기능

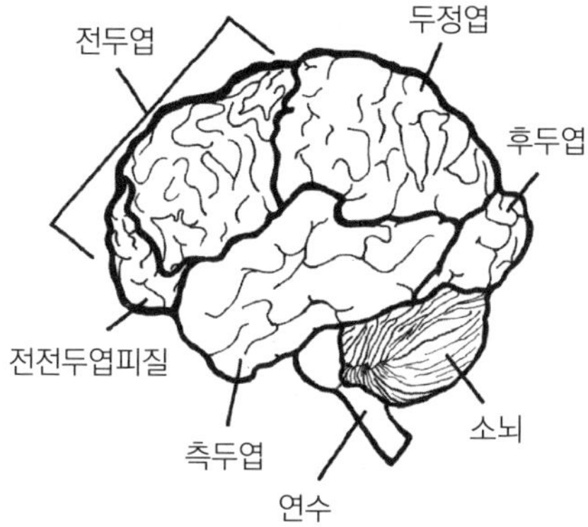

한 메시지를 보내려고 한다. 신발장수(보내는 사람)가 메시지를 들고 나가 문 앞에서 배달원을 만나 메시지를 건네주고, 이 배달원은 다시 길을 건너 모자장수(받는 사람)에게 손수 메시지를 전달해 주어야 한다. 신경전달물질은 우리 뇌의 배달원으로 뇌의 거리인 시냅스 사이 간격을 이리저리 건너 하루에도 백만 번씩 메시지를 전달해 주는 역할을 하고 있다.

최근 PET나 CT 스캔, MRIs, EEGs와 같은 기술개발로 뇌의 내부를 볼 수 있게 되면서 뇌의 구조와 활동 관찰이 가능해졌다. 이를 통해 학자들은 ADHD 아동, 청소년의 뇌와 ADHD가 없는 또래의 뇌에서 중요한 차이를 발견했다. 첫째, ADHD 뇌 특정 부위의 크기와 부피가 더 작고 얇으며 활동이 활발하지 않은데, 이는 집중 유지와 통제, 행동과 감정의 조절, 기억체계 운영과 뇌 영역 간 의사소통에 영향을 준다.[14] 둘째, ADHD 뇌는 느리게 발달한다. 특히 전두엽에서 제일 중요한 부분인 이마 바로 뒤에 위치한 전전두엽 피질의 발달이 3년까지 지연될 수 있다. 뇌의 전전두엽은 뇌에서 가장 나중에 발달하는 부분이며, ADHD가 없는 경우에는 25세 정도에 발달이 완성된다. 우리가 기억해야 할 중요한 사실은 시간이 지나면서 ADHD 뇌도 지연되었던 구조적인 발달을 따라잡는다는 사실이다.

그러나 이는 ADHD 뇌가 어떻게 작동하는지에 대한 일부 사실에 불과하다. 다시 뇌의 신경전달물질인 배달원 이야기로 돌아가 본다. 다량이나 소량의 소금이 음식의 맛에 많은 영향을 끼치듯, 우리의 뇌도 순조롭고 효과적으로 돌아가기 위해서는 정확히 알맞은 수의 신경전달물질이 필요하다. 도파민과 노르에피네프린이라는 신경전달물질이 ADHD에 가장 많은 영향을 끼치는데, 이 신경전달물질이 직접적으로 집중, 사고, 수면, 기분, 움직임에 영향을 주기 때문이다.[15] 도파민은 즐거움, 보상, 동기 부여와 만족감에 영향을 주며, 노르에피네프린은 각성, 수면, 에너지와 연관이 있다. 이 신경전달물질은 마치 신발장수와 모자장수 사이에서처럼 하나의 뉴런에서 다른 뉴런으로 소식을 전달하는 배달원과 같다. 하지만 ADHD의 뇌에서는 모자가게 주인이 인내심이 부족하여 소식을 기다리지 못한다. 모자가게 주인이 서둘러 거리로 뛰쳐나가 급하게 배달원을 붙잡고 빠르게 데려와 버리는 것이다. 여러 기술적 이유로 이 책에서 설명하지는 못하지만, 배달원이 거리에서 배달 작업을 하는 데는 더 많은 시간이 필요하다. 어떤 ADHD 뇌는 이러한 배달원이 처음부터 부족하기도 하다.[16] 노르에피네프린도 마찬가지이다.[17] 어떠한 경우든 ADHD 뇌는 이러한 신경전달물질이 필요한 양보다 더 부족하다. ADHD 아이들이 집중력이 약하고, 격한 감정을 조절하기 어려워하며, 과도하게 활동적이거나, 잠을 잘 자지 못하는 문제로 힘들어하는 이유도 이 때문이라 할 수 있다.

ADHD를 가진 모든 사람은 집행기능 실행에 어려움이 있다

집행기능은 목표를 성취하고 완성하는 데 필요한 복잡한 뇌 기능의 집합으로 뇌 전체 영역이 이를 담당하지만, 대부분 전전두엽피질에서 이 기능을 담당한다. 집행기능이란 뇌의 특정한 한 부분에 국한된 것이 아니라 대개는 어떻게 전전두엽이 다른 뇌의 시스템을 처리하는지를 말한다. 집행기능의 정의로 용인되는 단 하나의 정의는 없지만, 분명한 것은 목표 달성을 돕기 위해서는 집행기능이 업무를 수행해야 한다는 것이다. 전전두엽피질을 메이저 영화를 감독하는 영화감독이라고 가정해 보라. 감독은 자신이 상상하는 작품을 만들기 위해 영화의 다양한 면을 고려해야 하며, 여기에는 음향, 조명, 무대장치, 의상, 배우들 등이 포함된다. 감독이 소리를 더 키우고 싶다면 소리를 더 키워달라고 요구하고, 인공 비가 필요하면 만들어 달라고 요청할 것이다. 감독은 좋은 영화를 만들기 위해 이런 일들을 성사시킨다. 이와 유사하게 인간은 창조, 계획, 임무 수행, 문제 해결, 감정과 행동을 다루는 일에 집행기능을 필요로 한다. 집행기능은 당신이 일하는 방식을 담당하는 뇌의 감독이라고 말할 수 있다. 당신이 부엌을 어떤 순서로 치워야 할지, 편지에 뭐라고 쓸지를 결정하는 것을 돕는 역할이다. 알맞은 뇌의 영역에 가서 바쁘게 일하라고 이야기해 일을 성사시키는 역할이다.

이러한 집행기능기술을 자세히 살펴보고, 이것이 ADHD와 어떻게 연관이 있는지 알아보자. 부모가 자녀를 최대한 이해하고, 이를 자녀에게 전달하도록 돕기 위해 발달모델에서 몇 가지 접근법을 종합했다.[18]

- 억제(자기조절과 자제)
- 정서(좌절과 격한 감정의 처리)
- 행동(일의 시작, 물건 정리, 시간 계산, 계획과 우선순위 결정)
- 에너지(각성, 인내, 정보처리 속도)
- 기억(머리에 정보를 저장하고 이 정보를 사용하여 일을 수행, 예를 들면 전화번호를 기억하고 전화를 하거나 과거의 일을 현재의 정보와 관련지어 이를 현재나 미래에 적용)
- 집중(과제를 지속, 새로운 작업으로 순조롭게 전환, 목표를 세우고 달성)
- 자기평가(자기인식과 자기점검)

이 기술은 두 가지 범주로 나뉜다.[19] 먼저 '핫스킬'은 우리가 일상에서 의식적으로 사용하는 기술로 억제, 정서, 행동 영역이 있으며, 행동과 관련된 경향이 있다.

'쿨스킬'은 더욱 추상적이고 무의식적인 기술로 에너지, 기억, 집중, 자기평가 영역이 있으며, 사고와 연관이 있다.

이러한 기술은 최대한의 효율성과 성공을 위해 동시에 발휘된다.

사람들이 집행기능기술을 사용하게 되면서 발달상으로 이 기술이 나타나긴 하지만 일련의 순서대로 발달하지는 않는다. ADHD 아동은 뇌의 성숙도의 차이로 또래에 비해 집행기능기술이 더 느리게 발달한다. 이런 이유로 대개 ADHD 아동은 일을 미루고, 체계적이지 않으며, 건망증, 충동성과 주의력결핍 같은 집행기능상의 어려움을 보인다.[20] 다른 아동은 별생각 없이도 하는 일이 ADHD 자녀에게는 훨씬 힘든 일일 수 있다. 영화감독이 항상 자신이 원하는 대로 출연진, 직원과 함께 효과적으로 일할 수 없는 이유는 모두가 세트장에 동시에 있는 게 아닐

집행기능의 '핫'스킬

집행기능기술	집행기능이 아동에게 나타나는 양상
억제	
자기조절	행동하거나 말하기 전에 멈추고 생각하며, 가정과 사회, 학교 환경에서 적절하게 행동하기 위해 신체와 언어를 통제.
정서	
감정처리	감정조절, 특히 분노와 불안의 조절, 인내하고 좌절을 견딤, 사소한 일로 화내지 않음.
행동	
조직화	자기 방, 사물함, 공책 등을 정리하고 청결하게 유지, 물건이 필요할 때 찾을 수 있고 자주 분실하지 않음.
시간 관리	일을 시간 안에 마치고 마감시간을 지킴, 일이 걸리는 시간을 바르게 추정, 많이 미루지 않음.
계획과 우선순위	일 처리 방법을 파악, 큰 프로젝트를 어디서 시작할지 파악하고 압도되지 않음, 해야 할 일이 많을 때 가장 중요한 일을 쉽게 결정.
일의 시작	자주 지시하거나 과도하게 상기시키지 않아도 집안일이나 숙제를 시작하고 효율적으로 마침, 업무를 시작할 동기가 유발됨.

수 있기 때문이다. 출연진과 직원이 모두 모여야 감독이 "액션!"이라고 말하게 되고, 말하자면 그때 당신의 아들이 '짜잔'하고 우유를 흘리지 않고 시리얼 위에 붓는 법을 터득하는 것이다. 물론 대부분의 ADHD 아동은 집행기능의 지연과 더불어 발달하는 집행기능이 있다. 예를 들어, 십 대 아들의 방은 엉망이지만 시간은 잘 지킬 수 있다. 5학년 딸은 도시락 챙겨가는 걸 잊어버리지만 방과 후 의자에 바로 앉아 숙제할 수 있다. 이 책의 중요한 목적 중 하나는 자녀에게 느리게 발달하는 기술을

집행기능의 '쿨'스킬

집행기능기술	집행기능이 아동에게 나타나는 양상
에너지	
각성	지루한 활동 시 깨어있고 참여할 수 있음.
인내	루틴, 새로운 일, 어려운 일을 하기 위해 지속적으로 노력함.
정보처리	새로운 정보를 이해하고 효율적으로 적용.
기억	
작업기억	다른 일을 하면서도 머리에 하나의 정보를 저장, 과거 일을 기억하여 현재의 정보와 연결하고 이를 현재나 미래에 적용, 일련의 지시를 기억하고 단계를 밟음.
집중	
집중의 지속	임무 수행을 위해 집중을 유지하고 방해를 참아냄.
전환/유연성	집중을 전환함(예를 들어 컴퓨터 게임을 멈추고 저녁식사를 하기 위해 앉음), 상황의 흐름을 따라감, 바뀌는 상황에 적응.
목표 달성을 위한 인내	목표를 세우고 집중을 유지하며 중단한 후에도 바로 과제를 시작함, 일의 시간, 처리속도의 개인차와 상관없이 오랜 시간 과제를 계속함.
자기평가	
자기인식	개인의 행동이 타인에게 미치는 영향을 인지할 수 있음, 피드백에 긍정적으로 반응, 적절한 판단능력을 보임, 실수에서 교훈을 얻음.

강화시킬 방법을 전략화하는 동시에, 자녀가 가진 집행기능의 장점에 더욱 중점을 두는 법을 터득하는 것이다.

5C 양육방법은 집행기능의 어려움에 초점을 두고 이 기능을 개선할 명확하고 효과적인 방법을 제시한다. '자기절제'는 자기조절, 감정처

리, 각성, 방해를 참아내는 데 도움을 준다. 긍휼은 모두가 격한 감정을 다룰 수 있게 도우며 자신을 인식하도록 가르친다. 협력은 당신과 자녀가 집행기능의 어려움인 조직화, 계획, 시간 관리의 개선을 위해 시스템을 만들고 해결할 수 있게 한다. 이러한 계획을 유지하며 자녀의 노력을 알아차려 주도록 최선을 다하는 과정에서 당신은 일관성을 가지고 자녀의 목표 달성을 위한 인내심을 기를 수 있다. 축하는 인정을 통해 아이들이 일을 시작하게 하고 자신에 대해 평가할 수 있도록 한다. "네가 지금 학교에서 돌아와 도시락 가방을 싱크대에 놓기로 한 걸 기억하고 해줘서 좋다", "예전보다 빨래를 바구니에 잘 넣는구나." 당신이 이러한 기술을 가르치며 일상에서 이것이 자연스럽게 녹아들 때 자녀와 함께 기뻐할 수 있게 된다.

우리가 방금 논의한 전문용어를 쓰지 않고도, 아이들은 집행기능기술과 관련된 어려움을 어떻게 인식하였는지 묘사해 주었다. 9살 리암이 오케스트라 리허설이 어떻게 흘러갔는지를 얘기할 때, 당신은 이 아이가 힘들어하는 영역이 자기조절(충동 조절), 감정처리(걱정), 조직화(어지럽힘), 자기인식(나의 방해 행동이 남에게 미치는 영향)이라는 것을 알 수 있다.

> 저는 오케스트라 리허설에서 문제를 일으켰어요. 우선 연주에 맞는 악보를 찾을 수가 없었어요. 그래서 일어나서 공연이 언제냐고 물어봤는데, 미첼 선생님이 저한테 자리에 앉으라고 했어요. 그래도 저는 공연이 언제인지 알아야 했어요. 이번 주말에 농구 시합이 있는데 공연 시간이랑 겹치지 않는지 확인하고 싶었거든요. 선생님은 다시 저에게 자리에 앉지 않으면 교장 선생님께 보내겠다고 했어요. 저는 선생님이 왜 제 질문에 답을 안 해주시는지를 모르겠어요. 그 뒤 선생님이 엄마한테 이 얘기를 해서 제가 또 곤란해졌죠.

리암은 자신이 리허설 악보를 찾을 동안 다른 아이들을 기다리게 한 것과 더불어 자신이 해야 할 일 두 가지가 겹칠까 봐 불안하였고, 이를 해결하고자 리허설이 끝날 때까지 기다릴 수 없었다. 리암은 앞으로 일어날 일이 걱정됐을까? 당연히 그렇다. 지금 걱정하는 일을 나중에는 기억하지 못할까 봐 두려웠을까? 아마 그랬을 것이다. 모두가 자신을 기다리는 상황이 미안했을까? 그랬을 거로 생각한다. 리암은 그 후 나에게 이렇게 말했다. "오늘은 안 좋은 날이에요…. 제가 문제를 일으키지 않는 날이 좋은 날이고요."

15살 데스티니는 부모가 이혼하여 공동양육하고 있다. 데스티니와 남동생 잭은 매주 엄마와 아빠 집에 번갈아 간다.

> 저는 집을 옮겨 다니는 게 너무 싫어요. 완전 혼돈 그 자체죠. 그냥 한 곳에서 살았으면 좋겠어요. 집 가방에서 제 옷이나 물건을 절대 풀지 않아요. 말 그대로 숙박업소에서 사는 것 같아요. 제 백팩은 진짜 무거워요. 학교에 준비물을 가져가야 하니까 안에 다 있는지 확인하거든요. 그래도 어쨌든 대부분의 경우, 부모님 중 한 분이 저에게 준비물을 가져다줘야 해요. 제 동생은 엑스박스(Xbox)를 놓고 오면 완전 멘탈이 나가는데도 매번 놓고 와요.

데스티니와 동생은 이 집 저 집을 오가며 매일 씨름한다. 자기 물건을 파악하고, 무엇이 필요한지 앞서 생각하고, 무엇이 어디에 있는지 기억하여 챙기고, 삶의 터전이 한 곳에 있지 않아 느껴야 하는 좌절감을 감당하는 이 모든 과정은 이혼가정의 아동이 흔히 겪는 어려움이다. 데스티니와 잭 같은 아이들이 이러한 일을 감당하기란 불가능해 보인다.

아이들의 발달 초기에는 모든 부모가 외부적으로 자녀의 집행기능기술을 대신 수행한다. 부모는 아이의 옷을 입히고 음식을 먹이고 목욕을 시킨다. 아이들은 부모가 어디에 있는지 빠르게 눈으로 따라가며 원하는 것을 얻고자 울음을 터트린다. 아이들은 유아와 미취학아동이 되면 몸을 통제할 수 있고 일의 순서를 파악하기 시작한다. 한쪽 다리를 바지에 먼저 넣고 바지를 입은 후에 양말을 신고, 양치질하기 전에 칫솔에 치약을 바르고, 기다리던 갓 구운 쿠키를 먹기 전에 열기가 식기를 기다리는 등 일의 순서를 이해하기 시작한다. 아이들은 언어가 발달하고 이를 사용하며, 기저귀에서 변기로 옮겨가고, 기초적인 지시를 따르고, 또래와 차례를 지키며, 심지어 당신이 냉동실에서 아이스크림을 꺼낼 때조차도 잘 기다릴 수 있게 된다. 초등학교 시기에 이르면 창조적인 활동을 하고, 루틴을 따르고, 정서적, 신체적인 '자기절제'를 보여 주고, 과제를 끝내며, 생일 파티 등을 계획하면서 집행기능기술이 더욱 발달한다. 물론 부모가 자녀에게 방향을 제시하지만, 더 이상 모든 것을 다 해주지는 않는다.

사춘기 직전과 청소년 시기에는 집행기능기술의 발달과 적용이 빠르게 진행된다. 중학교 시기, 사춘기 직전의 아동은 전보다 더 독립성을 갖게 된다. 각기 다른 수업으로 선생님과 함께 복잡한 스케줄을 관리하고, 또래 관계의 역동을 전환하며, 숙제와 스포츠, 음악, 드라마 같은 바깥 취미 활동에도 책임의식이 늘어난다. 이는 급성장하는 집행기능기술에 큰 부담이 될 수 있다. 고등학교 시기는 특히 과제, 활동, 스포츠, 파트타임 일자리와 대학에 지원하는 일이 자녀가 빠르게 성장하는 집행기능기술을 사용하는 데 스트레스 요인이 될 수 있다. 부모가 자녀를 지도하는 것과 내려놓는 일 사이에서 알맞은 균형을 맞추기란 매우 어렵다. 아들, 딸이 당신에게 도움을 요청하며 부모의 지원을 고마워할 때도 있지만, 어느 때는 도움을 거절하고 혼자서 하려 할 것이다. 아이들은 성공하기도 하고, 실패하기도 한다. 당신이 양육 과정에서 자녀를 지지하는 것은 건축물의 지지대인 비계를 세우는 일로써 모든 아동 양육에 필수일 뿐 아니라 특히 ADHD 아동 양육에서는 더욱 중요하다. 자녀가 이십 대 후반까지 성숙해지기 위해 이리 저리로 분투하며 노력하는 과정에서, 당신은 생각했던 것보다 더 오랫동안 아이들이라는 신인감독의 지지자 역할을 해야 함을 예상해야 한다. 당신의 자녀는 삶의 모든 영역에서 비슷한 내용의 피드백을 받고 있기 때문에, 교사와 코치와 함께 자녀의 특정 집행기능기술의 발달을 위해 긴밀히 협력할 때 이 과정을 더욱 성공적으로 이끌 수 있다.

당신의 10살짜리 조카는 아침마다 침대 정리를 하고 말하지 않아도 제시간에 아침 식사를 하려고 내려오는데, 12살 딸은 침대에 이불 더미를 쌓아 놓고, 제시간에 옷도 입지 않고, 5분마다 한 번씩 베이글을 먹으러 내려오라고 말하다가 결국 소리를 질러야 할 때는 좌절스러울 것이다. 일단 심호흡을 해보라. 그리고 ADHD 뇌도 성숙에 이르며 각기 다른 속도로 집행기능기술을 습득한다는 사실을 기억하라. 딸이 아침에 해야 하는 루틴의 순서를 완전히 익히도록 돕는다는 것은 당신이 딸에게 해야 할 일을 말하는 것에서 나아가 딸이 혼자서 그 일을 스스로에게 말할 수 있게 함을 의미하는 것이다. 이 과정에 시간이 걸리는 이유는 ADHD 아동이 혼잣말을 내면화하는 데 더 많은 시간을 필요로 하기 때문이다. 당신이 딸에게 가방을 가지고 와서 라크로스lacrosse용 장비를 집어넣고 차에 타라고 말하면, 딸이 자기가 해야 할 일을 혼잣말하는 것을 듣게 될 수도 있다. 이것이 좋은

ADHD 뇌도 성숙에 이르며
각기 다른 속도로
집행기능기술을 습득한다.

신호라는 이유는 딸이 혼잣말을 함으로써 자신의 행동을 이끌 집행기능 기술을 쌓고 있다는 뜻이기 때문이다. 딸이 가방과 라크로스 스틱을 들고 차로 왔다면, 이는 혼잣말이 딸을 그 행동으로 이끌었음을 나타내는 것이다.

ADHD는 종종 동료를 데려온다
— 학습차이와 정신건강 문제

많은 ADHD 아동에게는 또 다른 문제가 있다. 보통 학습장애라 불리는 읽기, 쓰기, 수학 분야에 대한 어려움과 정신건강장애라 불리는 불안, 우울, 파괴적 행동으로 인한 어려움이다. 아이들에게 이 두 가지 문제가 모두 있을 수도 있다. 이러한 "장애disability"와 "이상disorder"이라는 용어는 특정 문제를 확인하고 개입 방법과 치료법을 파악하기 위한 치료 및 교육의 관점에서는 유용하지만, 아이들과 부모에게는 부정적이고 비관적인 단어로 들릴 수 있다. 15살 빈스는 이렇게 말했다.

> 누구든 "이상"이라는 말을 들으면 자기와 사람들이 다르다는 느낌을 받을 것 같아요. 아니면 누구는 아픈 사람, 누구는 안 아픈 사람이란 뜻인 거죠. 그냥 뇌가 다를 뿐인데요…. 저는 "장애"라는 말도 싫어요. "장애"라는 말을 들으면 무언가를 할 능력이 없다는 생각이 드는데, 그건 사실이 아니에요. 내가 무엇을 가지고 있든, 내가 누구든 할 수 있는 일이 있거든요.

이러한 임상 용어는 아동과 어른에게 성장과 변화를 촉진할 긍정적인 사고방식을 조성해 주지 않는다. 이 때문에 나는 상담실에서 사람들과 이야기할 때, 가능하면 일반적인 용어인 "학습차이"와 "정신건강 문제"를 쓰는 것을 선호한다. 여기에서는 이러한 문제가 당신의 아들이나 딸에게 있는지 알아보기 위해 이와 관련한 일반적인 정보를 전달하려 한다.

ADHD가 있는 아동과 어른은 그들이 알고 있는 정보에 접근하고 이를 사용하기를 어려워한다. 그들은 정보를 가지고 있지만, 정보를 탐색하거나 효율적이며 효과적인 방식으로 적용하지는 못한다. 집행기능의 문제가 심각할수록 학습차이는 더 심해질 수 있다.[21] 초등학교 저학년 때 아동은 먼저 읽기에 숙달한 다음 학습을 위해 글을 읽는다. 숫자 세는 법을 배운 다음 수학과 문제 풀이를 위해 수를 사용한다. 또한 작문 기술을 익힌 다음 자신을 표현하기 위해 글을 쓴다. 이러한 핵심적인 학업 분야는 처음에는 그 자체로서 학업 목표가 되지만 학년이 올라가면서 과학과 사회, 외국어 같은 다른 과목을 학습하는 수단이 된다. 이러한 과정은 앞서 우리가 알아보았던 집행기능에 직접적으로 영향을 받는다. 들으면서 동시에 메모하는 것처럼 머리에 하나의 정보를 저장하고 저장한 정보로 무언가를 하는 능력인 작업기억, 뇌가 정보를 받아들이고 이해하는 속도인 인지처리속도, 글씨를 쓰고 작은 물건을 조작하는 소근육 운동 기능, 이 모두는 교과 과목을 학습하는 데 사용된다. 시간 관리, 계획, 우선순위 정하기, 목표의 지속성, 충동조절은 학생이 하루를 버티고 프로젝트, 보고서나 시험을 완수하는 일에 필요하다. 학습장애 여부와 상관없이 당신의 아동이나 십 대 자녀의 집행기능기술은 학습 과정에서 핵심적인 것으로 이미 ADHD의 영향을 받고 있으며 이를 강화하기 위한 훈련이 필요하다.

ADHD 아동에게 학습장애가 있는 경우는 상당히 흔하며, 45~71% 비율로 나타난다.[22] 학업 기술과 정보처리의 어려움은 발달성협응능력developmental motor coordination과 더불어 읽기, 수학, 쓰기 영역에서 가장 많이 나타난다. 당신의 딸은 읽는 속도가 너무 느리거나 뜻을 파악하지 않고 문장을 건너뛸 수도 있다. 아들은 수에 관한 사실을 학습하거나 책에 대한 자신의 생각을 적어야 하는 독서 감상문을 쓸 때 힘들어할 수 있다. 학생이 학습장애 진단을 받는다면 이는 특정 영역에서 자신의 지적 능력보다 더 낮은 수행력을 보이고 있으며, 같은 나이 또래에서 기대되는 성취를 이루지 못하고 있음을 의미한다. ADHD와 마찬가지로 학습장애는 신경학적인 문제가 원인인 경우가 많고, 가족력인 경향이 있으며, 신체장애인 청력, 시력 등의 신체적 문제도 학습 능력에 영향을 끼치긴 하지만, 이는 학습장애와는 관련이 없다.[23]

그러면 하나씩 자세히 알아보자. 난독증dyslexia을 포함한 읽기장애는 ADHD 아동의 33~45% 사이에서 나타나며, 독서를 위한 지능과 동기가 있지만 정확하고 유창하게 읽는 데 어려움이 따르는 것을 말한다.[24] 특정읽기지연specific reading challenges은 사람에 따라 각기 다르게 나타나지만 직접교수direct instruction로 개선된다.[25] 난산증dyscalculia이라고도 말하는 수학학습장애의 경우, 수학적 사실을 암기하고 수와 공간수학 개념, 수학 기호를 연상하는 데 어려움을 겪는다. ADHD 아동과 청소년 중 20~30%에게 수학학습장애가 있는 것으로 나타났으며, 이때 아이들은 학업계획 세부사항accommodations에 잘 반응할 수 있다.[26] 발달성협응능력 문제는 서투른 동작만을 가리키는 것이 아니라, 글씨 쓰기나 눈과 손의 협응에서 나타나는 소근육과 대근육 운동의 어려움을 말하며 작업치료occupational therapy를 통해 나아질 수 있다.

현재까지 아이들에게 가장 많은 학습차이를 보이는 영역은 쓰기로, 수학보다 두 배에서 세 배 더 많이 나타나고 있다.[27] 그 이유는 대부분의 ADHD 뇌에서 보이는 집행기능의 문제가 조직화, 작업기억, 세부사항에 대한 집중, 인내, 계획처럼 글쓰기에 필요한 핵심 기술에서 나타나기 때문이다. 글씨 쓰기의 어려움 또한 숙제를 더욱 힘들게 만든다. 창의적인 글부터 독후감, 학기말 보고서에 이르기까지 아이들은 종일 글을 쓰는데, 아이들에게 쓰기장애가 있다면 직접교수, 학습지원, 학업계획 세부사항이 많은 도움이 될 것이다. 16살 키미코는 조직화의 어려움을 이렇게 묘사한다. "제가 글을 쓰려고 하면 도통 정리가 안 돼요. 아주 조금씩 서서히 써야 해요." 11살 로건은 글을 써 내기 위해 씨름한다. "15분 동안 앉아 있는데 보고서에 쓸 말이 하나도 없었어요. 왜냐면 계속 생각만 했거든요. 그래서 선생님이 '그냥 뭐라도 써라'라고 말했는데 저는 세 단어 이상 생각이 나지 않았어요. 심각하죠." 책의 6장에서는 학생들이 읽기, 수학, 쓰기에 대해 무슨 말을 하는지 더 들어보고, 5C 양육방법으로 어떻게 아이들을 도울 수 있는지 살펴볼 것이다.

또한 많은 ADHD 아동과 청소년은 우울, 불안, 파괴적인 행동 같은 정신건강 문제도 함께 가지고 있다. 슬픔, 짜증, 걱정, 공격성이 비슷한 또래에 비해 더 빈번하고 심하게 나타난다면 소아과 의사나 치료전문가와 꼭 상의해야 한다. 과잉행동-충동성 타입이나 복합형 타입인 ADHD 아동의 과반수가 높은 과민성, 부정적 성향, 공격성, 분노발작, 집과 학교에서 심각한 문제를 초래하는 논쟁인 파괴적 행동 문제를 비정형적인 패턴으로 보인다.[28] 11살 카터는 설명한다. "저는 화가 나면 이성을 잃어요. 심하게 화를 내죠. 물건을 부수고, 발로 차고, 던지고요. 소리를 지르면서 뛰어다녀요." 17살 마르티나는 이렇게 말한다. "제 안에 아주 커다란 비눗방울들이 있어요. 방울이 퍼져 나갈 때도 있고, 터질 때도 있죠."

이렇게 화를 내거나 통제할 수 없는 분노의 폭발은 주변 사람들의 마음을 상하게 하며 예외 없이 사람들을 멀어지게 만든다. 이는 ADHD 아동이 자주 겪는 또래로부터 거절당하는 이유이기도 하다.[29] 전문적인 도움은 이러한 격한 행동을 이해하고 대처하는 데 도움이 될 수 있다.

불안이나 우울 같은 기분장애는 통계적으로 일반적이지는 않지만 내 상담실에서는 자주 볼 수 있었다.[30] 불안은 초조함, 산만함, 충동성을 더욱 증가시키고 상황을 악화시킬 수 있다. 가정에서의 생활, 학교생활과 친구 관계에도 영향을 미친다. 과도한 걱정, 비이성적인 공포와 안절부절못함restlessness으로 불안해하는 ADHD 아동은 과도한 경계 상태에 처해 있을 수 있다. 또한 불안은 이러한 아이들이 흔하게 겪는 수면문제를 더욱 악화시키는데, 10살 마라의 엄마 다이엔은 이렇게 설명한다.

다이엔 저희는 밤 시간이 너무 힘들어요. 마라는 누가 자기 옆에 누워 있기를 바라죠. 깜깜하고 혼자 있는 것을 두려워해요. 다른 이유도 있겠죠. 그런데 잠드는 데 시간이 너무 오래 걸려요. 더 이상 참을 힘도 없는데 너무 오래 같이 있어야 해요.

마라 제 친구들은 그냥 혼자 자요. 저도 걔네들처럼 그러고 싶어요. 저는 잠들려면 곁에 누군가가 있어야 하거든요. 혼자서는 못 자겠어요. 생각이 계속, 계속 멈추질 않아요.

혼자 잠들지 못하는 데 대한 공포는 안타깝게도 마라나 부모가 원하는 바와는 달리 마라를 더 잠들지 못하게 하는 자기충족적인 예언이 되어

버렸다. 마라는 최선을 다해 노력함에도 불구하고 스스로 진정할 수 없었다. 그녀는 스스로 진정하는 법을 배워 그녀와 가족이 필요한 쉼을 얻을 수 있도록 '자기절제self-control'와 '긍휼compassion'이라는 도움을 받아야 한다.

우울은 ADHD 아동이 스스로에게 말하고 다른 사람에게서 듣는 부정적인 메시지로 더 악화된다. 절망감, 수치심, 실망감과 낮은 자아존중감은 아동이 우울을 느낀다는 신호를 보내는 전형적인 방법이다. 또한, 우울을 느끼는 아동은 잠을 너무 많이 자고, 예민하게 굴고, 안절부절못하며, 울고, 혼자 시간을 많이 보내거나, 평소보다 사고가 느려지기도 한다. 아동이 과도한 걱정, 수면 문제, 우울감의 사인을 보인다면 전문가의 도움으로 좋아질 수 있다. 당신을 겁주려는 의도는 아니지만, 연구에 따르면 치료하지 않은 기분 및 행동화의 문제는 ADHD 십 대의 약물 남용 위험성을 높이는 것으로 나타났다.[31] 많은 ADHD 아이들은 집행기능기술로 인해 감정을 적절히 처리하는 데 어려움을 겪으며, 이로 인해 모든 정신건강 문제가 더 복잡하고 심각해질 수 있다.[32] 당신의 아동이나 십 대 자녀가 이런 경우에 처해 있다면 의사나 치료전문가에게 상의해 도움을 구할 수 있다. 어떻게 5C 양육방법으로 이러한 압도하는 감정과 행동화를 도울 수 있는지는 제10장에서 알아보겠다.

철저하고 정확한 진단은 필수이다

당신이 개입 방법을 결정하기 전에 전문가에게 ADHD 진단을 받고 이것이 아동이나 십 대에게 어떠한 의미인지 이해하는 것은 너무나 중요하다. 이상적으로는 진단을 내리는 전문가가 ADHD와 학습장애에 대해 충분히 이해하고 있어야 하는데, 그 이유는 많은 아동에게 이 두 가지가 공존하기 때문이다. 최근 학술 문헌은 ADHD로 진단받은 아동에게 쓰기, 수학, 읽기 기술과 공존하는 다른 문제를 함께 검사할 것을 권장하고 있다.[33] 우선 ADHD를 가장한 다른 문제를 제외시키는 것이 중요한데, 여기에는 발달지연, 자폐스펙트럼장애, 학습장애, 정신건강증상인 불안, 우울, 트라우마, 조울증, 강박장애와 신체적 문제physical issues인 뇌 손상, 발작, 갑상선질환, 수면장애가 있다. 이러한 의학적인 문제는 소아과 의사와 함께 수월하게 확인할 수 있으며, 이에 대해 질문하는 것이 중요하다. 그 외의 문제는 ADHD를 위한 심리평가를 통해 평가한다.

일반적으로 ADHD 진단을 받을 수 있는 경로는 소아과 의사, 정신건강 치료자psychotherapist, 아동이 다니는 학교를 통한 방법 세 가지이다. 어떤 경로를 택하든 진단을 내리는 사람은 ADHD에 대해 잘 알고 있고, 당신 및 자녀와 면담함으로써 개인과 가족사를 자세히 파악하여야 하며, 당신이 평가 척도를 작성한 후에 진단을 내려야 한다. 대부분의 부모는 치료 계획, 특히 약물을 포함한 치료를 시작하기 전에 자녀가 ADHD임을 보여 줄 명확한 정보를 원하며, 검사는 이를 확증해 줄 수 있다.

또한 검사는 자녀의 뇌가 어떻게 기능하는지도 심도 있게 이해하게 하며, 학업 수행과 정서 상태에 대해서도 이해하도록 돕는다. 정신건강 문제 여부를 확인할 뿐 아니라 학습차이 여부도 알 수 있다. 공인된 학교심리학자나 자격증이 있는 심리학자, 신경심리학자만이 이러한 유형의 평가를 하도록 훈련되어 있다. 당신은 공립학교 시스템이나 사설 기관을 통해 평가를 진행할 수 있다. 이러한 검사에는 돈이 많이 들지만 보통은 보험이 적용된다. 누가 검사를 시행하든 집행기능기술의 철저한 평가는 아주 중요한 부분이다. 집행기능 행동평가[BRIEF], 버클리 집행기능 결핍척도-아동, 청소년용[BDEFS-CA], 종합집행기능검사[CEFI]는 표준화된 심리 검사로, 놓치기 쉬운 일상적 집행기능을 평가하는 최고의 검사이다. 구조화된 아동, 청소년의 집행기능을 알아보기 위한 면담으로는 페그 도슨Peg Dawson과 리차드 규어Richard Guare가 집필한 『아동, 청소년의 집행기능기술: 평가 및 개입을 위한 실제 가이드Executive Skills in Children and Adolescents: A Practical Guide for Assessment and Intervention』가 대단히 유용하다. 당신은 평가자에게 학교에서 자녀를 잘 아는 사람들과 얘기해 보라고 요청하여 이것이 평가 결과에 포함되도록 해야 한다. 학교와 집에서 실행해야 할 일과 추천 목록을 포함하는 보고서에서 얻은 정보는 부모, 자녀, 교사, 의사 모두에게 굉장한 도움이 된다. 때때로 보고서의 내용은 강점보다는 약점에 중점을 두어 지나치게 부정적으로 보일 수 있다. 이에 낙담할 수도 있지만, 그러기보다는 보고서를 당신의 자녀나 학생에 대한 새롭고 구체적인 정보와 어떻게 이들의 뇌가 작동하는지를 알려주는 도구로 생각하여 당신이 자녀들을 더 효율적으로 돕게 한다는 관점으로 바라보라.

다음의 차트는 ADHD 진단을 받을 수 있는 세 가지 경로를 보여 준다.

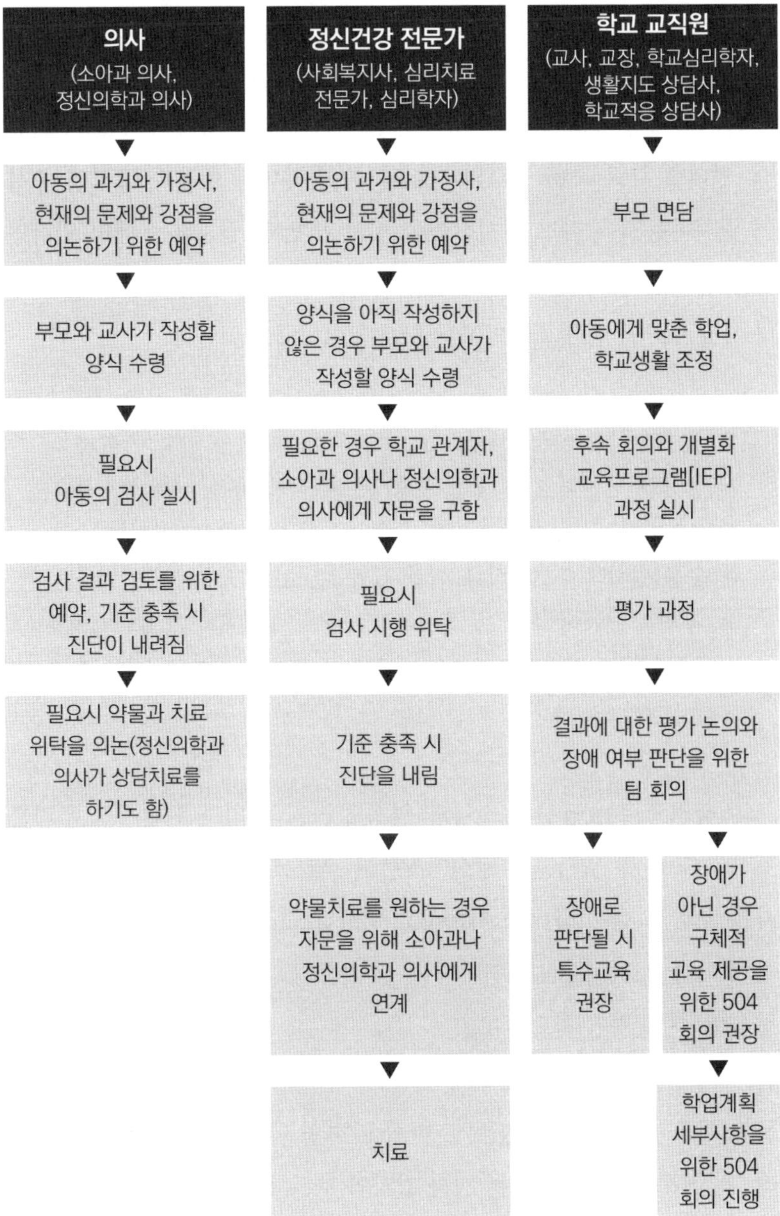

우리나라는 미국과는 다르게 정신건강의학과 의사만이 진단을 내릴 수 있다(역자 주).

정확한 진단의 첫 번째 경로는 많은 경우 소아과 진료실에서 시작된다. 자녀가 학교나 집에서 겪는 어려움을 알고 있고 아무래도 주의력과 관련한 문제를 겪고 있다는 생각이 든다면 당신은 이미 ADHD에 관한 책, 인터넷 자료, 친구들과의 대화를 통해 자녀의 행동과 묘사된 증상이 일치하는지 알아보기 시작했을 것이다. 만약 일치하는 점이 있다면 신생아 때부터 자녀를 진료하고 계속 조언해 주던 의사와 상의할 수 있다. 9살 노나의 엄마 빅토리아는 당시를 이렇게 기억한다.

> 우리는 『산만함에서의 해방Delivered from Distraction』을 읽고, 소아과 의사 이반을 만나러 갔습니다. 선생님은 우리가 하는 이야기를 듣고, ADHD일 가능성이 있다고 말했습니다. 그러곤 우리가 검사받을 수 있는 곳을 연계해 주었습니다. 이반 선생님은 ADHD에 대해 알고 있었고, 우리를 연계해 주며 그 과정이 이상하게 느껴지지 않도록 설명해 주었습니다. 우리의 질문에도 친절하게 답해 주어 질문하며 창피함을 느끼지 않았습니다.

이상적으로는 당신의 소아과 의사도 노나의 의사 이반처럼 우리를 기꺼이 도울 수 있다. 즉, 당신이 만나는 의사도 자녀의 발달사와 가족사를 포함해 현재 상태를 이해하고 당신과 교사가 작성할 평가 척도를 줄 것이다. 보통 ADHD 평가에는 밴더빌트Vanderbilt, 코너스Conners, 아동 행동 문제 평가 척도Behavior Assessment System for Children를 사용한다. 또한 의사가 자녀의 선생님과 얘기하기를 원하거나, 심리 또는 교육 평가를 받기를 권장할 수도 있는데, 다시 말하면 이는 내가 방금 설명한 여러 "검사"를 말한다. 의사는 검사 결과와 모든 정보를 종합해 ADHD 진단 여부를 판단한다. 진단을 내리려면 아동의 삶의 적어도 두 개 이상의 환경(예: 학교와 가정)에서 증상과 문제가 나타나야 한다. 진단을 받으면 치료 계획으로 의사와 심리치료, 약물치료, 코칭, 개인학습지도 등을 상의하게 된다. 또한 진단을 내린 의사가 당신을 정신의학과 의사나 전문 간호사에게 연계하여 진단 가능한 다른 문제를 파악하고, 약물에 관한 추가적인 질문도 할 수 있다.

정확한 진단을 받는 두 번째 경로는 당신이나 당신의 자녀를 이미 상담하고 있거나 그렇지 않은 정신건강 전문가를 통하는 방법이다. 당신은 아마도 아이가 ADHD를 겪고 있다고 의심되기 때문에 아이를 심리치료사에게 데려갔을 것이다. 혹은 다른 문제로 갔지만 심리치료사가 ADHD를 의심하는 경우일 수도 있다. 정신건강 전문가는 의사와 비슷하게 전체적인 발달사와 가족사를 수집하고 진단을 내리기 전에 작성할 양식을 준다. 이들은 보통 당신의 소아과 의사, 자녀의 담임선생님, 다른 학교 관계자와 상의할 것이다. 심리치료사나 정신의학과 의사가 우려되는 다른 문제가 있거나 더 많은 정보가 필요하다고 판단할 경우, 특히 학습 문제를 배제하고자 할 때는 검사를 권장할 수 있다. 이런 경우를 제외하고는 정신건강 전문가가 자체적으로 ADHD 진단을 내릴 수 있다.

세 번째 진단 경로는 대개 자녀의 학교에서 이뤄진다. 보통 대부분의 부모는 자녀의 초등학교 교사를 통해 낮은 집중력, 교사의 필기나 부름에 부주의한 문제에 대해 처음 듣게 되지만, 중학교나 고등학교에 가서야 이를 듣는 경우도 있다. 또, 교사, 교장, 상담사와의 비공식적인 또는 공식적인 모임을 통해 당신의 아들이나 딸이 학교에서 충동조절, 집중, 기억, 또래와의 상호 작용, 조직화의 문제나 감정적 붕괴 상태로 어려움을 겪고 있다는 사실을 알게 되기도 한다. 이러한 내용으로 대화하는 것은 매우 힘든 일일 수 있다. 바라는 것은, 이로 인해 교실 생활과 숙제의 조정이 이루어져서, 당신의 자녀를 적절하게 도울 방법을 파악하도록 하는 것이다. 미국의 공립학교는 주의집중, 기억의 문제를 파악할 수는 있지만, 이를 건강에 관한 문제로 간주해 법적으로는 학교가 진단을 내릴 수 없다. 그러나 학교는 장애우교육조례[IDEA]에 의해 의무적으로 학습장애의 가능성이 있는 학생을 평가하고, 이러한 학습장애가 학생의 적합한 발전을 저해하는지에 대해 결정해야 한다.[34] 학교평가서는 일반적으로 말하기와 언어평가, 학습기술과 진도평가, 심리평가로 구성되어 있다. 학교의 평가 역시 사설 기관의 검사와 유사하게 자녀에 대한 풍부한 정보를 제공하며, 교육 환경과 직접 연락할 수 있다는 추가적인 장점이 있다.

평가 과정에서는 팀 회의를 통해 당신의 자녀에게 필요한 타입의 특수교육을 결정하고, 해당 타입이 정부의 지원을 받을 수 있는지를 파악한다. 지원되는 교육일 경우, 이 내용은 개별화교육프로그램[IEP]의 개요에 나와 있다. 지원되는 의무 교육이 아니라면, 구성된 팀은 504 계획 504 accommodation plan(1973년 재활법 제504조에서 이름을 따옴)을 권장하여 추후에 설계하거나, 아니면 이러한 서비스가 아예 필요하지 않을 수도 있다.[35] 만약에 팀이 당신의 아들, 딸을 위한 행동 계획을 세운다면 반드시 당신도 참여하라. 당신은 유사한 강화 인자나 단서를 제공할 수 있을 것이다. 언급했던 것처럼 공립학교에서 ADHD 자체는 진단할 수 없는 반면(진단 가능성에 대한 관심은 늘어나고 있지만), 다수의 ADHD 아동이 읽기, 쓰기, 수학 과목에서 학습차이나 장애의 조건을 충족하고 있다. 이러한 특수교육이 필요한 타입에 관해서는 학교가 진단을 내릴 수 있으며, 학습차이나 장애가 교육적인 발전을 저해할 경우 지원 서비스가 제공될 수 있다. 요컨대 ADHD는 학습에 직접적인 영향을 주지만 건강장애로 분류되어 의사나 정신건강 전문가에게 진단을 받아야 하기 때문에 여기서 얻은 결과를 다시 학교에 보내거나 제출해야 한다.

약물치료는 도움이 되지만, 기술을 가르쳐 주지는 않는다

자녀의 ADHD에 대해 무엇을 해야 할지 파악하는 일은 복잡한 과정이다. 어린 아동일 경우에는 약물, 심리치료, 개인 교습, 학교의 개입 여부를 부모가 결정한다. 보통 아이들은 부모의 선택에 쉽게 따르며 무엇을 시도하고 어떤 결과가 있을지 알아보려 한다. 물론 아이들에게도 중요하다고 생각하는 의견이 있지만, 전반적으로는 부모가 주도한다. 그러나 중고등학교 아이들이라면 문제가 복잡해진다. 만약에 십 대 자녀가 당신이 준비한 프로그램을 받아들이지 않는다면, 당신의 훌륭한 지원과 돕기 위해 준비한 세심한 방법이 성과 없이 끝나게 된다. 이때, 정보는 청소년이 협조하고 협력하는 데 힘을 실어준다. 당신이 배운 내용을 자녀들과 나누고 ADHD의 삶에 대한 차분하고 진솔한 대화를 나눈다면, 이것은 모두에게 성공적인 결과를 가져다줄 수 있다.

1999년에 ADHD 아동을 위한 치료법 연구 중 가장 큰 규모의 다중치료연구[MTA]가 어떤 타입의 치료가 ADHD에 가장 효과적인지를 알아보기 위해 이뤄졌다. 이 연구에서는 약물치료, 가족치료, 약물치료와 가족치료의 조합, 지역사회 자원의 연계라는 네 가지 방법을 검토했다. 연구 결과, 약물치료와 심리치료의 조합이 약물치료만 한 경우보다 뚜렷한 효과를 나타냈다. 그러나 약물치료와 심리치료의 조합이나 약물치료만 한 경우는 심리치료만 한 경우보다 더 효과적이었다.[36] 이후 이뤄진 추적 연구에서도 같은 결과를 확인할 수 있었다.[37] 안타깝게도 많은 ADHD 아동이 약은 복용하지만, 심리치료나 코칭은 받고 있지 않다.[38] 일반적으로 리탈린Ritalin, 콘서타Concerta, 메타데이트Metadate, 포칼린Focalin으로 알려진 메틸페니데이트와 에더럴Adderall, 덱세드린Dexedrine, 바이밴스Vyvanse로 알려진 암페타민 염은 올바른 정보에 의한 정확한 진단 없이 너무나 자주 과잉 처방되고 오남용되고 있다. 물론 적절하게 처방된 약은 즉시, 정확한 시간에 맞추어 효과를 보인다. 또한 다양한 뇌 영역에서 네트워크를 통해 서로의 소통을 향상시키는데, 이는 사람들의 근거 없는 주장과는 다르게 지난 80년간의 연구에서 나타난 결과이다. 최근에는 ADHD 약물이 장기적으로 신장과 몸무게에 미치는 부정적인 영향에 대한 연구가 진행되었고, 유의미한 결과를 찾지 못했다.[39] 오늘 복용한 ADHD 약물은 다음 날까지 신체에 남지 않는다. 다시 말해 당신이 복용하지 않는다면, 약물은 몸에 남지 않는다. 만약에 부작용이 생기면 약물복용을 멈출 수 있다. 비자극성 약물인 스트라테라Strattera, 인투니브Intuniv, 웰부트린Wellbutrin은 효과가 나타나는 데 더 오랜 시간이 걸리고, 복용한 당일에만 몸에 남아 있으며, 자극성 약물과 유사하게 충분히 연구가 이뤄졌다.

약물복용은 개인의 결정이기 때문에 나는 오래전부터 부모에게 무엇을 하라고 말하지 않기로 마음먹었다. 나는 사람들이 의학적인 조언을 얻을 수 있도록 그들을 소아과 의사나 신경정신과 의사에게 보낸다. 내가 당신에게 할 수 있는 말은 대부분의 부모가 자녀에게 행동의 변화가 일어나기를 바라지만, 이런 변화가 충분하지 않을 때 약물치료를 고려한다는 것이다. 어린 자녀를 가진 부모 중 다수는 약물치료를 꺼리는 경향이 있고, 대신 심리치료로 상황을 개선하기를 희망한다. 만약 특히 자녀가 학교생활을 하는 데 약물이 필요하다는 사실이 명백해진다면 부모는 약물치료를 고려할 것이다. 상당 기간 어려움을 겪은 십 대 자녀의 부모는 약물치료와 심리치료 두 가지를 모두 하고 싶어 하는 경향이 있는데, 특히 자녀 또한 좌절하고 부모와 자녀 모두 학업적인 성과를 내고 싶어 할 때 더 그러하다.

심리치료에는 사회생활의 문제, 파괴적 행동, 정신적 고통과 같은 구체적인 목표 대상이 있으며, 인센티브 활용에 관한 계획이 있을 때 가장 효과적이다.[40] 아이들은 실험실의 페트리 접시에서처럼 홀로 자라나는 게 아니기 때문에 개인상담을 포함한 가족상담을 통해 부모가 이러한 변화를 조성하는 데 도움을 받을 것을 추천하며, 특히 어린아이일 경우에는 더더욱 추천한다.[41] 개인 심리치료는 ADHD 아동과 십 대에게 상당한 가치가 있을 수 있으나, 부모의 참여 없이는 아이들에게 가장 중요한 집행기능기술을 위한 지지대를 세울 수 없다. 16살 헨리는 이렇게 얘기한다.

> 솔직히 얘기해서 제가 하고 있는 이런 인생코칭 심리치료 같은 건 저 혼자만 한 거로 생각하긴 하는데, 치료 과정에 부모님이 함께한 게 약물치료보다 훨씬 더 중요했던 것 같아요. 물론 약물치료도 큰 도움이 됐어요. 그렇지만 제 심리치료 선생님과 부모님이 함께했던 시간이 가장 중요했다고 생각해요.

심리치료와 더불어 명상 또한 집중, 주의, 자기조절능력을 개선시키는 것으로 밝혀졌다.[42] 많은 심리치료사들이 주기적으로 자신의 치료에 명상을 통합하고 있으며, 마찬가지로 현재 학교에서는 명상을 커리큘럼에 포함하고 있다. 뉴로피드백 치료의 경우 효과가 제한적일 수 있다는 연구 결과가 있는 반면, 운동의 효과에 관한 연구에서는 ADHD 아동과 십 대를 위해 운동이 중요함을 강조하고 있다.[43]

당신이 약물치료를 시도해 보기로 결정했다면, 심리치료를 병행하든 아니든 약물은 치료제가 아니라 마치 안경과 흡사하다는 사실을 기억해야 한다. 안경을 쓰지 않고도 볼 수는 있지만, 쓴다면 훨씬 잘 보일 것이다. 17살 로즈는 이렇게 설명한다. "제가 바뀌었다고 느끼진 않아요. 뭔가 힘이 생긴 느낌이에요. 마치 뇌가 안경을 쓴 것처럼요…. 저는 가방을 싸고 리스트에 적힌 해야 할 일과 다른 일도 모두 하려고 움직였어요. 난생처음으로 마지막까지 미루지 않고 해 본 것 같아요." ADHD 약물이 학습장애를 개선시키고 정신건강 문제에 도움을 주는 이유는 집중, 처리속도, 작업기억, 일반적인 효율성을 담당하는 뇌의 영역에 영향을 미치기 때문이다.[44] 그러나 ADHD 아동이 배워야 할 가장 중요한 집행기능기술은 약물만으로는 습득되지 않음을 명심해야 한다. 효과 있는 약물은 이것이 아동의 집행기능기술의 학습 가능성은 높여 주지만, 직접적인 가르침이 없다면 그 기술들은 단순히 그들 스스로 향상되지 않는다. 약물치료를 고려할 때, 부모를 위한 나의 경험칙을 말하자면, 당신의 아동, 십 대 자녀가 지금 ADHD로 인해 얼마나 힘들어하는지, 최대 잠재력에 도달하는 데 얼마나 저해되고 있는지 판단하라는 것이다. 당신의 아들, 딸이 앞으로 5년, 10년간 약을 복용하게 될지 아닐지에 대한 고민은 도움이 되지 않는다. 현재와 가까운 미래, 그리고 지금 어떻게 변화할 수 있을지에 집중하라. 그것이면 충분하다.

> ADHD 아동이 배워야 할 가장 중요한 집행기능기술은 약물만으로는 습득되지 않는다.

아이들과 ADHD 약물을 주제로 이야기해 보면 당신이 예상할 수 있는 여러 다양한 의견을 듣게 된다. 약은 누구에게는 도움이 되고, 누구에게는 그렇지 않기도 한다. 어떤 아이들에게는 식욕 저하, 두통, 수면 문제와 같은 부작용이 너무 힘든 반면, 다른 아이들은 학교에서 잘 집중하기 위해 가능한 타협하고자 한다. 약이 무엇을 위한 것인지, 몸에 어떠한 영향을 주는지 모르는 아이들도 있다. 알약을 삼키는 걸 싫어하는 아이들도 있고, 약이 주는 느낌을 싫어하는 아이들도 있다. 어떤 아이들은 약이 개선해 주는 긍정적인 효과에 감사해한다.

"저는 ADHD예요. 약을 먹어야 한다는 말을 들었는데 정말 먹기 싫었어요. 그런데 약 먹는 게 괜찮아졌고, 과잉행동이 어느 정도 줄어들었어요. 아예 없어진 건 아니지만요. 그래서 저는 더 이상 문제를 일으키지 않고, 더 많이 느긋해지고, 침착하고, 진정할 수 있어요."

- 9세 크리스티안

"처음 약을 먹었을 때가 기억나요. 엄청 큰 변화가 일어났는데 약 때문에 몸이 아팠거든요. 물론 집중력이나 모든 면이 훨씬 좋아졌어요. 그런데 그날 거의 아무것도 먹질 못했어요. 배는 고픈데 먹고 싶은 게 없었어요…. 약 때문에 무언가를 하기도 힘들었지만 그래도 많이 하긴 했고요. 이 부자연스러운 느낌 때문에 저는 약을 끊기로 결심했어요."

- 15세 카를로스

"저는 약이 진짜 잘 들어요. 뇌에서 잡음이 없어졌어요. 혼자 멈추지 않고 하나의 생각을 끝낼 수 있어요. 저는 자라면서 뭐 하나 잘한 적이 없었거든요. 그런데 올해 제가 고등학교 1학년인데 전부 A 학점을 받았어요. 굉장하죠."

- 14세 아나

"아마 약 때문에 제가 더 집중할 수 있고, 꼼지락거리는 것도 멈추고, 남의 말도 듣고, 학교에서 시험도 볼 수 있게 된 것 같아요. 차분해져서 기억도 더 잘 하게 되었고요. 저는 약 먹는 걸 좋아하지 않는데 씹지 않고 삼키는 걸 싫어하거든요. 이상하지만, 저는 심지어 물도 씹거든요."

- 9세 티아나

"어떤 날은 약을 먹지 않아요. 그냥 저 그대로의 모습으로 있고 싶어서요. 그러면 사람들이 물어봐요. '오늘 약 먹었어? 너 좀 들떠 있고 이상한 것 같은데' 하면 저는 '아니, 안 먹었어'라고 말하죠. 제가 약 먹는 걸 잊어버렸을 때 좀 창피해요. 그런데도 어떤 날은 그냥 자유롭고 싶고, 모든 것을 생각하고 싶어요."

- 16세 에밀리

당신이 약물복용의 좋은 경험과 좋지 않은 경험을 고려하며 자녀와 소아과 의사, 심리치료사와 관련 결정에 대해 솔직하게 터놓고 이야기할 때 서로 합의할 수 있으며, 자녀도 진행 상황에 대해 잘 알고 있다는 느낌을 받을 수 있다.

앞으로 한 걸음씩

이 모든 정보가 당신과 당신의 아들, 딸에게 무슨 의미가 있을까? 이번 장의 목표는 당신을 과학과 사실, 소망으로 무장시키는 것이었다. 사실에 근거한 정보를 바탕으로 ADHD에 대한 근거 없는 믿음을 제거해야 있는 그대로의 상황과 원인을 제대로 파악할 수 있다. 당신은 자녀와 가족에게 큰 자원이 될 수 있다. 당신이 자녀에게 뇌와 몸 안에서 무슨 일이 일어나는지 강조하고 설명해 줄 때, 자녀는 이번 장의 도입부에서 카터가 말했듯 스스로 "이상하다"라고 느끼지 않을 수 있다. 이는 '자기절제'와 '긍휼'을 쌓아 가는 과정이다. 당신이 강한 자신감과 지식을 갖고 자신을 지지하는 모습을 볼 때 자녀도 똑같이 할 수 있다. 예를 들면, 선생님, 자신을 돌봐 주는 어른, 심지어 친구들에게도 자신만의 독특한 사고와 학습 방식, 감정에 대해 객관적으로 말할 수 있게 된다. 당신은 자녀와 함께 가능한 개입 방법을 논의하고(물론 결정권은 부모에게 있다), 자녀가 해내는 데 '협력'한다. 이는 '일관성'을 키우는 과정이 된다. 당신이 결정한 선택과 요청한 도움으로 문제가 개선되면 자녀가 기뻐하는 모습을 볼 수 있을 것이며, 이는 '축하'의 과정으로 이어진다. 이렇게 5C 양육방법은 당신이 나아가는 모든 발걸음에 힘을 실어준다.

제3장

나의 ADHD 뇌를 받아들이는 과정

13살 마야를 만나 보자. "ADHD가 있다는 건 엉덩이에 가시가 박힌 것과 같아요. 그래도 전 웃어넘기죠."

> 제가 2학년 때 엄마는 제가 ADHD라고 했어요. 뭔가 제가 좀 특별하게 느껴졌어요. "와, 나 ADHD래. 다른 애들보다 멋지지 않냐." 이러면서 제 ADHD에 "총알 브레인bullet brain"이라는 별명을 지어 줬는데, 스키 때문에 이렇게 짓게 됐어요.
>
> 처음으로 론마운틴에 갔을 때 엄마는 저를 프리덤 트레일이라는 가파른 언덕에 데려갔어요. 저는 스키를 어떻게 타는지도 몰랐는데 그대로 직선으로 내려가 버린 거예요. 그땐 방향을 바꾸어야 되는지도 몰랐거든요. 그런데 넘어지거나 부딪히지도 않고 어떻게든 아래까지 내려가서 일어서는데, 그게 제 인생에서 가장 웃긴 경험이라는 생각이 들었죠. 엄마가 스키를 타고 내려왔는데 얼굴이 사색이 되어서 "세상에, 이게 대체 웬일이니"라고 말했고, 저는 "완전 대박!"이라

고 소리를 질렀어요. 그 이후로 엄마는 저를 "작은 총알"이라고 불렀는데 여기서 "총알 브레인"이라는 별명을 따온 거예요. 제가 빨리 가고, 항상 생각보다 한 발 더 앞서가기 때문이에요.

지금 저는 13살인데 이제 ADHD는 엉덩이에 박힌 가시 같은 존재라고 생각해요. 더 이상 특별하지 않아요. ADHD가 저를 바보처럼 보이게 할 때가 있고, 사회적으로 어색하게 만들 때도 있어요. 실제 제가 그런 사람이 아니라도요. 제가 어떤 일에 과하게 집중하는 것도 짜증 나요. 무언가를 가두어 놓고 온 마음을 다 쏟아부어요. 그런데 거기에서 불현듯 벗어나면 다시 돌아가기가 힘들거든요. 곁길로 새면 진짜 중요한 걸 잊어버리고요. 옷 다 입었는데 바지만 안 입고 집 밖을 돌아다니는 것 같은 때가 있어요.

저의 "총알 브레인"을 수용할 수 있게 도와준 건 제가 먹는 약, 심리치료, 부모님인 것 같아요. 부모님은 제가 잘 기억하도록 도와주고 약은 집중할 수 있게 도와줘요. 심리치료 선생님은 제가 ADHD를 이해하고 받아들이도록 도와주고요. 제가 ADHD가 있다는 걸 알지만 할 수 있는 건 없어요. 지금 할 수 있는 최고의 방법은 제 모습을 보고 웃는 거예요. 왜냐면 저는 너무 많은 실수를 하거든요. 그래서 유머 감각이 꼭 필요해요. 저는 제 실수를 보고 웃을 수 있도록 스스로를 훈련했어요. 이게 제일 효과가 있다는 걸 알았을 때는 제가 엄청 후회되던 일을 생각하던 때인데, 제가 웃고 있는 걸 발견했어요. 제가 "잠깐, 지금 나 웃는 거야? 맞네. 지금 나 웃고 있네! 이제 예전 일은 신경 쓰지 말자. 다 지나간 일이야"라고 했죠. 저 자신에 대해 웃어넘기고 나면 기분이 좋아져요.

마야의 이야기는 내가 더 많은 아이들에게 듣고 싶은 ADHD를 수용하는 여정을 반영하고 있다. 처음에 마야는 ADHD가 자신을 특별하게 만들어 준다고 생각했지만, 시간이 지나면서 이를 점점 짜증 나는 것으로 간주했다. 수년이 지난 지금, 마야는 자신이 잘 기억하지 못할 때 이를 해결할 도구가 있고, 그녀 자신과 결점, 모든 상황을 마주하며 웃게 되었다. 어떻게 하면 아동이나 십 대 자녀가 마야처럼 자신의 ADHD를 받아들이기 위한 여정을 시작할 수 있을까? 이번 장에서는 자녀가 이러한 목적을 향하여 가는 험난한 길 위에서 당신이 이들을 어떻게 도울 수 있을지를 알아보겠다.

나는 나, 내 모습 그대로도 괜찮아!

부모와 자녀가 현재의 모습을 수용할 수 있는 상태가 되면 ADHD에 훨씬 더 쉽게 대처할 수 있다. 수용을 위해서는 ADHD를 위한 5C 양육방법이 필요하다. 당신은 자녀에 대한 검사와 평가 결과를 받았고, 사실이 밝혀졌다. 당신의 자녀는 ADHD이며, 이제 당신은 이 사실을 인정하고 이것에 적응해야 한다. 이 수용의 과정은 세 단계로 나누어 볼 수 있다.

1단계는 ADHD 진단에 대한 가족의 반응에 중점을 둔다. '자기절제'는 가족 구성원 모두가 ADHD라는 새로운 진단에 대해 갖는 다양한 감정과 생각을 다루도록 도와준다. '긍휼'은 ADHD가 당신의 아들이나 딸에게 어떤 모습인지, 매일의 삶에 어떻게 나타나는지, 가족 전체에 어떠한 영향을 끼치는지를 이해하는 데 중대한 역할을 한다.

2단계는 '협력'을 통하여 ADHD와 더불어 더 나은 삶을 살기 위한 방법을 브레인스토밍하는 내용으로 이루어져 있다. 당신과 자녀가 함께 문제 행동의 새로운 대안을 찾고 마련한다.

3단계는 '일관성'과 '축하'에 초점을 둔다. 당신은 교사와 코치, 다른 양육자와 더불어 문제를 해결하고자 하는 자녀를 지지함으로써 '일관성'을 실천할 수 있다. 아이들이 난관에 부딪히면 당신은 계획을 수정해 자녀가 다시 앞으로 나아가도록 돕는다. 이러한 여정에서 자녀의 어떠한 변화에도 기뻐하고 자랑스러움을 표현함으로써 '축하'를 실천할 수 있다.

이 세 단계의 과정을 자세하게 알아보겠다.

수용의 첫 단계: 자기절제

당신의 자녀에게 ADHD가 있다는 사실을 인정하는 것은 진단과 이에 대한 당신의 반응을 곰곰이 생각하는 일에서부터 시작한다. 당신은 부모로서 자녀의 ADHD가 스스로에게 어떠한 의미를 가지는지 생각해 보아야 한다. 당신 자신의 감정에 대해 알지 못한다면 자녀에게 진실하고 효과적인 지지를 보낼 수 없다. 당신의 감정은 당신의 아들, 딸과의 상호 작용에서 불가피하게 건강하지 못한 방식으로 빈번히 새어 나올 수밖에 없다.

자녀가 겪는 시련 중 당신이 겪어 본 것이 있는지, 만약 있다면 당신은 어린 시절에 어떻게 그 시련을 극복했는지 스스로에게 물어보라. 지금 당신은 그 문제를 어떻게 다루고 있는가? 만약에 자녀가 어려워하는 문제가 당신에게 낯설다면, 당신과는 다른, 주의와 집중, 감정의 강도에 어려움이 있는 자녀에 대해 어떻게 느끼고 있는지를 생각해 보라. 모든 게 불확실한 상황에서 당신이 안도, 불안, 분노, 걱정, 슬픔에 이르기까지, 갖가지 감정을 느끼는 것은 너무나 당연하다. 이러한 과정에서 자기절제를 통해 ADHD 진단에 대한 당신의 반응의 실타래를 정확하고 사려 깊은 방식으로 풀어 나갈 수 있다.

ADHD 진단에 대한 부모의 반응

자녀가 ADHD 진단을 받았을 때 부모의 반응은 스펙트럼 맨 왼쪽의 안도하는 반응에서부터 그 반대편 끝인 고통스러워하는 반응의 선상에 있다. 대부분의 부모는 이 두 가지가 섞인 반응을 보인다. 안도하는 부모는 물론 자녀의 진단으로 슬퍼하기도 하지만, 무언가 기댈 정보가 생겼음에 주로 안심한다. 진단은 마치 폭풍이 자주 휘몰아치는 혼란과 걱정, 좌절로 가득한 인생의 바다 위에서 구명 뗏목을 만난 것과 같다. 부모는 자녀의 이해할 수 없던 행동에 명칭이 있고, 의학적, 치료적, 학업적인 여러 해결 방법이 있으며, 많은 부모가 자신과 비슷한 상황을 헤쳐나가고 있다는 사실에 위안을 얻는다. 이들은 행동에 착수하고 자원을 찾아보며, ADHD 자녀를 지지하기 위해 자신과 가족의 변화를 기꺼이 받아들인다. 종종 부모 자신이 ADHD인 경우도 있는데, 이러한 경우에 부모는 아들이나 딸의 진단에 그리 놀라지 않는다. 안심하는 부모 중 몇몇은 자신의 집중과 기억, 감정폭발의 문제를 인식하고, 자신도 ADHD일 수 있다고 깨닫고 스스로 전문적 도움이나 약물치료를 알아보기도 한다.

반면 고통스러워하는 부모는 진단 결과에 힘겨워하고, 가족 안에 ADHD가 등장했다는 사실을 믿지 않으려 한다. 이들은 진단을 믿지도 이해하지도 않는다. 자녀가 ADHD라고 과잉진단을 받았다거나 학교가 편파적이라고 생각하기도 한다. “내가 이 아이를 키우는 게 왜 이렇게 힘들었는지 알겠다”와 같은 말을 할 수도 있다. 그럼에도 이들은 수년간 아동이나 십 대 자녀를 위해 힘겹게 온 힘을 다해 노력해 왔다는 것에 분노한다. 자녀에게 감사의 표현을 듣지 못했을뿐더러 자신의 친구나 친척의 가정에서 볼 수 있는 성공이나 성취로 자녀에게 보상받은 적도 없기 때문이다. 괴로워하는 부모는 ADHD의 진단을 이미 키우기 어려웠던 아이에게 영원히 장애가 따른다는 확정으로 간주한다. 안도하는 부모처럼 슬픔을 느끼지만, 이 마음에는 주로 자녀의 안녕과 미래의 성공에 대한 두려움이 지배적이다. 자신이 도울 수 있는 것이라면 무엇이든 하겠다고 말하지만, 전문가의 조언에 저항하며 유전적으로나 행동하는 데 있어 자신이 가족 내의 ADHD 역동에 기여한 면을 부인하고 대부분 자녀의 행동을 바꾸는 데에만 얽매인다.

당연히 이 두 가지 그룹 중 스펙트럼의 중간에 있는 부모도 많다. 이들은 자신과 자녀가 직면한 여러 문제에 이름이 있음에 안도한다. 아들이나 딸을 도우려는 동기는 있지만, 심리치료, 약물치료, 특수교육의 학업계획 세부사항과 같은 중재의 유용함에 대해 여전히 회의적이다. 창피한 상황이라고 느끼거나 진단으로 인해 생긴 아이와 가족에 대한 슬픔을 마음에 품기도 한다. 이러한 부모는 특히 ADHD에 관한 책, 팟캐스트, 기사, 웹사이트를 통하여 정보를 얻으며 많은 도움을 받는데, 이를 통해 ADHD가 아주 흔하고, “정상”이며, 조절 가능하다는 사실에 안도감을 느끼기 때문이다. 이들은 모두가 더 성장하기 위해 어떻게 변해야 하는지 검토함으로써 자녀의 성공을 바라며 이 과정에 참여하고자 한다.

ADHD 진단에 대한 아이들의 반응

치료 현장, 학교 상담 그리고 사회적 상황에서 내가 만난 ADHD 진단을 받은 아동과 십 대의 반응은 각양각색이다. 아이들 역시 무언가 스스로 다르다고 생각했던 부분에 이름을 붙일 수 있어 굉장히 안도한다. 어떤 아이들은 진단이 이들에게 문제가 있음을 보여 준다고 생각한다. 안도와 수치를 함께 느끼는 아이들도 있다. 세상에 떠도는 ADHD에 대한 근거 없는 믿음과 거짓 정보로 인해 자녀와 부모 모두 혼란스러워한다. 진단이 주는 위안에도 불구하고 진단을 받는 과정은 보통 의사나 여러 전문가를 보러 가는 과정을 포함한다. 병원 방문은 아동이나 십 대 자녀에게 ADHD가 "정상"이 아니라는 메시지를 준다. 어딘가 아프고 이상하다는 느낌을 받을 때, 예를 들면 고열이나 두드러기, 기침이 계속되면 의사를 보러 가고, 잘 지내고 모든 게 순조롭다면 그 누구도 병원에 가지 않듯 말이다.

종종 아동이 ADHD 진단을 받을 때, 그들은 이 복잡한 이름을 "나는 결함이 있는 사람이다"와 같이, 자신이 뭔가 잘못되었다는 의미로 받아들인다. 아이들은 자신이 집중하는 데 어려움이 있음을 알고 있고, 이러한 문제에 이름이 있음에 안도한다. 나중에는 마야처럼 자신의 뇌가 일하는 독특한 방식에 자부심을 느끼고 학습의 차이를 즐길 수도 있다. 그렇지만 어떤 아동이나 십 대, 심지어 어른을 포함해 애초에 이러한 진단을 받고 싶어 하는 사람이 있을까? 그런 사람은 많지 않다. 학교에서 추가적인 도움을 받거나 증상을 완화해 주는 약물이나 대처능력을 길러 주는 심리치료를 받는 데는 유용하지만, "장애"를 가졌다는 꼬리표가 붙는 것은 어느 누구도 원하지 않는다.

내가 만난 아이들 중에는 ADHD를 부정적인 꼬리표로 생각하는 아이도 있었고, 해방감을 준다고 생각하는 아이들도 있었다. 이들 모두에게 진단이란 자신을 바라보는 시선을 조정해야 한다는 것을 의미했다.

"작년 1학년 때였어요. 저는 책상에 앉아 있는 걸 싫어했거든요. 계속 돌아다녔던 것 같아요. 저는 읽기도 정말 싫어하는데 힘들어서 그래요. 선생님이 엄마한테 이런 얘기를 한 것 같고, 그래서 검사 같은 걸 받아야 했어요. 그런 게 그냥 다 싫었어요. 그냥 제 문제가 다 사라졌으면 좋겠어요."

- 8세 챙

"제가 유치원에 다닐 때 ADHD가 있다는 걸 알았어요. 선생님들은 제가 진짜 모든 일에 흥분한다고 말했어요. 집중하기도 너무 힘들었고요. 유치원에서 엄마랑 저에게 검사를 받아 보라고 했죠. 그게 정확히 뭔지는 몰랐지만 뭔가 내가 잘못되었다는 생각이 들었어요."

- 12세 카일

"제 성적은 거의 낙제 수준이었는데, 낙제는 아니고 D랑 C를 받았어요. 저는 14살이었는데 마음속으로 제가 루저라고 생각했고, '아, 그래서 뭐 어쩌라고' 이런 식이었어요. ADHD에 대해 찾아봤을 때 거기서 묘사하는 말로 저를 해석하는 데에 대한 준비가 전혀 되어 있지 않았어요. 저는 한바탕 난리를 치거나 하지는 않아요. 진단을 받고서 제가 바보가 아니라는 것을 깨달았죠. 그 부분만 좋아요."

- 17세 제이미

"엄마가 제가 ADHD라고 말해 줬는데, 제가 항상 들떠 있기 때문에 엄마 말이 맞다고 생각했어요. 저는 에너지를 퍼내거든요. 근데 약을 먹었더니 차분해졌어요. 약을 먹고 행복해져서 약 먹는 게 좋아요."

- 6세 헥터

아이들의 첫 반응은 분노에서 오해, 안도에 걸쳐 다양하게 나타나지만, 아이들의 이야기는 자신에게 ADHD가 있다는 게 무슨 의미인지 받아들이는 데 많은 시간이 걸린다는 것을 분명하게 보여 준다. 우선 아이들은 ADHD라는 이름을 받아들이고, 자신과 자신의 생활이 ADHD와 어떻게 연관되어 있는지에 대해 알아야 한다. 대부분은 이를 위해 형제자매, 친구나 부모, 주변에 ADHD가 있는 사람들, 친절한 교사, 응원해주는 코치, 전문 지식이 풍부한 의사와 심리치료사의 도움을 필요로 한다. 어떤 아이들은 마야처럼 ADHD에 이름을 지어 ADHD로 인한 경험들을 적합하다고 느끼면서 만든 이름을 기분 좋게 사용한다.

"저는 ADHD 말고 '민첩한 브레인'이 좋아요. 선생님이 저를 움직이는 애라고 부를 때가 있죠."

- 9세 리암

"저는 '깡패 브레인'이라고 부르는데 저를 주제에서 벗어나게 하는 깡패 같기 때문이에요."

- 10세 대럴

"저는 이걸로 농담을 만들었어요. ADHD를 'ADLS'라고 불러요. '부주의-오, 저기 다람쥐가 있다(Attention Deficit-Oh Look There's a Squirrel)'로요. 왜냐면 제가 하루 종일 다람쥐 때문에 정신이 팔리거든요. 나무를 보고 다람쥐가 돌아다니는 걸 쳐다봐요. '다람쥐'를 말이죠."

- 16세 앤서니

"저는 순간을 살아요. 뭐랄까, '지금 이 순간만의' 브레인 같아요."

- 12세 제이드

"계속 끊임없이 굴러가는 브레인이에요. 아이디어 브레인이죠."

- 11세 브리

"저는 이걸 '들떠 있는 애'라고 불러요. 제가 거의 항상 들떠 있거든요 …. 저는 그냥 집 주변이나 장소를 뛰어다녀요. 좋아서요."

- 7세 오마

내 상담실에서 나는 ADHD를 "떠돌이 주의력"이나 리암처럼 "민첩한 브레인"이라고 부른다. 또한, 나는 세계적으로 뛰어난 ADHD 전문가인 에드워드 할로웰Edward Hallowell 박사가 그의 환자들에게 ADHD를 "자전거 브레이크가 달린 경주용 자동차"라고 말해 주는 걸 좋아한다.[1] 이러한 명칭이 중요한 이유는 그 이면의 긍정적인 관점 때문이다. 어떤 아이들에게는 낯설고 무섭고 병으로 느껴질 수 있는 의학적인 용어를 사용하는 대신 아이들의 개인적인 이야기에 초점을 맞추어 부르면 'ADHD'라는 이름이 주는 스트레스를 줄일 수 있다. 당신의 아들, 딸은 다른 용어를 필요로 하지 않을 수도 있고, 의학적인 용어를 사용해도 전혀 문제가 없을 수도 있다. 그래도 괜찮다. 여기에서의 목표는 수용의 첫 번째 단계에서 자녀의 뒤를 따라가는 것으로, ADHD가 자녀에게 실제임을 인식하고 아이들이 이를 어떻게 이해하는지를 파악하는 일이다.

긍휼 — 자녀에게 ADHD가 의미하는 바를 이해하기

또한 수용하는 과정의 1단계는 긍휼에 기반을 두고 있다. 긍휼은 상대방을 이해하고자 하는 공감에 달려 있다. 당신은 ADHD로 인한 경험이 아동이나 십 대 자녀들에게 무슨 의미인지 어떻게 인식할 것인가? 그래서 당신은 실제 도움이 될 방법으로 이들을 지지하고 지원할 수 있는가? 일단 아들이나 딸을 주시하여 살피고 질문하는 것에서 시작하라. "이 소식을 듣고 너는 어땠니?" 자녀가 사용하는 단어와 자녀가 당신에게 무슨 말을 하는지, 또 친구에게는 뭐라고 하는지, 어떤 행동을 하는지를 살펴야 한다. 당신이 자녀로서 하루를 보낸다고 상상해 보고 ADHD가 아이들에게 어떠한 특정 방식으로 드러나는지 알아차려 보자. 자녀의 강점을 생각해 보고, 문제점을 파악해 보라. 당신이 책의 내용뿐 아니라 이 책 전반에 걸쳐 등장하는 다음과 같은 질문에 답을 적을 수 있는 노트를 마련하길 바란다.

연습 2	자녀의 강점과 약점

- 당신은 자녀의 어떤 점이 정말 마음에 드는가?
- 자녀가 잘하는 것은 무엇인가? (특별한 재능, 관심사, 취미를 포함)
- 자녀와 함께 무엇을 할 때 즐거운가?
- 자녀가 직면하고 있는 어려움이나 한계는 무엇인가?
- 좌절했을 때, 자녀들은 무엇을 하는가?
- 당신이 화가 났을지라도 여전히 자녀를 사랑함을 어떻게 보여 주는가?
- 자녀에게 어떻게 피드백을 주는가?

당신이 아들과 딸의 어떤 점을 좋아하는지를 기억해야 자녀의 문제 행동을 단순한 개인의 약점이 아닌 좌절의 사인으로 볼 수 있다. 당신이 어떤 방식으로 자녀에게 짜증을 표출하고 있는지 살필 때 당신과 자녀가 함께 장단을 맞춘다는 사실을 기억하기 쉽다. 당신과 자녀는 밀접하게 연결되어 있다. 자녀가 당신을 밀어내려는 온갖 행동을 할지라도 이들은 당신이 자신의 편이 되어 주기를 바란다. 자녀가 당신에게 웃어 주고, 안아 주고, 고맙다고 말했던 순간을 보물처럼 귀하게 여기길 바란다. 이렇게 서로 연결되었던 순간을 간직하면 자녀에 대한 사랑을 다시 상기하고, 힘든 시간을 견디는 긍휼의 마음을 키울 수 있다. 앞으로 어떤 일이 일어날지는 알 수 없을지라도, 자녀가 ADHD로 인해 겪는 경험을 당신의 방법으로 이해하려는 노력은 ADHD 진단을 떠나 당신이 자녀에게 얼마나 관심이 있으며, 사랑하는지를 보여 줄 것이다.

ADHD가 있어 '좋은 점'을 찾는 일은 어쩌면 힘든 점을 찾는 일보다 더 중요하다. ADHD를 겪는 자녀의 좋은 점은 자녀의 자존감, 역량, 자신감을 기반으로 모든 강점을 끌어내게 한다. 16살 소피아는 내게 이렇게 말했다. "제가 좋아하는 저의 모습에 더 많은 시간을 쏟고 싶어요. 이미 제가 좋아하지 않는 저의 모습에 너무 많은 시간을 썼거든요." 당신이 무엇이 자녀를 특별하게 만드는지에 관한 진가를 알아본다면 자녀의 자질, 관심사, 재능을 더욱 발전시킬 수 있다. 이는 마치 당신이 장미 넝쿨에 장미가 만발하도록 비료, 즉 추가적인 영양을 주는 것과도 같다. 물론 당신과 자녀의 관점에서 무엇이 문제가 되는지에 대해 알아야 성공적으로 중재할 수 있고 새로운 기술을 익힐 수도 있다. 그러나 긍정적인 방향으로 나아가기 위해 당신은 자녀가 현재 무엇을 잘하고, 스스로의 어떤 점을 마음에 들어 하는지도 알아야 한다. 이는 앞으로 변화할 미래의 기반이 된다.

여기 몇몇 ADHD 아이들이 자신의 어떤 점이 마음에 드는지에 대해 말해 준 이야기들이 있다.

> "저는 상상을 잘 해요. 가끔씩 제가 뭔가를 생각하고 나서 또 다른 걸 생각하고, 또 다른 걸 생각하다가 첫 번째 생각이 아주 멀리 날아가 버려요. 웃긴 건 제가 문제 해결을 위해 이상하고 창의적인 방법을 생각해 낼 수 있다는 거예요. 전 엉뚱한 게 너무 재밌어요."
>
> \- 10세 클로이

> "저는 패턴을 보듯이 뭐가 다른지를 잘 알아봐요. 바닥에 잎사귀가 있다고 해 볼게요. 보통 사람들은 대충 보지만 저는 뚫어지게 보고 패턴을 찾아요. 리듬도 마찬가지예요. 드럼을 치면서 실험을 해 보기도 해요. 무엇을 기억하고 주의를 기울이기 위해 남들과는 다른 방법을 찾아요. 제게는 모든 게 흥미롭기 때문에 당연히 쉽게 즐거워하죠."
>
> \- 12세 제임스

> "저는 순간에 충실해요. 뭘 잘 잊어버리는데 솔직히 말하면 저의 그런 점이 좋아요. 한 가지에 아주 오래 계속 매달려 있지 않으니, 나쁜 일이 일어나도 거기에 오래 머물러 있지 않죠. 그게 무엇이냐에 따라 다르긴 하지만, 사소한 일로는 별로 속상해하지 않아요."
>
> \- 16세 엘라

> "저는 저의 에너지가 좋아요. 저는 한 번에 한 가지 이상을 할 수 있어요. 대화의 주제를 진짜 빨리 바꿀 수도 있고, 또 다른 걸로 전환할 수도 있죠. 이런 게 즐겁고 감사해요. 제가 뭔가를 많이 좋아하면 엄청 과집중할 수 있어요. 책을 읽고, 시를 쓰거나, 영화를 볼 때 그래요. 이

런 게 제 창의성을 높여 준다고 생각해요."

- 16세 헨리

에너지, 상상력, 순간을 즐기는 것, 다른 사고방식, 창의성과 흥은 좋은 개인적 특성이다. ADHD 아동의 이러한 특성은 이들 자신에 대해 좋은 감정을 느끼게 하며, 그 특성에 이름을 붙여 우리 뇌에 있는 부정적인 편견을 없앨 수 있다.

이 아이들에게 ADHD는 일상생활의 일부이다. 마야는 이렇게 말한다. "저에게 ADHD란 언제든 제 하늘 어딘가 수평선 너머로부터 곧 닥칠 거대한 일과 같아요. 비록 저는 그게 뭔지 모르고, 생각하지 않으려 해도 아직도 거기에 있는 거죠." 많은 아이들처럼 마야에게도 ADHD는 의학적 전문용어로 명명된 하나의 상태condition가 아니다. 이는 아이들이 자신이 누구인지를 알고 있으며, 그리고 그들 스스로 자신이 누구인지 알게 될 것임을 의미한다. 인내를 가지고 아이의 말을 들어줄 때 당신은 ADHD가 미치는 영향에 대한 아이의 견해를 들을 수 있으며, 서로의 관점을 이해하고 받아들일 수 있다. 아동에게는 아직 자신을 돌아보는 능력이 충분히 발달하지 않아서 자신이 좋아하는 것과 싫어하는 것을 분명하게 표현하는 일이 어렵지만, 아동도 십 대와 마찬가지로 무엇이 자기에게 효과가 있고 없는지에 대한 의견을 가지고 있다. 대부분의 ADHD 아이들은 자신의 ADHD가 주는 특성 중 좋아하는 부분이 있다. 부모 역시 아이의 다른 장점과 더불어 아이가 좋아하는 특성을 함께 좋아해 줄 수 있다.

안타깝게도 ADHD, 그리고 ADHD 자녀로 인한 어려움은 삶의 여러 균형을 무너뜨리기 때문에 아이가 좋아하는 특성을 받아들이기가 더 힘들어진다. 어떤 아이들은 특히 학교생활에서 ADHD로 인해 생기는 문제가 무엇인지에 대해 긴 목록을 작성하기도 한다. 이러한 아이들은 교사, 부모와 다른 어른들로부터 수년간 이들의 단점에 대해 들어 왔다. 당신 또한 자녀의 한계를 정확히 알고 있고, 자녀로 인해 좌절할 때도 있지만, 자녀가 힘들어하는 모습을 보며 슬퍼할 것이다. 당신이 자녀의 고통을 줄여 주고, 습득해야 할 기술을 가르치고, 받아들일 만한 조언을 하는 데 성공할 때도 있지만, 어느 때는 자녀가 퇴짜를 놓을 것이다. 자녀는 당신이 제안한 안건을 들으려 하지 않고, 당신이 제안한 아이디어를 싫어하며, 자신이 지지받기보다는 비난을 받는다고 느낀다.

새로운 행동을 조성하려는 과정을 함께 계획하려면 ADHD 아이들이 무엇으로 좌절감을 느끼는지 듣는 일부터 시작해야 한다.

"저는 사람들이 말하는 모든 내용이 정확히 잘 안 들릴 때가 있어요. 그러면 뭘 놓치고, 문제가 생기죠. 누가 뭘 1분 넘게 말하면 저는 멍을 때리고 그냥 '네, 네' 하죠. 그러면 사람들이 '뭐? 나는 너한테 네, 아니요로 답하라고 말한 적 없어. 질문도 한 적 없어'라고 말해요."

- 10세 노나

"정리란 저한테 가장 어려운 일이에요. 계속 어려울 것 같아요. 그래도 계속 나아지기 위해 노력은 해야 한다고 생각해요. 여러 일을 한 번에 처리하는 게 멀티태스킹인데 저는 못 해요. 심지어 할 수 있다고 생각해도 못 하겠어요."

- 15세 오스카

"저한테 ADHD가 있어서 가장 싫은 점은 어디에나 늦는 거예요. 저는 시간이 얼마나 걸리는지 진짜 생각을 못 해요. 두 번째로 싫은 점은 물건을 다 잃어버리는 거예요. 지난 4년간 저는 학교에서 30개가 넘는 물병, 네다섯 개의 도시락, 옷 여러 벌, 최소 8번은 아이팟이나 아이폰을 잃어버렸어요. 거의 폰을 달고 살고 항상 음악을 듣는 저에겐 엄청 큰 일이죠."

- 16세 더스틴

"저는 모든 게 다 싫어요. 그냥 너무 불편해요. 친구들은 똑똑한데 저는 아닌 것 같을 때도 있고요. 친구들하고 같은 상급반[AP] 수업을 듣는데 모두 저보다 그냥 잘하는 거예요. 또 불안한 것도 싫고요. 어떤 때는 제 뇌에 콘크리트 블록이 놓여 있어서 저의 행동을 가로막는 느낌이 들기도 하는데, 그게 제일 최악이에요. 콘크리트 블록을 느낀 다음에 불안이 오고, 그 뒤에 불안정한 느낌이 따라와요."

- 17세 브리아나

"저는 집중하고 싶은데 못 하는 거요. 정말 쉽게 정신이 팔려요. 사람들이 얘기하면 1, 2초 만에 딴생각을 하고, 제가 하던 걸 다 잊어버려요. 아니면 눈이 내리기 시작하는 게 보이면 눈송이를 보기도 하고요. 제 주의를 끌 만한 건 무엇이든 쳐다봐요."

- 14세 타이론

ADHD 아이들이 스스로에게 좋아하는 면인 에너지, 창의력, 즉흥성의 이면에는 집중을 지속하지 못하고, 산만하며, 사람들의 이야기를 놓치고, 물건을 분실하고, 항상 늦고, 잊어버리고, 정리하지 못하며, 스트레스받고, 불안감을 느끼는 문제가 있다. 많은 경우 아이들은 공적으로 학교에서나 친구에게는 ADHD가 주는 영향을 최소화하여 이야기하지만, 개인적으로 물어보면 얼마나 힘든 투쟁을 하고 있는지 시인한다. 많은 문제를 다뤄야 하는 정서적, 인지적인 뇌의 집행기능기술이 아직 아이들의 뇌에서 발달하지 않은 것이다. 당신은 부모로서 마음을 터놓고 대화함으로써 한바탕 울음이나 수치심으로, 때로는 분노 폭발로 아이들의 힘든 마음을 보고 들었다. 이들이 어떤 방식으로 표현하든 간에 ADHD를 가진 자녀는 이 "장애disorder"를 가진 것에 대해 느끼는 감정과 이로 인해 얼마나 힘겹게 싸우고 있는지를 여러 방식으로 보여 준다.

자녀가 자신의 특별한 방식을 인정하고, 당신과 다른 이들에게 자신의 힘겨운 싸움에 대해 얘기한다면 이는 당신의 자녀가 ADHD를 받아들이고 있다는 신호이다. 아이들은 스스로에 대한 긍정적인 부분과 개선해야 할 부분을 알아차리고 인정하는 능력을 키우는 중이다. 이러한 자기반성은 미래 행동 변화의 전조라고 볼 수 있다. 당신이 아이들의 말을 들어주고, 당신의 반응을 점검하고 아이들에게 공감할 수 있다면, 당신 또한 자녀의 ADHD를 받아들이고 있는 것이다. 당신은 그렇게 아이들의 경험을 존중하고 이해하고 싶다는 태도를 아이들에게 보여 주었다.

수용의 두 번째 단계: 협력

유익하고, 창의적이고, 효과적인 개입 방법은 함께 전략을 세울 때 마련된다. 지금 이 시점에서 당신의 자녀는 자신이 ADHD임을 알고, ADHD가 무엇인지도 어느 정도 이해하며, 부모도 일부 이해할 것이라고 느끼고 있다. 수용을 위한 협력 단계에서는 당신과 자녀의 동반자 관계를 기반으로 자녀가 잘하고 있는 부분과 개선이 필요한 부분을 파악한다. 자녀의 일상의 모든 영역과 관련된 집, 학교, 스포츠, 액티비티, 직업, 친구에 관해 자녀와 대화하면서 어떻게 달라지고 싶은지, 그 이유는 무엇인지에 대해 브레인스토밍을 하기를 권장한다. 당신은 아이들이 실패하더라도 이를 도전으로 재구성해 이들의 삶에서 이들을 도와주고 성공하기를 바라는 사람들이 있다는 것을 짚어 줄 수 있다. 그런 후에야 당신이 원하는 변화를 촉진할 계획을 자녀와 함께 고안할 수 있을 뿐 아니라 당신이 끝까지 자녀의 편임을 보여 줄 수 있다.

하기 싫어하는 일을 할 수 있도록 함께 해결책 마련하기

12살 테일러와 엄마 나탈리가 어떻게 서로 협력하여 매일 집안일 때문에 벌이던 전쟁을 멈출 수 있었는지 살펴보자.

나탈리 우리는 대부분 같이 쓰는 공간이나 상대방을 존중하는 문제로 다퉈요. 테일러가 학교에서 집에 오면 부엌 바닥 한가운데에 자기 물건을 던져 놔요. 그리고 아이팟으로 메시지를 확인하고 간식을 가져와 소파에 털썩 앉아 TV를 보고요. 제가 '네 물건은 치워야지. 안 그러면 걸려서 넘어진다'라고 말하면, '잠깐만'이라고 하지만 절대 안 치우죠. 제가 한 시간 동안 밖에 나갔다가 들어와도 테일러랑 바닥에 있는 물건은 계속 그대로예요.

테일러 깜빡했어요. 엄마가 집에 와서 하라고 하면 그제야 해요. 엄마는 제가 옷을 화장실 바닥에 놓거나 집안일을 하는 걸 잊어버렸을 때 소리를 너무 많이 질러요. 항상 저한테 백난 번씩 말해야 제가 한다고 말해요. 제가 '잠깐만'이라고 말해야 엄마가 소리 지르는 걸 멈출걸요.

나탈리 보통은 처음부터 소리를 지르진 않아요. 저도 안 그러려고 노력하는데 목소리에 힘이 들어가요. 소리를 지르는 건 '내가 화났다, 열 받았다, 정말 더 이상 못 참겠다'라는 의미예요. 아이를 질책할 때도 있어요. 질책은 '네 코트를 좀 걸어 줄래?'를 매일 엄마 입장에서 과도하게 표현하는 거죠.

테일러 엄마가 어떻게 말하든 다 똑같이 들려요. 엄마가 저한테 직접 와서 보통 사람한테 말하듯 얘기해 주면 좋겠어요.

나탈리 할 수는 있죠. 그런데 보통은 제가 너무 스트레스를 받았거나 바쁘게 여기저기 돌아다녀야 하는 상태거든요.

엄마와 딸 모두 이렇게 서로에게 좌절하는 패턴이 좋지 않다는 점에 동의한다. 테일러는 해야 할 일을 하지 않고 있고, 엄마가 자신에게 소리를 지르는 게 너무 싫다. 나탈리 역시 소리 지르는 게 싫지만, 이제는 딸에게 할 일을 상기시키는 기계가 되어버렸다. 나는 협력할 수 있는 해결책을 고안하기 위해 모두가 바라는 이상적 상황이 무엇인지 물었다.

나탈리 테일러에게 제가 뭘 기대하는지 말하고 싶은 거고, 한 번만 말해도 그 일을 했으면 하는 거죠. '잠깐만'이라는 말을 들은 다음, 절대 그 일을 안 하는 걸 보고 싶지 않아요. '잠깐만'은 상황을 모면하려는 말이에요. 저는 싱글 맘입니다. 일을 함께 분담해야 해요.

테일러 제가 기억할 게 너무 많아요. 혼자 일어나 학교에 가고 잘 준비도 혼자서 해요. 아침과 점심식사도 제가 만들고 침대 정리도 제가 해요. 빨래도 개서 옷장에 넣어놓아요. 제 친구들은 모두 엄마가 해 주거든요. 걔네들은 집안일을 몇 개만 해도 보상을 받아요. 저는 돈을 받고 싶어요. 기막힌 아이디어가 떠올랐는데요. 화이트보드에 제가 해야 할 일을 리스트로 적어 두고 제가 하면 저에게 돈으로 보상해 주세요. 그리고 소리 좀 그만 질러요.

양쪽의 입장은 모두 타당하다. 테일러의 엄마 나탈리가 보상으로 소액의 용돈을 줄 수 있고, 테일러가 해야 할 집안일이 명확하며, 이에 대해 서로 동의한다면, 내 경험상 테일러와 같은 아이들은 규칙을 잘 따른다. 그녀가 이러한 프로그램을 따를 수 있는 이유는 그녀가 이 규칙을 만드는 데 기여했고, 원하는 보상인 돈을 받을 수 있기 때문이다. 이제 다음 단계는 엄마가 상기시켜주지 않아도 집안일을 할 수 있도록 화이트보드에 테일러가 할 수 있는 집안일 리스트를 적는 것이다. 성공 확률을 높이기 위해 새로운 일과 더불어 이미 잘하고 있는 일도 리스트에 포함한다. 이렇게 할 때 그녀는 아직 숙달하지 못한 많은 일에 압도되지 않을 수 있다. 나탈리는 그녀에게 중요한 일을 테일러가 돕도록 하여 서로 이득을 얻는다. 이러한 공평함은 모든 구성원에게 협력을 유도할 수 있는 요소가 된다.

테일러는 화이트보드에 한 일을 직접 체크하고 싶어 했다. 임무를 마칠 때마다 스스로 체크하고, 포인트를 얻기로 했다. 완벽한 수행이 아닌 더 많은 참여를 목표로 삼고 40포인트 중 최소 30포인트를 얻으면 일주일에 5달러를 용돈으로 지급하는 데 서로 동의했다. 이는 일이 계획대로 이루어지지 않는 날도 있다는 것을 허용하기 위해서이다. 필요한 경우, 테일러는 엄마가 화이트보드를 이용하여 자신에게 한 번은 할 일을 상기시켜 달라고 요청하였고, 나탈리도 동의했다. 함께 만든 차트는 다음과 같다.

이제 내가 가장 많이 듣는 어려운 질문 중 하나가 나온다. “테일러가

해야 할 일	월	화	수	목	금	토	일
침대 정리							
옷 정리 또는 세탁한 옷 정리							
하교 후 선반에 가방 올려놓기						N/A	N/A
도시락 비우고 코트 걸기						N/A	N/A
식사 후 접시를 설거지통이나 식기세척기에 넣기							
간식 먹고 치우기							
총점:							

태도가 좋지 않거나, 할 일을 다시 상기시켜 줘야 하거나, 일을 대충했을 때는 제가 용돈을 뺏어도 되나요? 어쨌든 테일러가 용돈을 받을 자격이 없는 거 아닌가요? 그렇죠?" 내 대답은 "아니요"이다. 테일러가 할 일을 하고 포인트를 얻었다면 용돈을 받아야 한다. 그녀에게 임무 수행을 더 잘하기 위한 코칭이 필요할 수도 있지만, ADHD 아동이나 십 대에게 주기로 약속한 것을 도로 뺏는다면 가족의 어려움을 극복하겠다는 목표를 달성할 수 없다. 이것은 인센티브 기반의 프로그램이며, 테일러가 고안한 인센티브는 분명 그녀에게 동기 부여가 되고 있다. 벌을 주는 것은 긴장을 고조시키고, 딸을 당신에게서 멀어지게 할 뿐이다.

나는 시스템이 잘 실행되지 않을 때는 벌 대신 대화를 제안한다. 나탈리는 대화를 통해 지금 상황에 대한 자신의 실망과 좌절을 설교하지 않으면서 차분하게 이야기할 수 있다. 그러면서 함께 정한 계획에 대한 책임을 상기시키고, 다음번에 더 나은 결과를 위해 테일러가 무엇을 해야 할지를 물어볼 수 있다. 마지막 부분이 아주 중요하다. 자녀에게 변화하기 위해서는 무엇을 해야 할지 물어보라. 먼저 해야 할 일을 말하지 마라. 협동을 위한 이러한 변화에는 많은 시간과 인내가 필요하며 항상 쉽게 이루어지지 않는다. 만약 몇 주가 지나도록 테일러가 협조하지 않는다면 다시 계획을 세워라. 인센티브를 바꿔야 할 수도 있다. 효과 없는 인센티브는 사용할 필요가 없다. 무엇보다 ADHD 아동이 무엇이든 빨리 싫증 낼 수 있음을 기억해야 한다.

협력 단계에서 부모가 직면하는 가장 큰 어려움은 ADHD 자녀의 너무 많은 부분이 빠른 시간 내에 변하기를 바라는 데서 온다. 대부분의 아이들, 특히 ADHD 아동은 자신과 관련된 무엇인가를 한 번에 하나 이상 바꿀 수 없다. 이 점은 나를 포함해 다른 대부분의 어른들도 마찬가지이다. 그러나 ADHD 아동은 흔히 자신의 "고쳐야" 할 여러 가지 사항들로 인해 어쩔 줄 몰라 한다. 아이들은 수치스러워하고, 당황하고, 좌절하거나, 너무 화가 나서 스스로를 차단하고 도움을 거절한다. 이럴 때 협상은 실패하고, 협력도 일어나지 않는다.

ADHD 자녀들이 도움을 거절하는 이유는 다음과 같다.

> "저는 도움을 요청하고 싶지 않아요. 제가 존경하는 엄마, 아빠, 형이 있기 때문에 혼자 할 수 있다는 걸 증명하고 싶어요. 저도 그냥 그들과 같은 사람이 되고 싶어요."
>
> \- 15세 카를로스

> "저는 자존심이 강해요. 선생님한테 그냥 도와 달라고 하지 않아요. '나는 선생님들의 도움이 필요하지 않아. 혼사 해결힐 수 있이'라고 생각해요. 맞아요. 제가 좀 자만하죠. 하지만 저 스스로 해결해야 하는

걸요."

- 12세 펭

"도와 달라고 말하는 게 힘들어요. 저한테 장애가 있다는 게 창피해요."

- 16세 엘라

"저는 도와 달라고 말하는 게 너무 싫어요. 친구들이 저에게 화를 내는 이유는 제가 다시 얘기해 달라고 말하기 때문이에요. 걔네가 저한테 '집중 좀 해'라고 소리 지를 때도 있어요. 집중하려고 노력은 하지만, 너무 벅차죠. 듣긴 하는데 뭐라고 하는지 이해가 안 가요. 걔네는 저한테 바보라고 소리를 지르고 약은 먹었냐고 물어봐요. 최악이죠. 저는 최선을 다하고 있거든요. 그래서 도와 달라고 안 해요."

- 12세 키아

특히, 정보의 과부하, 도움에 대한 거부는 협력 단계가 실패한 초반에 나타난다. 아이들 대부분은 자립하고 싶어 하며, 도와 달라는 요청은 나약하다는 사인이라고 생각한다. 변화해야 할 행동에 대한 긴 목록을 아이에게 주는 것은 이들에게 많은 "문제"가 있음을 암시한다. 협력 단계는 부모와 자녀가 함께 자녀가 이미 잘하는 영역에 집중하면서 동시에 개선해야 할 다른 하나에 초점을 둘 때 가장 효과가 좋다. 테일러와 엄마는 화이트보드에 할 일을 위한 차트를 만들 때, 테일러가 이미 자신 있어 하는 업무와 함께 힘들어하는 업무도 추가했다. 나탈리는 자신에게 중요한 업무와 더불어 테일러에게는 무엇이 중요한지 딸의 말을 듣고 조정함으로써 협력 과정을 가능하게 만들었다. 이렇듯 자녀가 이미 수월하게 잘하는 "좋은 점"에 기반에 두고 원하는 방향을 함께 모색해야 새로운 행동 변화를 가져올 수 있다.

수용의 세 번째 단계: 일관성과 축하

ADHD 뇌를 수용하기 위한 마지막 단계는 당신과 자녀가 협력하여 계획을 세우고, 이를 행동으로 옮기고, 유지하는 것이다. 문제를 해결하기 위한 대안을 실행할 때는 일관성과 축하가 필요하며, 이는 결국 얼마나 분투efforting하느냐에 달려 있다. 분투는 당신과 자녀가 고안해 낸 새로운 해결책을 연습하고 통합할 때 발생한다. 분투할 때, 아주 많은 일관성과 회복탄력성이 필요한 이유는 틀림없이 예상하지 못한 차질이 생기기 때문이다. 장애물에 부딪히면 당신은 다시 계획을 조정해야 한다. 8살 새미는 "연습으로 성장할 수 있다"라는 말로 그녀가 몇 년 전 다닌 지역 몬테소리 학교의 철학을 되풀이하며 이 아이디어를 요약해 주었다. 당신이 자녀와 함께 힘든 일을 견뎌 낼 때, 당신은 자녀에게 끈기grit를 가르칠 뿐 아니라 자녀를 얼마나 사랑하는지를 보여 줄 수 있다.

자녀가 계획대로 잘할 때는 일관성을 유지하기 쉽지만, 항상 그렇지는 않다. 당신의 13살 딸은 방을 지저분하게 어질러 당신과 매주 한 번 토요일 저녁 외출하기 전에 방을 치우기로 서로 동의했다. 만약에 딸이 5시까지 방을 치우지 않으면 외출하지 못하고, 당신이 금요일에 한 번, 토요일 아침에 딸이 일어났을 때 한 번 이를 상기시키는 데 동의했다. 딸은 부모가 잔소리를 계속하지 않을뿐더러 일주일에 한 번 치우는 일이니 타당하다고 생각한다. 서로가 윈윈하는 상황이기에 이 방법은 효과적이다. 딸이 토요일에 청소를 한 번 놓쳤다면 당신도 동의한 내용에 따라 입장을 지키면서 딸도 지속적으로 계획을 따라야 한다. 당신은 딸에게 과정을 끝까지 유지한다는 것이 어떤 의미인지 보여 줘야 한다. 그러면 다음 날 딸은 사실 자신도 방바닥에 놓인 물건을 정리하면 바닥에 공간이 생기고 옷을 잘 찾을 수 있어서 좋다고 고백할 것이다. 딸은 분투하고 있다. 학습하고 마무리하는 법을 연습하고, 협동과 조직화, 청결함을 위해 분투하고 있다. 당신이 완벽하게 해내는 것에 초점을 두지 않고 시행착오의 학습 과정을 촉진시킬 때 갈등은 줄어들고 바람직한 행동은 늘어나는 결과가 따라온다.

난관에 직면했을 때 일관성을 유지하는 일은 모든 아동에게 중요하지만, 특히 ADHD 아동에게는 더욱 중요하다. 대부분의 ADHD 아이들은 빈번하게 듣는 부정적인 피드백 때문에 달라질 자신의 모습을 상상하는 데 어려움을 겪는다. ADHD 아이들은 다른 아이들과 마찬가지로 미래를 정확히 인지하려고 애써 노력한다. 상황이 견디기 힘들어질 때 아이들은 빨리 속상해하고, 화내거나, 의기소침해진다. 그러나 힘든 상황에 맞닥뜨렸을 때, 당신이 자녀와 함께 공유한 목표를 위해 몸부림치고, 장애물에 부딪혔을 때 포기하는 대신 재정비하며, 지치고 낙심하지 않고 지속적으로 있는 힘껏 노력하면, 아이들은 자신도 그렇게 할 수 있음을 배운다. 물론 부모가 항상 완벽할 수는 없다. 당신의 목표는 당신이 감당할 수 있는 타협안을 아이와 공유하고, 최대한 실행하는 것이다. 당신이 자녀에게 보이는 모범이야말로 효과적인 일관성과 지속적인 분투를 위해 가장 중요한 태도이다.

배움의 기회를 제공하는 패배

9살 데이비스의 아빠 나단은 낙심하여 내 상담실에 찾아왔다. 데이비스는 6개월 전에 ADHD 진단을 받았는데, 작업기억의 부족, 정서적 혼란, 충동조절로 힘들어하고 있었다. 나단과 아내는 심히 좌절하였고, 계획을 대부분 지속적으로 실행할 수 없었다. 데이비스는 자기가 최소 하루에 한 번이나 어느 때는 더 자주 "격한 감정"을 경험하고 "통제 불능" 상태가 된다고 고백했다. 보통 집에서 "통제 불능" 상태가 되는데, 차 안에서나, 가족 모임, 심부름을 할 때였고, 학교에서도 이런 일이 있었다. 학교 선생님은 데이비스가 자주 다른 학생이 얘기하는 도중에 말을 하고, 수업 시간에 하루에도 몇 번씩 교실을 마음대로 걸어 다닌다고 보고했다. 데이비스는 나에게 이렇게 얘기했다.

> 저는 가만히 못 앉아 있어요. 제 뇌가 너무 빨리 돌아갈 때가 있고, 방향을 잃어버릴 때도 있어요. 사람들은 저에게 "진정해"라고 하고, "집중해"라고 말해요. 문제는 제가 그냥 화가 나고, 진짜 그냥 화가 난다는 거예요. 동생 때문에 제가 혼날 때 그래요. 그러면 또 더 혼나게 되고요.

데이비스, 부모, 교사는 모두 데이비스의 '화내는 문제'를 우선으로 해결해야 한다는 것에 동의했다. 이들은 함께 데이비스가 집과 학교에서 유사하게 실천할 수 있는 계획을 세워 자기절제를 실행할 수 있도록 최대한 돕고자 했다. 데이비스는 독서를 정말 좋아했다. 이들 모두는 데이비스가 속상해할 때, 교사나 부모가 그에게 조용한 장소나 방으로 가서 10분에서 15분 정도 책을 읽도록 권장하기로 결정했다. 만약에 이렇게 할 수 없을 정도로 상태가 나쁠 때는 데이비스가 집과 학교에서 그가 싫어하는 쓰레기통을 비우는 일을 하기로 동의했다. 데이비스는 이 조건이 타당하다고 생각했다.

3주가 지났지만, 이 계획은 효과가 없었다. 데이비스는 대부분 조용한 장소에 가야 할 때 이를 받아들이지 않았고, 부모나 교사도 그에게 시키기로 한 쓰레기 치우는 일을 시키지 못했다. 데이비스가 집에서 이를 거부할 때 부모는 소리를 질렀고 그는 결국 울고 말았다. 학교에서 조용한 장소로 가기를 거부할 때, 선생님은 그를 교장실로 보냈다. 부모는 인내심의 한계를 느꼈다. 부모는 데이비스가 통제 불능 상태가 되면 그 결과로 아들의 중요한 물건이나 소중한 컴퓨터 시간을 빼앗았다. 이는 그를 더욱 화나게 만들었고, 아빠 나단은 진저리가 난 상태였다.

> 제 가족은 긴장 상태에 있긴 하지만 그 중심에는 항상 큰 기쁨이 있었습니다. 그런데 지금 당장은 양육이 전혀 즐겁지가 않아요. 저에게 어떤 힘도 남지 않았다는 느낌이 들어요. 우리가 세운 계획을 따르려면 제가 너무 힘들게 노력해야 합니다. 제가 벌을 받고 있다는 느낌이 들기도 하고요. 해야 한다는 걸 잘 알지만 어떤 날은 그냥 포기하고 싶습니다.

나를 찾아오는 많은 ADHD 아동의 부모로부터 들었던 말을 나단은 이렇게 표현한다. "더 이상은 못하겠어요. 반복되는 패배를 버텨 낼 수가 없습니다."

나는 이 패배가 실패가 아닌 아주 중요한 정보라고 생각한다. 함께 만들어 낸 계획이 문제를 악화시킬 때는 당연히 조정이 필요하다. 여기서 조정이란 계획의 단계별로 일어나는 일에 대한 사이클을 검토하고, 기능적인 부분과 역기능적인 부분을 정확히 파악하는 일이다. 데이비스와 그의 부모와 함께 '실패한' 계획에 대해 이야기하며, 실패가 일어나는 세 영역을 찾았다. 1) 데이비스는 부모가 소리 지르며 자기에게 방으로 들어가라고 하거나 교사가 큰소리로 조용한 곳에 가라고 말하는 것이 너무 싫었다. 2) 그는 혼자 조용한 곳에 있으면서 외로움을 느꼈고, 그곳에 있는 게 창피했다. 3) 데이비스가 계획을 따르지 않았을 때, 이를 마무리할 수 있도록 돕는 어른이 없었다. 계획을 지키는 일관성이 부족했고, 인센티브가 아닌 하기 싫은 일인 쓰레기 치우기는 효과가 없었다.

데이비스는 울며 나에게 어떻게 계획이 '실패'로 돌아갔는지, '아무것도 도움이 되지 않았는지'에 대해 이야기하며 엄마의 무릎에 머리를 파묻었다. 나는 데이비스의 엄마가 그의 머리를 쓰다듬자 그가 서서히 진정하는 것을 보았다. 그가 안정을 되찾자 우리는 다시 재정비에 들어갔다. 우리가 고안한 새로운 계획은 이렇다. 데이비스가 속상해할 때 부모나 교사가 그를 한쪽으로 데리고 간다(자극을 줄이는 것이다). 데이비스와 연결지점을 찾고(그가 뭘 말하는지 들어 본다), 혼자만의 시간을 원하는지(조용한 곳에서 책을 읽기 위해), 아니면 같이 있기를 원하는지(책 같이 보기, 과제하기, 안아 주거나 같이 게임 하기)를 물어본다. 그다음, 어른들은 이를 바로 실행하려고 했다. 데이비스는 이러한 활동이 자신을 진정시켜 준다고 보고하였고, 이는 그에게 위안이 되었다. 만약에 그래도 진정할 수 없는 상황에서는 데이비스가 교무실에 가거나 자기 방에 15분간 들어가도 되는지 물어보게 하였다. 전자기기 사용 시간을 하루 45분으로 줄이고, 계획을 효과적으로 잘 실행했을 때는 다음 날 15분을 더 얻어 1시간까지 사용하게 했다. 이러한 인센티브는 데이비스에게 효과가 있었는데, 그에게 전자기기가 중요하며, 그가 비디오 게임과 텔레비전 시청을 좋아했기 때문이다. 교사를 포함하여 모두가 이 계획을 함께 실천하기로 결정했다.

이러한 개입은 데이비스에게 처벌이 아닌 연결감을, 수치가 아닌 교정을 강조했다. 이번에는 어른들이 규칙적으로 계획을 실행했다. 3주 이내에 이미 진전을 보였는데, 데이비스가 여전히 속상해하긴 했지만 그러한 순간에도 많은 기술을 사용하여 조절하니 더 쉽게 진정했다. 그는 나에게 지난주에 자신이 전자기기 사용 시간 15분을 며칠이나 더 얻었는지 자랑했다. 가족이 아들을 위해 '많은 일을 감당해야 함'을 인식하면서도 아빠 나단은 미래를 기대할 수 있었다. 이렇게 계획을 순조롭게 실행하기 위해, 협력하며 세운 계획을 다시 이리저리 빚고 잘 기능하게 만들어 낸 노력은 자녀가 변화를 위해 나아가는 과정에서 일관성을 유지하도록 한다.

당신의 칭찬이 매우 중요한 이유

어떤 문제를 해결하는 새로운 대책에는 축하가 꼭 포함되어야 한다. 문제가 개선될 때 당신이 알아차리지 못하면 변화의 정착을 위해 필요한 가속도를 따라가기 힘들어진다. ADHD의 여부와 상관없이 대부분의 사람들은 긍정적인 피드백을 좋아한다. 누구든 자신의 어떤 점을 바꾸려고 노력할 때, 예를 들면 살을 빼거나, 시간 약속을 지키고, 정리한 상태를 유지하려 할 때, 노력에 대한 격려와 좋은 결과가 이를 지속할 동력을 준다. 특히 이제까지 수많은 부정적인 메시지를 들어 온 ADHD 아동이 달라지려 할 때, 당신이 보여 주는 열정은 많은 도움이 된다. 부모와 교사가 이 아이들이 매일매일을 어떻게 헤쳐 나가는지, 또한 쉽게 할 수 없는 과제나 행동을 수행하고, 서로 동의한 계획을 실행하려고 얼마나 열심히 노력하는지를 알아차려 줄 때, 당신은 이들에게 성공은 일을 제대로 해내는 것과 더불어 인내하며 노력하는 과정과 많은 연관이 있음을 전달할 수 있다. 완벽한 결과가 아니라 배우고 성장하는 과정이 진짜 중요하다는 점을 말이다. 축하는 이를 가능하게 돕는다.

이는 거짓으로 잘한다는 칭찬을 하거나 좋아하는 척을 하라는 뜻이 아니다. 13살 아들이 샤워 후 기적처럼 젖은 타월을 문고리에 걸어 놨을 때, 아들에게 트로피를 주라는 말이 아니다. 가볍게 "타월을 잘 걸어 놨구나"라고 말하는 것이면 충분하다. 17살 딸이 집에 오기로 한 시간에 왔을 때 케이크를 사 주라는 말이 아니다. "협조해 줘서 고맙다"라는 진심 어린 말이면 충분하다. 아이들에게 당신의 의견과 지지는 매우 중요하다. 당신이 자녀의 분투를 알아차려 줄 때, 아이들은 성장한다. 당신이 아이들의 편이고 아이들의 증인이다. 이것이 바로 축하의 의미이다. 당신의 ADHD 자녀가 반항하거나, 감사해 하거나, 무례하거나, 인정하거나, 거절하거나, 협조적으로 행동하는 것과는 별개로, 아동과 십 대는 자신들이 ADHD를 수용하고, 이 증상과 더불어 훌륭하게 사는 법을 배우는 데 부모의 역할이 얼마나 중요한지를 계속 강조한다.

> "제 가족이 저의 버팀목이라고 생각해요. 가족으로 인해 제 인생이 더 나아졌으니까요. 저에게 사랑을 주고, 음식도 주고, 저를 인내해 줘요. 정말 많이 참아 줘요."
>
> \- 8세 창

> "아빠는 제가 할 일을 기억나게 해 줘요. 예를 들면, 우리는 현장학습 후에 보고서를 써야 해요. 제가 너무 신난 상태로 학교에서 나왔거든요? 간식을 먹고, 보고서는 완전히 잊고 있었는데 아빠가 '숙제했니?'

라고 물어봤어요. 저는… '앗, 네'라고 했고요. 아빠가 그렇게 질문하는 게 싫지만 아빠는 제가 해야 할 일을 하도록 도와주죠."

- 9세 래일라

"엄마는 많은 걸 해 줘요. 제가 어디를 가야 하면 데려다주시고요. 제 숙제가 뭔지 기억하게 도와줘요. 제가 질문이 있는지 물어봐 주고, 엄마가 도와줄 수 있는지, 과외 선생님을 구해야 할지를 물어봐요. 오랫동안 엄마의 도움을 거절했는데, 그 이유는 제가 도움이 필요한 사람처럼 비치고 싶지 않았거든요. 하지만 이제는 엄마가 도와주는 게 편해졌어요."

- 16세 키미코

"제가 아직도 학교에 다니는 이유는 엄마라고 확신하는데, 엄마가 제 ADHD를 처음으로 알아봤기 때문이죠. 엄마는 제가 일에 잘 집중하고 있는지, 정리하고 있는지 확인하고, 심지어는 어떤 일을 하라고 천 번씩 알려줘요. 이런 게 정말 도움이 되는데 왜냐하면 제 뇌는 기억을 잘 못 하거든요. 물론 힘들 때도 있어요. 부모님이 제가 의도하지 않은 일 때문에 화가 많이 난다는 걸 알아요. 그렇지만 부모님은 엄청 기다려 줘요. 항상 '괜찮아. 네가 이렇게 했고, 이제 더 잘해 보자'라고 말해요."

- 17세 테일러

관심을 보이고, 지지하고, 해야 할 집안일, 숙제나 심부름을 상기시키고, 아이들의 이야기를 들어주는 이 모든 일은 ADHD 자녀가 잘 자라게 하기 위한 세심하고 가치 있는 양육 방식을 반영한다. 이는 진정한 축하의 특성이다. 당신이 ADHD 자녀가 달라지려고 보여 주는 노력에 주의를 기울일 때, 아이들은 부모가 자기를 지켜보고, 들어주고, 가치 있게 여긴다고 느낀다. 당신은 자녀가 달라져야 할 부분을 지적하는 대신에 반대로 해야 한다. 아이들이 무엇을 잘했는지 알려주는 것이다. 그렇다, 쉽지 않은 일이다. 특히 완벽주의와 성취에 가치를 두는 우리가 사는 이 사회를 살다 보면, 단점과 부족한 점에 초점을 맞추기 쉽다. 그럼에도 이것은 ADHD 자녀의 부모뿐 아니라 모든 부모가 이 세상에서 자녀가 스스로를 좋아하며 자신감을 가지고 크도록 하기 위해 꼭 해야만 하는 일이다. 5C 양육방법을 통하여 당신의 자녀도 자신의 강점을 알고, 직면한 문제를 만족스럽게 해결하고, 자신을 특별하게 만드는 독특함을 즐기는 마야처럼 바뀔 수 있다. 바로 이것이 당신이 자녀에게 바라는 것이 아니겠는가?

제2부

학교생활

제4장

학교라는 장애물을 넘어 보자

학교에 대해 이야기하고 있는 11살 초등학교 5학년 호세와 15살 고등학교 1학년 오스카를 만나 보자. 이 형제는 둘 다 ADHD 진단을 받았지만 타입은 다르다. 호세는 충동성/부주의의 복합성 타입이고, 오스카는 주로 부주의 타입이다.

오스카 저는 학교생활이 항상 힘든데 그중에서도 공부랑 사람들과의 상호 작용이 힘들어요. 그런데 독서는 안 힘들어요. 전 특히 판타지 소설 읽는 걸 좋아하거든요. 제가 ADHD를 진단받기 전이랑 약물을 복용하기 전에는 집중을 잘 못 했어요. 지금 고등학생이 돼서도 다른 애들과는 다르게 여러 생각이 정리가 안 돼요. 뭘 해야 할지 모른 채 여기저기 돌아다니는 것 같아요.

호세 저는 수학을 잘하는데 형보다 훨씬 잘해요. 근데 글쓰기는 못해요. 책도 너무 느리게 읽어서 저는 참을성을 더 길러야 해요. 저를 도와주는 읽기 전문 과외 선생님도 있어요. 학교생활 중 가장 좋은 건 제 친구들, 수학, 체육관이에요. 나머지는 다 최악이에요. 학교가 그렇게 재미있지 않거든요. 빨리 여름이 왔으면 좋겠어요.

오스카 저는 우리 가족 중 처음으로 진단을 받아서 ADHD가 정확히 뭔지 몰랐어요. 제게 뭔가 문제가 있다고 생각했거든요. 좀 외롭더라고요. 나중에 이게 저만의 문제는 아니고 그냥 다른 사람과 생활 방식이 다른 거라는 걸 깨달았어요.

호세 진짜 형이 외로웠어? 전 정말 몰랐어요. 저는 형의 ADHD와 제 증상이 달라 외로웠거든요. 전 7살 때 저한테 ADHD가 있다는 걸 알았어요. 전 생각이 떠돌아다니고, 최근에 봤던 영화 같은 걸 생각해요. 제가 다른 곳을 쳐다보기 때문에 선생님은 제가 선생님 말씀을 안 듣고 있다는 걸 알고요. 저는 자유선택 학습 시간에 교실에서 뛰어다니는 걸 좋아해요. 이런 행동이 심해지면 예전처럼 같은 학년을 다시 다녀야 해요. 다들 그냥 제가 실수한 거라고 말하지만, 전 이게 ADHD 때문이라는 걸 알고 있어요.

오스카 동생이 친구들이 그립다고 일주일간 서럽게 울었어요. 아빠는 동생이 쓸 수 있는 에너지가 한정되어 있다고 말씀하셨죠. 고등학교에 다니는 저에게 ADHD의 존재는 혼란스러웠어요. 저는 시도 쓰고 소설도 쓸 수 있지만, 분석은 못 하겠어요. 공부랑 학교, 제 친구들도 다 좋은데 그냥 다 잘하진 못해요. 제 글쓰기 과외 선생님이랑 약물치료가 도움이 되긴 하지만 사실 창피해요. 선생님이 물어보지 않으면 숙제 내는 걸 깜빡할 때도 있고요. 다른 애들보다 학교생활이 힘들어요. 그게 현실인걸요.

다른 ADHD 아동처럼 이 형제에게 학교는 복잡다단한 여정이다. 두 소년은 자신의 문제와 더불어 학업의 관심 영역과 자신의 재능을 이해하고 있다. 오스카는 독서와 대부분의 학습 과정을 좋아하지만, 쓰기와 집중이 힘들고 숙제를 제출해야 한다는 사실을 기억하지 못하여 어려움을 겪고 있다. 반면에 호세는 학교를 전반적으로 싫어하고 형과 유사하게 쓰기와 집중에 어려움을 겪고 있다. 이 형제는 여러 사람에게 도움을 받고 있고, 형은 수줍음이 많고 동생은 외향적으로 서로의 사회성이 다름을 인식하고 있다. 학생으로서 자신에 대한 이해와 부모, 교사, 개인 교사에게 받는 도움은 이 아이들이 자신감과 성공 경험을 갖고 학업 여정을 잘 헤쳐 나가는 데 일조한다.

오스카와 호세의 대화는 이들이 얼마나 용기 있는 아이들인지를 보여 준다. 형제가 아침에 일어나서 학교에 가고, 어려운 주제를 학습하며, 바르게 행동하고, 집에 돌아와서 가장 하기 싫은 숙제를 하기까지 얼마나 많은 힘과 용기가 필요한지를 보여 준다. 이 형제는 어떻게 해야 할 일을 하기 위해 매일같이 에너지와 회복탄력성을 끌어모을 수 있었을까? 다수의 어른들이 대개 직장에서 당연히 해야 할 일을 잘 감당하는 이유는, 일을 하지 않은 미래에 어떤 일이 일어날지 예측할 수 있기 때문이다. 또, 어른들은 자신이 버는 돈의 가치를 알고 있다. 어른의 뇌에 있는 성숙한 감독은 힘든 상황에서도 필요한 일을 할 때 얻는 이익을 자각하지만, 대부분의 ADHD 아동은 그럴 수 없다. 당장 어떤 일이 재미없다면, 그 일을 하지 않음으로 앞으로 분명히 나타날 결과가 있더라도 하려 하지 않는다. 그렇다면 오스카, 호세 형제와 다른 아이들은 어떻게 당장 재미있지 않은 일을 할 수 있는 걸까?

아이들과 학교에서 한 임상과 자문 경험은 나에게 아동, 십 대, 이들에게 관심이 있는 어른이 함께 견고하고 지지적인 네트워크를 형성하는 데 답이 있음을 보여 주었다. 이 네트워크는 자원과 긍정적인 해결 방법을 제공하며, ADHD 아동의 생각과 학생으로서 자신을 어떻게 생각하는지에 대한 의견을 존중하는 역할을 한다. 학교가 ADHD 아동에게 전형적으로 가장 어려운 환경 중 하나인 이유는 학교생활이 아이들의 집행기능 결핍으로 인해 가장 많은 영향을 받는 뇌의 영역을 필요로 하기 때문이다. 따라서 아이들을 위하여 ADHD 5C 양육방법을 실천하는 어른들로 꾸려진 운영팀이 필요하다.

네트워크 팀을 만들고 운영하는 법

당신은 인생에서 교육 시스템을 통해 여러 좋은 점과 나쁜 점, 비판과 격려, 성공과 실패를 겪었을 것이다. 당신이 자녀 교육이라는 미로로 들어갈 때, 특히 교사와 교장, 다른 학교 관계자들을 만날 때, 당신의 의식적, 무의식적인 기억도 함께할 것이다.[1] 이러한 보이지 않는 기억을 한가득 안고, 자신의 기억을 분리시키며, 자녀의 학교와 숙제에 대한 태도를 개선시키기 위해 최선을 다할 것이다. 그러나 자녀의 현재 상황에서 잘못된 점을 바로잡고자 하는 교정적인 개입과 학습 경험을 개선하기 위한 건설적인 참여 사이에서 균형을 유지하기란 어렵다.

나는 아이들을 돕는 균형 잡힌 접근 방법을 야구팀의 감독 역할에 비유한다. 나는 레드삭스 광팬이 많은 지역에 살고 있기 때문에 내가 만나는 아이들과 부모는 대부분 이 비유에 잘 공감한다. 프로야구에서는 각 팀에 1루, 타자, 투수 등의 특정 영역의 코치와 더불어서 감독이 있

연습 3	당신이 기억하는 학교

잠시 시간을 내서 당신이 받았던 교육과 당신에게 도움이 되었거나 방해가 되었던 사람들과의 관계에 대해 생각해 보자. 노트에 당신의 기억을 적어 보자.

- 당신에게 학교는 어떤 곳이었는가?
- 학교의 어떤 점이 좋았는가?
- 학교의 어떤 점이 힘들었는가?
- 누가 당신을 도와주었는가?
- 그 사람들은 당신을 어떻게 도와주었는가?

다. 감독은(우리 시나리오에서 꼭 중요한 건 아니지만 메이저리그 감독이라고 가정하자) 매일 팀을 운영하는 데 전체적인 책임을 지고 있다. 당신은 게임 중 감독이 벤치에 앉아 어느 선수가 경기를 뛸지, 언제 대타를 내보낼지, 심판의 판정에 대해 항의할지를 결정하는 모습을 본다. 각 영역의 코치들은 자신의 전문 분야에 관련된 문제를 다룬다. 감독과 코치들은 팀이 최상의 결과를 내도록 힘써 협력한다. 당신 역시 자녀가 태어난 순간부터 자녀의 이름으로 된 팀의 감독이 되어, 자녀의 행복과 생존을 위해 무엇이 최선인지를 고민해 왔다. 자녀가 어릴 때는 당신의 팀에서 소아과 의사, 대가족 구성원, 유치원 교사 같은 분들이 코치 역할을 한다. 이들은 당신에게 장염이나 배변 훈련, 읽어야 할 책에 관해 조언해 준다. 이 시기에는 당연히 어린 자녀의 의견은 제한적일 수밖에 없다. 그러나 이제 자녀가 자라나 학교에 갈 나이가 되거나, 더 성장하여 ADHD 진단을 받았다면 이는 생물학적, 행동적 어려움이 자녀가 학교에서 어떠한 방식으로 무엇을 배우는지에 영향을 끼치고 있다는 사실을 의미한

다. 여전히 팀의 감독은 당신이지만 팀의 역동성은 달라진다. 자녀가 유치원에 다니는 어린아이일지라도, 우리가 인생이라고도 말하는 야구 경기를 어떻게 끌어가야 할지에 관한 아이들의 경험과 의견이 쌓이면서, 그들의 생각이 팀을 '승리'로 이끄는 데 기여할 수 있다.

감독으로서 당신의 주요 역할은 필드 안에서나 밖에서 학교에 대해 구체적으로 질문하고 자녀에 대한 정보를 알아내는 일이다. 당신은 이러한 지식과 심리적, 교육적인 평가로 무장하여 자녀에게 필요한 학업 기술과 사회 기술을 얻게 하는 데 도움을 줄 수 있다. 이를 위해 대부분의 부모에게는 조력자가 필요하다. 당신은 각 분야의 '코치'에게 참여를 요청해야 하는데, 예를 들면 읽기, 수학, 글쓰기 전문가와 숙제를 전담하는 가정교사, 심리치료사, 전문 ADHD 코치, 방과 후 교사, 스포츠, 미술, 음악 활동을 위한 지도자는 자녀의 학습을 용이하게 돕는다. 더 구체적으로 학교에서는 생활 지도 상담교사가 필요한 자원을 낮은 비용이나 무료로 찾는 일에 조언해 줄 수 있으며, 교육 과정에 포함된 자원도 제공받을 수 있다. 내가 사는 곳에서는 봉사 활동 시간이 필요한 고등학교 우등생들이 ADHD 아동에게 무료 개인지도를 하며 많은 도움을 준다. 당신의 예산 한도와 장애인교육법[IDEA]의 권리에 따라 자녀의 필요를 어떻게 최대한 충족시킬지를 파악하는 게 당신의 사명이며, 솔직히 말하자면 당신은 이 사명을 끈질기게 감당해야 한다.

당신이 좋은 감독으로서 할 수 있는 가장 중요한 일은 ADHD 아동이 기능하기 제일 힘든 영역이 학교라는 환경임을 인식하는 것이다. 학교는 ADHD의 특성인 취약한 집행기능기술인 계획, 조직화, 인내, 충동조절기술을 필요로 하는 곳이다. 대부분의 아이들이 바라는 온전한 학업 성취가 ADHD 아동에게는 달성하기 힘든 목표일 수 있으며, 대체로 이들은 자신의 기량을 발휘하지 못한다.[2] 아이들이 별 지시 없이도 잘 해서 당신이 벤치에 앉아 경기를 볼 때도 있고, 적극적으로 개입해야 할 때도 있다. 자녀의 안전, 건강, 잘잘못을 따져야 할 경우에는 당연히 당신이 개입해야 한다. 부모와 교사가 협력하여 학업 기술을 개선하고자 할 때 아동이 학업에 성공할 확률이 높아진다는 연구 결과도 있다.[3] 8살 딸이 반복되는 학업 실패와 학교의 불충분한 지원으로 화를 내고 우울해한다면, 당신은 즉시 행동에 나서야 한다. 아들이 화장실 문을 잠그고 변기에 키친타월을 쑤셔 넣어 교장 선생님이 전화를 했을 때도 당신은 즉시 행동해야 한다.

일반적으로 자녀 교육에 관한 양육 목표는 자녀의 자율성과 역량을 쌓는 데 중점을 두어야 한다.[4] 12살 아들이 수학 숙제를 이해하지 못하고 당신도 그 문제가 이해되지 않는다면, 문제 푸는 법을 논쟁한다고 얻을 것은 없다. 당신이 한발 물러서 자녀가 교사에게 물어보도록 하라.

> 실수는 배움을 의미한다.

아들이 몇 번 실수하더라도 괜찮다. 실수는 배움을 의미한다. 교수이자 작가인 브레네 브라운Brené Brown은 패배의 이면이 용기라고 말한다. 당신의 역할은 ADHD 자녀가 작은 실패와 이에 수반되는 실망을 경험할 때, 이를 꽉 깨물고 용기를 북돋아 주는 것이다. 이로써 아이들은 넘어져도 다시 일어서는 인생의 중대한 기술을 배운다. 이것은 단순히 말이나 개입으로는 가르칠 수 없다. 돌이켜 보면, 당신도 아마 비슷하게 어려운 시기에 이러한 교훈을 얻었던 경험이 떠오를 것이다. 아이들은 이 같은 실패와 분투로부터 회복탄력성과 자신감을 얻는다.

팀이라는 비유가 실제 행동에 적용된 사례
: 호세, 오스카, 그들의 부모

호세와 그의 가족은 팀이라는 비유가 실제로 적용될 때 생기는 가치를 보여 준다. 아빠 디에고는 멕시코에서 태어나 자랐고, 아들 오스카가 ADHD 진단을 받은 후 얼마 되지 않아 그도 ADHD 진단을 받았다. 그는 자신이 아들과 똑같은 어려움을 겪고 있음을 인식하고 의사에게 검사를 받았다. 디에고는 두 아들이 학업 문제로 힘들어한다는 것을 이해할 수 있었다. 그도 학생이었을 때 배우는 건 좋아했지만 시간 안에 과제를 하지 못했고, 제때 제출하기 위해 기억하는 일이 힘들었다. 호세의 엄마 와니타는 뉴욕에서 태어났고, 우수한 학생이었으며, 그녀에게 학교는 흥미롭고 즐거운 곳이었다. 그녀에게는 주의집중의 문제가 없었지만, 그녀는 아들 둘과 남편을 지지해 주었다. 부부는 둘 다 고등학교 교사로, 학교생활을 잘하는 것을 미래의 성공 열쇠로 보았다. 이들은 호세가 자주 숙제를 잊어버리고 숙제를 제출해야 한다는 것을 기억하면서도 제출하지 않는 것을 염려했다. 지난 2년간 부부는 호세의 선생님들과 함께 아들이 매일 숙제를 적도록 지도했지만, 호세는 이를 지속적으로 하지 못했다. 호세는 다른 많은 ADHD 아동과 마찬가지로 칠판의 글자를 보고 이를 옮기는 과정에서 뭔가를 빼먹었다.

호세의 성적을 통해 그가 뒤처지고 있음을 염려한 부모는 감독으로서 공동의 역할을 수행하여 지역 대학 교육학과의 대학원생을 찾아 비용을 협상해 개인 교사로 고용하고, 호세가 학교에서 받은 읽기 자료를 보충하도록 하였다. 부모는 이들의 우려를 개인 교사에게 언급하였고, 교사는 창의적인 제안을 했다. 처음에 부모는 스마트 기기를 사용하는 교사의 방법에 회의적이었고, 아들이 자신들과 했던 대로 적는 방법을 유지하기를 바랐다. 하지만 이들은 지금까지 염려가 컸던 만큼 새로운 방법을 시도해 보기로 했다. 호세는 개인 교사의 방법을 나에게 이렇게 설명했다.

> 선생님은 저에게 아이패드 카메라로 숙제를 찍으라고 했어요. 처음에는 모든 사람들이 제가 숙제를 직접 적지 않는 게 저에게 나쁠 거라고 걱정했어요. 그런데 제가 더 잘하기 시작하니 계속 그렇게 하라고 했어요. 제가 중학교에 들어가니 숙제가 이미 다 온라인에 떠서 더 이상 그렇게 안 해도 되더라고요. 일이 훨씬 편해지긴 했지만 이제 제가 숙제를 못 했을 때, "사진 각도를 이상하게 찍었네"라는 변명을 못 하니까 그런 건 또 안 좋죠.

비유를 들어 말하자면, 호세의 개인 교사가 훌륭한 1루 코치가 되어준 것이다. 그녀는 호세가 힘들어하는 문제를 해결하기 위해 창의적으로 그가 좋아하는 기기를 사용하게 하였다. 그리고 부모는 '벤치에 앉아서' 어떤 일이 일어나는지 지켜보았다. 개인 교사의 전략은 성공적이었고, 호세가 학교에서 겪는 어려움이 개선되기 시작했다. 부모는 호세가 자신들이 과거에 사용해 온 방법인 노트에 직접 적기를 원했고 그렇게 하지 않으면 배울 수 없다고 걱정했지만, 그 방법에 소용이 없자 결국 개인 교사를 믿어보기로 한 것이다. 마치 좋은 감독이 1루 코치를 신뢰하는 것처럼 이들도 개인 교사에게 기회를 주었고, 이 전략은 효과적이었다.

물론 이런 일이 효과가 있을 때도, 없을 때도 있다. 만약에 효과가 없다면, 행동을 멈추고 마운드에서 회의를 해 새 전략을 세우거나 다른 개인 교사를 불러올 수도 있다. 이 경우에는 세부 상황 모두를 직접 관리하지 않으면서 경기를 관찰하고, 부모가 학생으로서 겪은 자신들의 경험과 호세에 대한 기준을 내려놓고, 개인 교사의 아이디어를 신뢰함으로써 자녀를 압도하지 않고 경기에 함께 참여할 수 있었다. 팀 구성원은 호세의 감독을 함께 북돋아 주었다. 당신의 자녀가 위험한 상황에 처한 경우가 아니라면, 당신도 이렇게 할 수 있다. 자녀를 관찰하고, 얘기를 들어주고, 무슨 일이 있었는지 평가하며, 당신이 만나는 각 영역의 코치와 능숙하고 배려할 줄 아는 전문가들과의 네트워크를 통해 자녀를 돕고 격려할 수 있다.

이 장에서 우리는 호세의 경우에서처럼 당신 자신의 교육 경험과 팀으로서의 접근 방법이 자녀 양육에 어떠한 영향을 미치는지를 살펴보았다. 이제 ADHD 아동이 학교에 대해 무슨 말을 하는지를 들어 보고, 어떻게 5C 양육방법으로 가족이 자주 만나는 공통의 장애물인 숙제와 학습의 어려움을 도울 수 있는지 알아보겠다.

제5장

흥분하지 않기

자기절제의 실천과 교육

심호흡은 당신이 자녀와 관련된 어떤 문제를 다루든 항상 시도할 수 있는 가장 좋은 첫 번째 방법이다. 현재 염려하는 학교와 관련된 문제는 중대한 사항일 것이다. 실제 내 딸이 나에게 교사나 코치의 부당함을 호소할 때, 나는 47쪽에서 소개한 호흡법 중 하나를 사용한다. 당신이 좀 진정되었을 때, 시간을 갖고 현재 직면한 문제를 생각해 보라. 목표는 자녀가 여러 다양한 교과목에 대한 기술과 지식을 습득할 뿐 아니라 호기심, 자신감, 자율성을 증진시키는 일생의 학습 기초를 쌓는 데 있음을 기억하라. 당신 자신의 과거 교육 경험과 자녀의 현재 상황에 유사점이 있는지 그리고 차이점이 있는지도 생각해 보라. 당신이 지금 이렇게 괜찮게 자랐음을 알아차리고, 당신의 자녀도 잘 자랄 것이라고 안심하라. 당신이 안심할 수 있는 이유는 아이들 편에서 이들을 돌봐 주고 헌신하는 어른인 바로 당신이 있기 때문이다.

당신이 혼란에 휩싸여 있을 때는 균형 있는 관점을 갖기 어렵다. 자녀가 학교를 좋아하든 아니든, 자녀는 여전히 매일 등교하여 공부하는

데 시간과 에너지를 써야 한다. 학교를 좋아하지 않는 아이들의 이러한 태도는 수년간 바뀌지 않을 수 있다. 그러면 어떻게 해야 할까? 당신은 자녀가 학습하고, 성장하고, 학업을 즐기기를 바라지만, 사실 많은 사람들은 비학업적 기술에 의지해 인생에서 성공하는 경우가 많다. 사람들은 이십 대 또는 더 나이가 들어서야 자아를 발견하고 직업을 찾는다. 이 경로가 가장 일반적이라고 할 수는 없더라도, 다수의 사람이 이 방법으로 성과를 낸다. 당신도 이 경우에 해당할 수 있다. ADHD 아동이 학교를 마치기까지는 보통 더 많은 시간이 걸리며, 고등학교 졸업 후 자원봉사, 일이나 여행으로 휴식을 얻는 것이 도움이 된다.

심한 ADHD로 고등학교를 겨우 졸업한 유팅은 아주 영리하고 예술적 감각이 있는 젊은 여성으로 대학 진학에는 관심이 없었다. 그녀는 고등학교 졸업 후 상점의 점원으로, 웨이트리스로 3년간 일하며 지역의 예술가가 일할 수 있는 곳에서 예술과 봉사 활동을 했다. 현재 유팅은 21살이고, 갤러리 어시스턴트로 일하며, 웨이트리스 일을 병행해 수입을 보충하고 있다. 그녀는 행복하다. 건강보험에 가입해 있고, 아파트도 있고, 친구들도 있다. 심지어 매달 저축도 한다.

26살 에이드리안은 6년간 학교를 세 번 옮긴 후에 드디어 자랑스럽게도 졸업하였다. 그는 예전에 몇몇 과목에서 낙제했고, 마리화나를 너무 많이 피워 학교를 세 번씩이나 그만두고 우울한 상태로 나를 찾아왔다. 부모님은 아들을 극도로 걱정했다. 에이드리안은 타겟Target에서 일하기 시작했고, 마리화나를 줄이고, ADHD 뇌에 대해 알아보기 시작했다. 그는 자신이 학교에 오직 파트타임으로만 다닐 수 있음을 깨달았다. 그렇게 하지 않으면 너무 혼란스럽고 압도되고 불안했다. 나는 그의 부모와 만나 팀이라는 비유를 사용해 그들이 어떤 유형의 감독이 되고 싶은지에 대해 논의했다. 부모님은 아들을 지지하기로 선택하고, 아들의 역량이 부족할 때도 정서적으로 지지하며 자신감을 심어 주었다. 또한 자기절제를 통해 남들과 다른 아들을 판단하지 않고, 그가 잘하는 것에 집중했다. 아들이 얼마간 보잘것없는 일을 하는 듯 보여도 이를 받아들이고 그의 교육 과정이 생각보다 길어질 수 있음을 수용했다. 부모의 지원과 에이드리안의 개인적인 깨달음은 그가 졸업장을 받고 미래에 성공하는 비결이 되었다. 현재 그는 저소득층 청소년을 위한 방과 후 프로그램을 운영하며, 다른 이들을 돕고자 교육학과 대학원 프로그램에 파트타임으로 지원하였다. 이제 에이드리안의 부모는 아들에 대한 자랑스러움과 안도감으로 얼굴에 기쁨이 가득하다.

숙제 괴물 길들이는 법
— 가정에서 자기절제를 사용하여 학업 문제 다루기

많은 가정에서 부모는 자녀의 ADHD 여부와 상관없이 숙제 감독에 어려움을 겪는다. 만약 부모가 숙제에 대해 불평할 때마다 내가 1달러씩 받는다면, 나는 오늘 은퇴할 수 있을 것이다. 숙제를 마치고 제출하는 일은 자녀의 몫이지만, 숙제로 인한 번거로운 상황을 해결하는 일은 부모에게서 시작된다. 9살 데이비스가 부르듯 '숙제 괴물'에 맞닥뜨리면 나타나는 회피, 공격, 갈등, 눈물, 저항 때문에 모두 분노하고 좌절한다. 많은 부모가 숙제에 대한 고민을 털어놓는다. 10살 클로이의 엄마 레이첼은 숙제가 불필요하다고 생각한다고 말한다. "저는 클로이의 5학년 주말 숙제를 거부하고 싶어요. 제 말은 우리가 핼러윈 때 꼭 숙제를 해야만 하냐는 거예요. 제가 집에 왔을 때, 딸이 숙제 때문에 어찌할 바를 모르고 있었어요." 12살 카일의 아빠 폴은 아들이 컴퓨터 게임 대신에 숙제를 하도록 동기 부여하는 방법을 모른다. "저는 컴퓨터를 부엌 테이블로 옮겨서 아들의 숙제를 감독하려 했습니다. 그런데 아들이 도타Dota 게임을 하고는 거짓말을 하더군요. 그 앨 믿고 싶지만, 선생님들은 저에게 매일같이 아들이 숙제를 제출하지 않았다고 이메일을 보냅니다. 제가 뭘 어떻게 해야 되나요?" 자녀를 잘 키우려는 많은 부모와 마찬가지로, 폴은 진절머리가 나고 걱정이 되어 어떻게 해야 할지 몰랐다. 존은 10살 아들 션이 숙제 때문에 성질을 내며 물건을 바닥에 던질 때 이성을 잃고 말았다. "션은 저와 수학 연산을 연습할 때 10분 안에 '그만 좀 하라고요! 진짜 짜증 나!'라고 소리를 안 지르고는 못 배깁니다. 한 번은 저에게 의자를 던졌어요. 정말 아프더라고요. 우리는 이러한 문제를 해결해 보려고 노력했지만 소용이 없었습니다. 저도 대부분 소리를 심하게 지릅니다." 이들은 길을 잃고, 좌절하고, 희망이 없다고 느낀다. 이들은 자녀를 돕고 싶어 하지만 어떻게 도와야 할지 알지 못한다.

> 숙제로 인한
> 번거로운 상황을 해결하는 일은
> 부모에게서 시작된다.

이러한 좌절과 패배의 반복과 씨름하기 전에 우리의 일상을 둘러싼 전자기기에 대해 이야기해 보자. 핸드폰, 페이스북, 그 외의 소셜 미디어는 공부 시간에 도움이 되지 않는다. 물론 아이들은 숙제에 대한 질문이 생겨 또래에게 연락을 해야 할 수도 있다. 이는 중요한 협동 기술을 양성하게 하며, 그런 상황은 문제가 되지 않는다. 문제는 효율적인 학습에 해가 되는 멀티태스킹에 대한 잘못된 믿음이다. 핸드폰이나 컴퓨터의 모든 알림음은 이미 취약한 자녀의 집중력을 지금 하는 일에서 분산시켜 학습의 생산성을 떨어뜨린다. '멀티태스킹'이란 현재 기억 체계를 점유하는 한 가지가 또 다른 것으로 전환되는 것을 의미한다. 이 같은 일반적인 방해로부터 다시 하던 일에 온전히 집중하려면 10~15분이 소요된다.[1] 이러한 이유로 당신은 자녀를 방해하는 요소를 제거해 자녀가 멀티태스킹의 유혹을 피하도록 도와야 한다. 공부하는 시간에는 핸드폰과 소셜 미디어에 접근을 제한하고, 컴퓨터는 당신이 볼 수 있는 장소에 놓으라. 아마도 십 대 자녀는 이를 거부할 것이다. 그렇다면 자녀에게 뇌가 어떻게 기능하며, 당신이 이렇게 하는 이유가 무엇인지를 설명해 주라. 실제 감독은 필드에 있는 선수들에게 핸드폰을 허용하지 않음을 기억해야 한다. 당신도 그래야 하지 않을까?

보통 자녀가 초등학교에 다닐 때는 부모가 교사들과 많이 연락한다. 중학교나 고등학교에 진학하면 더 많아진 교사들과 바뀌는 교과목 탓에 교사와 연락이 뜸해진다. ADHD 십 대들에게 숙제 문제가 더 복잡해지는 이유는 늘어난 숙제의 양뿐 아니라 부모가 숙제에 대해 알지 못하거나 이해하지 못하기 때문이다. 여기에 덧붙여 십 대들은 모니터링하기가 더 어렵고, 이 시기의 반발은 청소년과 어른의 관계에서 흔히 일어나는 역동으로 자연스러운 부분이다. 16살 엘라의 엄마 안드레아는 설명한다.

> 엘라는 학교에서 집에 오자마자 뭘 먹고 전화를 합니다. 딸이 제일 싫어하는 건 앉아서 숙제하는 거예요. 저는 딸이 좀 쉬게 내버려 두고 난 후 공부하라고 넌지시 얘기합니다. 딸은 천천히 책을 꺼낸 후 음료수를 마십니다. 그리고 숙제를 시작한 후 문자가 오면 문자에 답을 합니다. 제가 딸에게 다시 숙제하라고 말하면 딸이 "그만 상관하라고!"라고 소리를 지릅니다. 엘라는 다음 문자가 올 때까지 숙제를 합니다. 그러다가 숙제를 어떻게 하는지 페이스북에 들어가 물어보거나 다시 뭘 먹으러 일어납니다. 이렇게 두세 시간이 지나갑니다. 정말 견디기 힘들죠. 엘라가 해 놓은 게 아무것도 없어 결국 싸우게 됩니다.

엘라와 같은 청소년이 자신에게 꼭 필요한 도움을 거절하며 부모를 짜증나는 방해꾼으로 여길 때, 어른은 무엇을 해야 할지, 어디쯤에서 선을 그어야 할지 알기 어렵다. 4학년 아이가 독서 감상문을 쓰는 문제로 정신이 나가거나, 십 대 자녀가 역사 시험 준비를 위해 필요한 미국 독립 혁명에 대한 공부를 회피한다면, 당신이 해야 할 첫 번째 임무는 차분해지도록 요가 호흡법을 한 후 지금 당장 무엇이 가장 중요한지 스스로에게 물어보는 것이다. 이 답에는 당신이 어떻게 자녀와 긍정적으로 연결되며, 화를 다스려야 할지가 포함되어야 한다. 당신이 다뤄야 하는 문제가 무엇이든 이 해결 방안과 계획은 마음을 다스린 이후에 나올 수 있다.

오후에 학교에서 마지막 종이 울리고 학교가 끝나면, 대부분의 ADHD 아동들은 바깥에서 놀거나, 스포츠 활동을 하고, 방과 후 프로그램에 참여하거나, 음악을 듣고, 친구들과 어울리는 등 휴식을 요한다. 아이들의 뇌는 공부와는 다른 활동을 요한다. 당신의 과제는 당신이 할 수 있는 방식으로 이 휴식을 지지하는 것이다. 숙제 괴물을 성공적으로 물리치기 위한 열쇠는 자녀에게 휴식 시간은 제한되어 있으며, 휴식의 끝에 숙제가 있음을 알려주는 것이다. 마치 감독이 팀의 선수들이 언제 물을 마셔야 하는지 알고 5분간 휴식을 주고, 휴식이 끝나면 다시 필드로 부르는 것과 마찬가지로, 당신도 아동과 십 대 자녀가 학습 활동을 하지 않는 시간을 정해 놓고 아이들의 뇌가 휴식을 갖게 할 수 있다. 학습 활동을 하지 않는 '휴식 시간'은 아이들을 진정시키며 이후에 공부를 하도록 돕는 시간이다. 당신은 자녀에게 휴식의 한도를 알려주어 이를 쉽게 공부 시간으로 전환할 수 있다. 자녀가 장시간 지속되는 자극제를 복용한다면, 보통 오후 5시면 약효가 점점 사라진다. 그런데 5시는 많은 아이들이 숙제를 시작하는 시간이다. 이때 부모가 ADHD 자녀에게 어떻게 필요한 휴식 시간을 줄지에 대한 문제는 더욱 복잡해진다.

8살 알렉시스의 아빠 리차드도 이 퍼즐을 어떻게 정확히 맞춰야 할지 몰라 혼란스러워했다.

> 알렉시스가 3학년이 되면서 숙제에 대한 저항이 더 심해졌습니다. 스쿨버스에서 내렸을 때 딸은 집중할 수 있는 상태지만, 그 시간에 공부하는 걸 제일 싫어합니다. 저녁 식사 후에는 약의 효과가 전혀 남지 않아 딸은 정신적으로 완전히 무너집니다. 저는 이성을 잃을까 봐 그 자리를 피하지만, 이 모든 상황이 허탈하고 우울합니다.

특히 리차드가 더 슬픈 이유는 그에게도 학교가 불편한 곳이었는데, 딸이 자신과 비슷한 길을 걷는 것을 보기가 너무 힘들어서이다. 그는 뭘 해도 소용이 없다고 느꼈다. 나는 그에게 새로운 방법을 시도할 의향이 있는지 물었다. 처음에 그는 확신이 없었지만, 결국 절망감을 제쳐 두고 "네, 한번 해 보죠"라고 답했다.

우리는 우선 알렉시스의 소아과 의사와 약을 복용하는 시간을 늦출 수 있는지를 상의하였다. 알렉시스가 아침 식사 전 6시 45분이 아닌 식사 후 7시 30분에 약을 복용하고, 그 후 11시 30분이 아닌 점심 식사 후 12시 30분에 복용하는 방법이었다. 이렇게 하면 리차드가 "약물주스"라 부르는 약의 효과가 딸의 뇌에 남아 방과 후 휴식을 취하고도 숙제를 할 수 있을 것이라고 생각했는데, 그 이유는 단시간 효과를 내는 리탈린이 네 시간 정도 지속되기 때문이다. 알렉시스에게 수면 문제는 거의 없었기 때문에 이 방법이 시도해 볼 만하다고 생각했다. (이 방법은 당신의 자녀에게는 해결책이 아닐 수도 있고, 당신이 생각하는 약물의 효용성과도 다를 수 있다. 그렇더라도 괜찮다. 다음 장에서 서술할 구조화된 계획을 실행하는 것만으로도 상당히 유용할 수 있다.)

우리는 알렉시스와 숙제를 어떻게 할지에 대한 계획도 세웠다. 보통 그녀는 제일 쉬운 숙제를 먼저 하고, 가장 피곤하고 약의 효과가 뇌에 거의 남아 있지 않을 때 어려운 숙제와 씨름했다. 이 순서를 바꿔 보면 어떨지 물었는데, 알렉시스는 이 아이디어를 마음에 들어 했다. "읽기와 스펠링 숙제가 있다면 제가 스펠링 숙제를 먼저 해서 읽기에 더 많은 시간을 쓸 수 있어요. 싫어하는 숙제를 먼저 하고 끝내 버리는 거죠." 또한 알렉시스는 자신도 아빠에게 소리를 지르기가 싫다고 말했다. 그녀는 방과 후 숙제를 하기 전에 타이머를 맞춰 놓고 휴식 시간을 갖는다면 아빠에게 심하게 화낼 필요가 없을 거라는 데 동의했다. "타이머는 숫자가 점점 내려가며 표시되는 종류여야 해요. 그래야 제 자유 시간이 얼마나 남았는지 볼 수 있거든요." 리차드는 집에 가는 길에 딸이 말한 타이머를 구입하기로 했다.

만약에 알렉시스가 숙제 시간에 아빠에게 목소리를 높인다면, 아빠는 같이 소리를 지르는 대신 자기절제를 시도해 보고, 바로 호흡법을 실행하기로 했다. 그다음 아빠가 딸을 도와줘야 하는지, 짧은 휴식이 필요한지, 안아 줘야 하는지를 물어보기로 했다. 알렉시스는 이러한 방안을 마음에 들어 했는데, 왜냐하면 혼자 공부하는 게 너무 싫었고, 어떻게 해야 할지 모를 때 화만 내지 않고 무언가를 시도할 수 있기 때문이었다. 리차드는 자신의 좌절을 잘 해결함으로써 처음에 가졌던 의구심을 넘어 딸의 불만족스러운 숙제 문제에 대한 일상의 대안을 마련할 수 있었다.

부모가 리차드의 사례를 따라서 자신을 먼저 진정시킨 다음 자녀의 문제를 효과적으로 다루는 것은, 마치 비행기에서 산소마스크를 쓰기 위해 승무원의 지시를 잘 따르는 것과 같다. 당신이 먼저 마스크를 쓰고, 그다음 자녀에게 마스크를 씌워 주는 것이다. 이러한 자기절제를 통해 당신은 자녀의 숙제 괴물을 길들이기 위한 시각과 생각의 명료함을 얻을 수 있다.

제6장

학교에 다니는 아이들의 심정으로

긍휼을 쌓는 세 가지 단계

1단계: 아이들의 말을 들어 보기
(학교에 대한 심정: 좋음, 나쁨, 무관심)

연령, ADHD 타입, 학업 기술의 차이와는 상관없이, ADHD 아동들이 나에게 말해 준 학교생활 이야기에는 정직, 적응, 강점, 문제 해결을 위한 힘겨운 싸움, 좌절, 수치, 인내, 승리라는 공통된 맥락이 있다.

"저는 학교가 좋아요. 독서와 쉬는 시간, 점심시간이 좋고요. 학교의 쉬는 시간처럼 제 뇌에도 쉬어 가는 시간이 필요해요. 쉬는 시간이 더 많았으면 좋겠어요. 2학년이 되니 더 오래 앉아 있어야 하고, 하루 종일 두 번만 카펫에 앉아 쉴 수 있어요. 저는 자신을 절제해야 하는데 배에서 바로 에너지가 빠져나가요. 에너지가 남아 있지 않죠. 그래서 집에서는 늘어져 있는 시간이 필요해요."

\- 8세 테럴

"저는 항상 학교가 신나요. 학교가 너무 좋고 하는 일도 많고요. 점심 시간에 약속이 세 개나 될 때도 있어요. 올해까지 미적분도 다 A를 받았어요. 그래서 아빠는 제게 ADHD가 없길 바라죠. 아빠한테 저는 똑똑하고, 체계적이고, 완벽한 딸이에요. ADHD는 아빠나 제가 생각하는 저의 이미지와 맞지 않아요. 하지만 저는 뭘 자꾸 까먹어서 이번 주에 엄마가 학교에 세 번이나 왔어요."

- 17세 케일라

"어릴 때 저는 선생님 말씀이나 프로젝트를 마치는 데 집중하기가 정말 힘들었어요. 선생님이 '다섯 문단으로 된 글을 쓰라'고 하면 어쩔 줄 몰라 했어요. 생각하는 자체가 힘들었고요. 다른 애들이 얘기할 동안 저는 창밖을 봤어요. 에더럴Adderall을 복용하는데도 여전히 힘들더라고요. 저 자신이 성공하기를 바라지만 마치 끊임없이 수면 위로 목을 내놓고 있는 상태 같아요. 저는 한자리에 앉아서 숙제를 끝낼 수 없어요. 자리를 다섯 번 옮겨도 못 끝내요."

- 13세 알렉스

"저는 1, 2학년 때부터 저를 다른 아이들하고 비교하기 시작했는데 제가 꼴찌더라고요. 다른 아이들이 하는 걸 저는 할 수 없었어요. 제가 시간표를 기억하지 못하고, 시계 읽는 걸 힘들어했던 기억이 나요. 아직도 헷갈리는걸요. 디지털이 도와주니 얼마나 다행인지 몰라요. 저는 지난여름 암벽 등반과 배낭여행을 하기 전까지는 하고 싶은 게 없었어요. 그런데 이 활동으로 학교에 대한 생각이 완전히 달라졌어요. 이제 제 진로를 야외 활동 분야로 정했고, 얼마나 신나는지 몰라요."

- 16세 엘라

아이들의 진심이 담긴 고백은 아동, 십 대 자녀를 향한 긍휼의 마음을

연습 4	학교생활에 대한 고찰

- 자녀가 좋아하는 학업 영역과 싫어하는 학업 영역은 무엇이며 그 이유는 무엇인가?
- 비학업 영역에서의 자녀의 관심사와 능력은 무엇인가? 자녀가 정말 좋아하는 활동은 무엇인가?
- 이러한 비학업 영역에서의 역량이 학교에서나 학업 영역에서도 드러나는가? (예를 들어 자녀가 만들기를 좋아한다면 교실에서 책을 모아 정리하여 꽂아 놓을 수 있는가? 또는 사회 시간의 프로젝트를 위해 입체 모형을 만들 수 있는가?)
- 자녀가 특정한 유형의 정보를 다른 방식으로 이해하는 것을 당신이나 교사 또는 자녀 스스로 인식한 적이 있는가? 수학의 개념은 빠르게 이해하지만 사칙 연산은 느린가? 퍼즐은 빨리 맞추지만 읽기는 뒤처지는가?

갖게 하며, 팀의 감독인 당신이 자녀가 하는 매일의 경험을 통찰하게 한다. 단순한 좋고 싫음을 넘어 정보를 얻고 가족 간 대화를 시작하도록 힘써 노력하라. 예를 들어 아들이 철자 맞추는 걸 잘하는데도 별로 관심을 보이지 않는다면 너무 쉬워서 그럴 수 있다. 부모가 이 사실을 아는 게 중요하다. 자녀를 위해 지속적이고 지지적인 네트워크를 만들기 위해서는 자녀들의 학교에서의 일상을 이해하는 것부터 시작해야 한다. 위의 연습에 당신이 먼저 답한 후 아동, 십 대 자녀에게 질문해 보라.

2단계: 진솔한 대화가 가져오는 변화

여기에서는 당신의 가정에서도 시도할 수 있는 대화의 한 방법을 소개하겠다. 이 대화는 내 상담실에서 이뤄졌지만, 당신도 5C 양육방법을 사용하면 가정에서 이렇게 대화할 수 있으며, 이 장을 다 읽고 나면 대화 방법을 익힐 수 있다.

진한 아이라이너에 공격적인 태도를 가진 고등학교 1학년 혼혈인 에즈미Esme는 그녀의 학교 측의 의뢰로 나와 만나게 되었다. 그녀는 또래와 많은 '사건'에 연루되었고, 수업에 자주 빠졌고, 교사들과 논쟁하며 '무례하게' 행동했다. 또한 방과 후와 주말에 거의 매일 그녀가 그냥 "파이프"일 뿐이라고 말하는 마리화나를 피웠다. 그녀는 이렇게 말한다.

> 저는 "일부러 분쟁을 일으킨다"라는 이유로 그게 무슨 뜻이든 간에 두 번 정학을 당했고, 학교 수업이 끝나고 남은 적도 많아요. 그런데 그런 일엔 신경 안 써요. 마지막 사건은 제가 티파니의 전 남자 친구랑 얘기했다고 티파니가 심한 욕을 해서 제가 점심시간에 걔를 쫓아가서 머리를 잡아당긴 일이에요. 아니, 둘이 지금은 사귀지도 않거든요! 학교는 진짜 짜증 나요. 지난 학기에 생물 과목에서 낙제했고, 다른 과목은 다 D를 받았어요.

에즈미와 그녀의 부모는 거의 매일 싸우기 때문에 실제로 학교에서 일어나는 일로 대화하는 것은 불가능했다. 아빠 르우벤은 말했다. "딸은 제 성질을 닮았어요. 걔가 화가 나면 태도가 정말 불량해요." 엄마 대니엘은 에즈미를 많이 걱정했고, 딸이 학교에서 왜 이렇게 많은 문제를 일으키는지 이해하지 못했다. "제가 딸과 얘기하려고 하면 학교가 너무 싫다며 울 때가 많아요. 그래서 정보를 많이 얻을 수 없어요." 르우벤과 대니엘은 딸이 "올바른 선택을 하고, 화를 덜 내고, 학교에서 많은 문제를 일으키지 않기"를 바란다고 말했다. 에즈미는 학교에서 정학을 당하는 게 싫고, 부모님이 자기에게 간섭을 안 했으면 좋겠다고 말했다.

내 상담실에서 에즈미와 부모님은 처음으로 에즈미의 학업 문제와 과거 자신들의 학업 문제를 의논했다. 르우벤과 대니엘은 고등학교는 졸업했지만, 학교를 그렇게 좋아하지는 않았다. 이 둘은 미국에서 태어났지만, 르우벤의 부모는 푸에르토리코에서 태어났다. 이들은 가정에서 영어와 스페인어를 함께 사용했다. 르우벤은 배관공이고, 대니엘은 간호조무사로 일하고 있었다. 르우벤은 자신이 난독증이 있고, 독서보다는 TV 보는 걸 선호한다고 이야기했다. 대니엘은 이렇게 고백했다. “제 수학 점수는 정말 엉망이었고, 삼각함수는 간신히 통과했어요.” 에즈미는 학교를 싫어했던 부모가 그녀에게 불공평한 기준을 부여한다고 생각했다. 그녀는 아무런 학업적 도움 없이 부모가 그녀에게 좋은 성적을 기대한다는 사실을 분하게 여겼다. 나는 이들이 잘 얘기하도록 인도해 르우벤과 대니엘이 딸의 의견에 대해 생각해 보게 했다. 부모는 딸이 학업적인 면에서 그들보다 더 뛰어나기를 바랐으며, 그녀를 도와줄 수 없어 얼마나 괴로운지 이야기하였다. 이들은 딸의 관심사와 딸이 생각하는 스스로의 강점과 약점이 무엇인지, 부모에게 어떤 형태의 도움을 원하는지에 대해 물어보고 그녀의 반응을 경청했다.

에즈미는 4학년 때부터 학업에 어려움을 겪기 시작했다. 학교에서 검사를 실시했지만 어떤 도움도 받지 못했다. 중학교 때 에즈미의 성적은 D와 F로 떨어졌고, 품행에도 많은 문제가 생겼다. 에즈미가 사람들에게 “글을 읽는 게 힘들다”라고 얘기했지만 아무도 검사를 권하지 않았다. 엄마는 에즈미에게 혹시 학습장애가 있는 건 아닌지 알고 싶었지만, 이에 대한 평가도 받을 수 없었다. “어떤 분에게 전화해 보라고 해서 전화를 해봤지만, 그분이 저를 또 다른 분에게 보냈어요. 그런데 그분도 아는 게 없어서 그냥 포기했죠." 대니엘과 르우벤은 학교 시스템에 대한 불만과 이들이 더 끈기 있게 노력하지 않은 것에 대한 후회를 공유했다. 또한 어떻게 에즈미와 싸우게 되는지, 딸이 어떻게 마약에 취하게 되었는지도 이야기했다. 이들은 딸이 그들을 밀어낸다고 느꼈다. 에즈미는 함께 있으면 자신이 실망스러운 존재라는 느낌이 들지 않는 친구들과 더 어울리게 되었다고 고백했다.

이들을 위한 첫 번째 단계로 에즈미와 부모, 나는 에즈미의 학습장애 여부를 알기 위한 검사를 실시하는 데 합의했다. 실제 그녀의 인지기능을 평가하려면 에즈미가 방과 후 마리화나를 피우지 말아야 했다. 우리는 그녀가 마약을 줄일 수 있는지 터놓고 묻고, 검사를 통해 그녀의 뇌에서 무슨 일이 일어나는지에 대한 유용한 기초선을 파악할 수 있다고 얘기해 주었다. 그녀는 마지못해 이에 동의하였고, 나중에 나와 따로 만나 어떻게 마약을 줄일 수 있을지를 모색했다. 대니엘과 르우벤은 고등학교에서 실행하는 학습장애 검사가 가장 좋은 방법이라 생각해 이 과정을 위한 학교의 안내를 받고 싶어 했다. 에즈미와 나는 검사 결과를 받기까지 당장 무엇을 할 수 있을지를 얘기해 보았다. 우리는 먼저 그녀가 좋아하는 수학과 생물 과목에서 변화를 시도해 보기로 합의했는데, 여기서 '시도'란 매일 수업에 가고, 일주일에 한 번 방과 후에 도움을 받는 것을 의미하였다. 또한 선생님과 얘기를 나누고, 성적을 올리기 위해 노력하고 있음을 알리며, 선생님에게 이에 대한 조언을 구하기로 했다.

3개월 후 에즈미는 마리화나를 주말에만 흡연하는 것으로 현저히 줄였고, 검사를 완료했다. 검사 결과 에즈미에게는 ADHD와 난독증이 있는 것으로 나타났다. 사실상 그녀의 읽기 능력은 5학년 수준이었다. 그녀는 바로 특수교육인 개별화교육프로그램[IEP]에 배정되었고, 학습

지원반에 등록했으며, 읽기 교육을 받기 시작했다. 그러나 에즈미는 여전히 학교가 불만족스러웠다.

> 선생님이 추천해 준 이런 쓸데없는 검사를 해서 제게 ADHD와 난독증이 있다는 걸 알았어요. 난독증은 책을 못 읽는다는 뜻인데, 샤론 박사님, 솔직히 제가 왜 노력해야 하는데요? 전 절대 따라갈 수 없어요. 제가 16살이 되면, 학교를 그만두고 검정고시를 볼 거예요. 선생님이나 엄마 말고는 저에게 아무도 신경을 쓰지 않아요.

내가 그녀에게 학교를 그만두는 것이 진정으로 원하는 일인지를 물었을 때 그녀는 침묵하더니 눈물을 글썽였다. "아니요. 루저들만 학교를 중퇴하잖아요. 저는 다른 애들처럼 고등학교를 졸업하고 싶어요. 그런데 정말 어떻게 해야 할지 모르겠어요." 에즈미와 나는 학습지원반과 "시도"해 보기로 했던 교과목에 대해 이야기해 보고, 생활지도 상담 선생님에게 그녀와 선생님들과의 갈등에 대한 조언을 구하는 것이 좋은 출발점이 되겠다고 생각했다. 에즈미는 대부분의 계획을 지키려고 노력했다. 그녀는 엄마 대니엘이 학습전략교사와 매주 이메일로 연락할 수 있게 함으로써 그녀가 엄마에게 진도 상황을 알리지 않아도 엄마가 이를 알게 했다. 이로 인해 에즈미가 집에서 느끼는 압박과 가족 간의 논쟁이 줄어들었다.

이 세션 후 3개월이 지나 에즈미는 나에게 자랑스럽게 진도 보고서를 보여 주었다. 학습전략에서 A를, 수학과 생물, 영어 과목에서는 C를 받았다. 르우벤과 대니엘은 매우 기뻐하며 이들이 느끼는 행복감과 안도감을 에즈미와 공유했다. 부모와 딸 사이의 다툼은 어느 정도 줄었고, 르우벤은 딸이 학교에서 성실한 또래와 어울리게 되어 만족했다. 그녀는 이제 마리화나를 완전히 끊었으며, 나에게 "마리화나는 제가 발전하는 데 아무런 도움이 안 돼요"라고 말했다. 학교가 그녀에게 아직도 많은 부담이 되고, 방과 후에 한 번은 수업에 늦어서, 또 한 번은 복도에서 전 남자 친구의 새로운 여자 친구에게 소리를 질러서 남은 적도 몇 번 있지만, 정학은 당하지 않았다. 에즈미도 부모님도 이제 그녀가 올바른 길로 가고 있다고 생각했다. 에즈미는 기뻐하며 나에게 이렇게 말했다. "저는 더 이상 학교를 그만두지 않아도 돼요. 다른 애들처럼 3년의 과정을 밟을 거예요." 에즈미는 정말 인정하기 싫어했지만, 부모님의 기대처럼 자신에게도 더 잘하고 싶은 마음이 있었다. 뭘 더 잘하고 싶은지는 몰랐지만 그게 학교를 그만두는 건 절대 아니었다. 결국 에즈미는 친구들과 함께 고등학교를 졸업했고, 현재는 옷가게 매니저로 일하고 있다.

학교에 대해 진솔하게 대화하기 위한 팁

1. 함께 앉아 학교에 대해 이야기할 수 있도록 모두가 참여할 수 있는 시간과 장소를 정한다.
2. 먼저 호기심으로 대화를 시작한다. 아동이나 십 대에게 학교생활에 대한 생각을 물어본다. 잘하는 것은 무엇인지, 힘든 점은 무엇인지 물어본다. 중립을 지키고 진심으로 관심을 보여 자녀의 방어적인 태도를 줄인다.
3. "네가 ~라고 말했는데 이게 맞니?"와 같이 당신이 들은 내용을 그대로 반복한다. "~했겠구나"와 같은 배려를 보여 줄 수 있는 공감의 말을 건네라. 학교에서 누가 자녀를 이해해 주는지 물어보

라. 어쩌면 '연습 3'에서 당신이 답했던 학교에서의 힘들었던 점과 이를 극복했던 방법을 공유할 수 있을 것이다.

4. 자녀에게 학교에서 달성하고 싶은 목표가 무엇인지 물어본다. 목표는 "미술 수업을 듣고 싶어요"라든지 "성적이 좋아져서 축구를 하고 싶어요"와 같이 구체적이어야 한다. 자녀의 목표가 실현될 수 있도록 당신이나 다른 사람이 자녀를 어떻게 도울지에 대해 토론한다.
5. 가족 구성원 각자가 특정 임무를 위한 행동 계획을 세운다. 돌아오는 주에 후속 회의를 잡는다.
6. 자녀에게 솔직하게 이야기해 줘서 고맙다고 표현한다. 이에 자녀가 감사한 마음을 표현할 수도 있고, 그렇지 않을 수도 있다. 하지만 아이들이 표현하지 않는다고 하여 고마움을 느끼지 않는 것은 아니다.

3단계: 매일의 학업 문제에 직면하기

아이들의 학교생활에 긍휼의 마음을 갖는 것은 ADHD 아동이 공통적으로 가장 힘들어하는 영역인 읽기, 수학, 쓰기에 대해 묻고 듣는 과정을 수반한다. 아동과 십 대 아이들은 나에게 자주 이들이 자신의 학업적인 역량과 어려움을 놀라운 통찰력으로 인지하고 있음을 보여 준다. 다음은 아이들이 들려준 과목별 견해와 아이들이 많이 어려워하는 쓰기에 대한 추가적인 견해이다.

읽기의 어려움

“저는 많은 책에 관심이 있지만 책을 읽는 데 끈기가 없어요. 700페이지 정도를 건너뛰고 결론을 확인하죠…. 아빠가 저에게 책을 읽어주는 게 좋아요. 『Pat Sat on Mat』처럼 재미없는 책 말고 해리 포터나 퍼시 잭슨 같은 책이 재미있어요.”

- 8세 제이든

“글로 표현된 게 저에게는 훨씬 쉬워요. 제가 제일 좋아하는 책을 읽을 때 말고는 쉽게 산만해지죠. 책을 읽을 때는 밥도 빨리 먹고요. 그런데 아빠는 그렇게 생각하지 않아요. 어제 아빠가 책을 빼앗았는데 밥 먹는 데 한 시간이나 걸렸어요. 제가 책에 대해 생각하기 때문에 엄청 빨리 먹거든요. 그렇지 않으면 ‘아, 이 조그만 곡식을 반으로 잘라서 어떻게 생겼는지 보고 싶다’ 이런 생각을 하죠.”

- 9세 티아나

“저는 4살까지 스페인어를 썼고, 그 후엔 영어를 써야 했어요. 혼란스러웠고, 학교생활에 지장이 있을 것 같아서 영어만 쓰게 됐어요. 저는 영어 과목이 어려운데 제가 가진 두 번째 장애가 읽기와 쓰기 장애예요. 원래부터 앉아서 집중하는 게 힘들었어요. 엄마가 책을 읽어 주는 건 너무 좋지만, 저는 작년까지도 혼자 앉아서 책 읽는 게 즐겁지 않았어요.”

- 15세 자비에

“제가 소리 내서 읽는 거 싫어하는 거 아시죠? 저는 책을 전전히 읽는데, 읽는 게 힘들거든요. 그래서 사람들 앞에서 읽는 것도 싫어요. 지난주에는 제가 반 애들 앞에서 책을 안 읽겠다고 했더니 브래디 선생님이 저를 교실 밖으로 쫓아냈어요. 저 때문에 수업이 지연되고, 또 단어 몇 개를 모르는 것도 후회스러웠어요. 제가 글을 소리 내어 읽으면 바보처럼 보여요."

- 15세 데스티니

책 읽기에 과도하게 집중하거나 읽기를 어떻게든 피하든 간에, 당신은 아이들의 읽기에 대한 생각을 들어 봄으로써 이들의 경험에 대한 이해를 높일 수 있다. 마치 감독이 투수가 경기를 계속하고 싶어 하는 이유를 파악하는 것과 마찬가지로, 당신은 읽기와 관련된 아이들의 여러 문제를 고려하며 궁금해할 수 있다. 예를 들면 내용을 이해하기 어렵다거나, 제2외국어로서의 어려움이나, 난독증, 더딘 언어 처리 등의 이유가 있을 수 있다. 이미 이러한 이슈에 대한 연구가 이뤄졌으며, 학교나 개인 교습을 통해 효과적으로 개입할 수도 있다. 우선 제일 중요한 단계는 자녀에게 읽기장애가 있는지 올바르게 평가하고, 학교가 이에 맞는 교육과 학업계획 세부사항을 수립할 수 있는지를 파악하는 것이다. 만약 학교에 읽기, 말하기나 언어장애를 교육할 수 있는 자격이 있다면, 특수교육을 통해 아이들의 기술을 개선하고 학습의 차이를 받아들이는 일을 지지해야 한다. 이러한 개입은 학교에서 이뤄지지만, 학교 외의 부가적인 도움이 필요할 수도 있다. 읽기장애 진단을 받지 않더라도 ADHD 아동에게 읽기는 즐겁지 않을 수 있으며, 특히 내용이 재미없을 때는 더욱 그렇다.[1]

읽기를 창조적으로 연습하고 즐기는 방안을 마련하다 보면 복잡한 상황에 봉착하기도 한다. 당신은 자녀의 읽기 실력을 위해 수백 가지 다른 방법을 이미 시도했을 수 있다. 여기에서 목표는 독서를 위해 아이들의 관심을 사로잡을 만한 재미있는 어떤 글이라도(포르노그래피나 폭력물을 제외하고) 읽게 하는 것이다. 아이들은 이를 좋아할 수도, 좋아하지 않을 수도 있다. 감독은 선수들의 건강 상태를 확인하여 선수들이 전력으로 경기에 임하게 한다. 선수들이 체력 훈련을 좋아할 수도 싫어할 수도 있지만, 이들이 몸을 단련시키는 이유는 경기를 잘하겠다는 더 큰 목표를 달성하기 위해서이다. 당신의 목표도 자녀가 능숙하게 읽는 방법을 확실하게 터득하게 하는 데 있다. 우리는 미래에 아이들에게 독서가 덜 고되고 즐거운 일이 되기를 바라지만, 누가 알겠는가? 모든 사람이 독서를 좋아하는 것은 아니며, 당신의 자녀는 독서를 열정적으로 하지 않거나 취미로 삼지 않아도 여전히 세상에서 성공할 수 있다. 당신은 우선 현재에 초점을 맞추어야 한다. 마인크래프트 책, 유머 책, 만화로 된 소설, 2분 미스터리, 스포츠, 음악, 패션 등 여러 취미 관련 잡지, 일간신문까지, 이것들 중 무언가를 정독하며 집에서 보내는 시간은 독서에 부합한다.

특히 학교의 읽기 자료는 어려울 수 있기 때문에 당신은 대안이 되는 방법을 사용하고 싶을 수 있다. 당신의 아들이 청각형 학습자라면 책을 오디오로 듣고 싶어 할 것이다. 이런 경우에는 청각적 읽기와 함께 시각적 읽기를 보충할 수 있다. 당신의 딸에게는 딸의 집중력 지속 시간과 처리 속도에 적합하고, 다양한 범위의 주제를 다루어 흥미를 유발하는 짧은 읽기 숙제가 필요할 수도 있다. 감독의 위치에서 읽기를 더 이해하기 쉽고 견딜 만하게 돕는 방법을 찾는 데 앞장서며, 이를 위해 개입해 자녀, 교사와 다른 선택지를 논의하라. 내가 아는 한 6학년 아이는 소설은 싫어하고 논픽션 작품만 좋아했는데, 그의 선생님은 학생들에게 소설을 읽고 독서 감상문을 써 오라고 했다. 그는 "읽고 싶은 게 하나도 없다"라는 이유로 부모와 계속 논쟁했다. 우리는 역사물이나 전기소설과 같이 논픽션처럼 읽을 수 있는 소설을 찾아보기로 했다. 선생님은 이 아이가 이러한 소설을 찾도록 도와주었고, 모두가 만족했다. 절대 문제 해결을 포기하지 마라.

수학

"수학은 확실히 제가 제일 안 좋아하는 과목이에요. 저는 나눗셈이나 뺄셈을 잘 못 하거든요. 분수도요. 분수는 시간이 오래 걸리고 지루해요."

- 12세 제이드

"저는 수학이 어렵고 친구한테 물어보기도 창피해요. 수학 숙제가 있으면 정말 큰일이에요. 부모님도 못 도와주고 아무도 아는 사람이 없어요. 제가 수학을 못 하면 루 선생님이 설명해 주고 저는 다시 풀어야 해서 쉬는 시간이 없어지죠."

- 10세 샌제이

"저는 수학을 잘해요. 수학은 저한테 거의 식은 죽 먹기예요. 제 뇌가 그런 걸요. PSAT 수능시험을 보면 수학하고 독해 점수는 잘 나오는데, 그건 별로 안 중요해요. 저는 글을 못 써서 저 자신이 항상 바보 같다고 느끼거든요."

- 16세 앤서니

자녀가 어려워하는 수학에 대해서도 읽기와 마찬가지로 질문으로 시작하는 것이 가장 좋은 접근 방법이다. 부모와 학교는 자녀가 수학 공부를 하지 않으려 하고, 다 풀지 않은 문제집이나 수학 연산을 잘 기억하지 못하고, 도형 시험을 통과하지 못한 데 초점을 두기보다, 자녀의 이해와 수행을 개선하기 위해 무엇을 해야 할지 찾아야 한다. ADHD 아동 중에 청각과 시각 처리나 공간 지각의 어려움으로 수학 공부가 매우 힘든 아이들이 있다. 다시 말해 자녀의 수학 기술과 성과 수준을 정확히 평가하는 것이 아주 중요하다. 또, 당신이 초등학생이나 십 대 자녀의 숙제를 스스로 이해하지 못한다면 도와주려 하지 마라. 이는 모두에게 좌절만 안겨 줄 뿐이다. 대신 수학 개인지도 교사를 알아보라. 대부분의 학교에는 교사가 이끄는 방과 후 숙제 지원 과정이 있다. 우등생을 포함한 고학년 학생들이 무료나 낮은 비용으로 개인지도를 해 주기도 하며, 숙제 동아리는 감독하는 선생님과 잠재적으로 도움이 될 만한 또래로 구성되어 있다. 이는 마치 감독이 타자 코치를 불러 기량을 발휘하지 못하는 타자를 돕게 하는 것과 같다. 당신이 아이에게 필요한 모든 코칭 스태프의 역할을 할 게 아니라, 각 역할을 할 수 있는 사람을 찾아야 한다.

쓰기

"글쓰기는 마치 아무 단어도 없는 페이지 안에 제가 갇혀 버린 것과 같아요. 아이디어가 떠올라 몇 자 적자마자 다시 뇌에서 떠나 버리죠."

- 8세 잭

"제가 말을 더듬는 이유는 무슨 말을 할지 몰라서예요. 쓰는 게 더 쉽죠. 저는 소설 쓰는 걸 좋아해요. 글을 쓸 때는 손이 두 단어를 쓸지, 아니면 두 문장을 쓸지를 결정하거든요. 그리고 아무거나 쓰고 싶은 내용을 쓰는 거예요. 글을 쓰면 제 손가락에 쥐가 나요. 타이핑으로 할 수도 있지만, 손으로 직접 쓰는 게 아니라 별로예요."

- 12세 키아

"저는 글 쓰는 게 좋아요. 어제는 학교에서 '선생님이 학교에 오지 않으면'이라는 주제로 엄청 빨리 글을 썼어요. 알파벳 첫 자를 따서 썼거든요. '알은(Al) 계산을(arithmetic) 지우고, 밥은(Bob) 토하고(barfed), 캘빈은(Calvin) 캑캑거리고(choked), 댄은(Dan) 사망했고(died), 에밋은(Emmett) 응급실(emergency room)에 갔다.' 진짜 웃겼어요. '팸(Pam)은 똥을 싸고(pooped), 오스카는(Oscar) 올리브 오일을(olive oil) 쏟았다'처럼요. 정말 재밌죠."

- 9세 리암

"저는 학교에 있는 글쓰기 센터에 도움을 받으러 가요. 거기서 제 보고서를 고쳐 주고 글 쓰는 팁도 알려줘요. 센터가 좋은 점은 저 대신 다 고쳐 주지 않는다는 거예요. 대신 고칠 수 있도록 힌트를 주면서 도와줘요. 어떻게 하는지를 가르쳐 주니 나중에 더 뭐랄까, 그 단어가 뭐더라, 서투른? 아니다, 하하, 능숙해진다는 말을 하고 싶었어요."

- 15세 오스카

"저는 쓰는 것보다 말하는 게 훨씬 쉬워요. 말은 정말 쉽게 떠오르는데 쓰는 일에는 끝이 없어요. 이전 글로 다시 돌아가 분석하고, 정확히 무엇이 잘못되었는지 알아봐요. 두려움 때문에 그런 것 같기도 해요. '아, 이 사람이 이 말을 이해할까?'라며 끊임없이 고민해요."

- 16세 앤서니

"저는 그림을 그리면 글을 더 쓸 수 있어요. 저는 그림 그리는 책을 가져와서 20분에서 25분 정도 그림을 그려요. 그냥 자리에 앉아 생각해요. 그림을 그리면서 '뭐라고 얘기할까, 어떻게 이 글을 조화롭게 써 볼까?' 질문한 후 멈추고 글을 써요. 이렇게 왔다 갔다 하는 과정을 거쳐요."

- 17세 이반

어떤 ADHD 아이들은 많은 아이디어를 빠르게 창조적으로 표현하는 통로로 글쓰기를 좋아하는 반면, 이를 경멸하는 아이들도 있다. 이 아이들에게는 종이 한 장에 단어 몇 개를 쓰는 일조차 고문이다. 물리적으로 글을 쓰는 행위 자체를 힘들어하고, 글씨는 판독하기 어려울 정도이다. 머릿속의 여러 생각을 정리하고 이를 논리정연하게 글로 옮기기 위해서는 시계 장치처럼 몇 가지 핵심 집행 기능 기술이 동시에 움직여야 한다. 무엇을 이야기할지 결정하고 글로 표현할 중요 내용 결정하기(우선순위 정하기), 읽은 내용을 기억하거나 주제 학습하기(정보의 기억), 어떻게 표현할지에 대한 개요 작성하기(계획, 이야기 순서 배열, 조직화), 데이터와 아이디어 처리하기(더 많은 우선순위 정하기, 조직화와 계획), 시간을 생산적으로 사용하고 글을 마치기까지 지속적으로 계획 실행하기(시간 관리와 목표의 지속)와 같은 기술들이 필요하다. ADHD를 가진 사람들이 전형적으로 취약해하는 이 기술들은 잘 구성된 에세이를 완성하도록 글을 종합하는 역할을 한다.

글쓰기는 가정에서 흔한 긴장의 원인이 될 수 있다. 당신이 자녀에게 중립적인 태도로 질문하고, 읽기와 수학 영역에서 어떤 발전이 있었는지 파악하는 것처럼 개인적이고 색다른 자녀만의 글쓰기 과정에 대해 논의하는 것도 도움이 된다. 모두가 평화로운 상황에서 펜과 종이를 들고 다음의 대화를 시도해 보라.

1. 자녀와 함께 글쓰기에서 쉽거나 너무 어렵지 않은 영역을 파악한다. 아이디어를 얻거나 주제에 대해 조사하는 것, 혹은 타이핑이 될 수도 있다. 이를 찾아서 적어 본다.

2. 다음으로 자녀가 평가 척도를 사용해 글쓰기에 대한 영역을 평가하도록 한다. 제일 쉬운 영역에는 1을, 제일 어려운 영역에는 10을 준다. 평가를 돕기 위해 글쓰기에 필요한 기본 기술 리스트를 사용한다.

- 글로 표현할 수 있는 적절한 주제에 관한 아이디어를 구상하라.
- 주제에 대해 아는 정보를 구상한 아이디어에 적용하라.
- 아동, 십 대 자녀가 이해할 수 있는 도식조직자graphic organizer를 사용하라.
- 당신의 생각과 찾은 정보를 결합해 글의 개요를 서술하라.
- 글쓰기에 걸리는 시간을 추정해 보라.
- 글로 내용을 쓰기 전에 아이디어를 말해 보라.
- 현실적으로 글쓰기를 끝낼 수 있도록 돕는 작업 스케줄을 만들어 보라.

3. 다음은 대화 예시이다.

어른 아이디어 구상하기에는 몇 점을 주고 싶니?

십 대 저는 아이디어는 많은데 그중 무엇으로 정해야 할지를 모르겠어요. 다 중요해 보여요.

어른 그러면 낮은 숫자일 것 같은데, 몇일까?

십 대 아, 바보같이 이런 걸 왜 해요.

어른 그래도 한번 해 보자.

십 대 알았어요. 아이디어 구상하기는 2로 할게요. 글로 쓸 제일 좋은 아이디어를 고르는 건 10이에요.

어른 알겠다. 주제에 대한 자료 조사는?

십 대 그건 아주 힘들진 않아요. 새로운 걸 배우는 게 좋거든요. 5 정도요.

4. 당신의 자녀가 가장 어려워하는 영역에 대한 대안 방법을 찾기 위해 함께 브레인스토밍하라. 대안 방법에 대한 아이디어에는 학교 교사에게 쓰기 지도 받기, 학교 글쓰기센터 방문하기, 친구와 함께 글쓰기, 글쓰기 개인지도 알아보기 등이 있다.

5. 글쓰기 숙제를 더 짧게, 자녀가 쓸 수 있을 분량으로 쪼개라. 교사에게 명확한 가이드라인을 얻어 자녀가 글쓰기를 불편하게 생각하지 않고 기술을 늘리도록 한다.

6. 당신이 자녀와 글쓰기로 논쟁하고 있다면, 자녀의 글을 교정하지 마라. 대신 교사나 특정 코치에게 맡기고 당신은 감독의 역할을 유지하라.

ADHD 아동은 자신이 학교에서 무엇을 좋아하고, 무엇을 잘하며 어려워하는지를 인식하고 있다. 아이들의 통찰은 이들이 효과적이고 지속 가능한 개입 방법을 마련하는 데 참여할 수 있을 만큼 스스로를 충분히 인지하고 있음을 나타낸다.

제7장

학교 문제를 위한 효과적인 해결책 고안

핵심은 협력!

가정과 학교의 협력

당신에게는 8살 된 딸 아멜리아Amelia가 있는데, 언어처리장애와 더불어 ADHD 진단을 받았다. 딸은 이미 읽기 영역에서 지원이 필요한 것으로 사료되어 개별화교육프로그램[IEP]의 일환으로, 학교가 아닌 다른 곳에서 일주일에 두 번씩 전문적인 도움을 받고 있다. 당신은 2학년 담임인 알Mr. R 선생님으로부터 수업 시간에 나타나는 딸의 부적절한 행동 문제로 면담을 요청하는 이메일을 받았다. 이를 위해 알 선생님과 단독으로 만나지 않고 두 개의 면담을 하기로 했는데, 하나는 알 선생님, 읽기 전문 선생님, 가능하면 교장 선생님이나 학교 상담 선생님도 참여하는 어른들과의 면담이고, 다른 하나는 부모와 알 선생님, 딸과의 면담이다.

첫 번째 면담에서는 당신과 담임, 다른 과목의 교사가 교실과 가정에서 일어나는 일에 대해 토의했다. 이 면담은 공식적인 면담이 아니어서 질문과 정보를 나눌 수 있다. 알 선생님은 아멜리아의 열의, 예술성,

유머 감각이 마음에 들며, 그녀가 좋은 친구들을 사귀고 있다고 말하였다. 더불어 그는 아멜리아가 집중할 수 있도록 노력해 봤지만, 그녀가 자주 멍하니 있고, 책상에서 안절부절못하며, 고개를 숙이고 있거나, 읽기 시간에는 다른 아이들과 이야기를 한다고 말했다. 아침 조회 시간에는 선생님의 옆자리에 앉아서도 집중하지 못하고 학업 과제가 너무 어려우면 울어 버린다고 했다. 알 선생님과 읽기 전문 선생님은 수업 시간에 조용히 글을 읽거나 소리 내어 읽기가 그녀에게 제일 어려운 시간이라는 데 동의했다. 당신은 교사들과 아멜리아의 숙제 양을 일시적으로 줄여서 책 읽기를 위한 힘을 보충하고, 자신감을 얻을 수 있는 방법 등을 포함해 딸을 도울 여러 개입 방법을 탐색한다.

두 번째 알 선생님과의 면담은 학교생활에 대한 아멜리아의 생각을 탐색할 기회를 제공한다. 대화는 대략 이런 식으로 진행된다.

엄마 우리가 알 선생님과 만난 건 너를 벌주려는 게 아니라, 네가 학교를 더 좋아할 수 있게 하려는 거야. 학교에 다니며 제일 좋은 점이 무엇인지 말해 주겠니?

아멜리아 쉬는 시간이요. 친구들과 놀 수도 있고, 저한테 이래라저래라하는 사람도 없어요.

엄마 네가 좋아하는 수업이 있니?

아멜리아 저는 자유선택 시간이 좋아요. 그림을 그리거나 퍼즐 맞추기도 할 수 있거든요. 수학이 재미있을 때도 있어요.

알 선생님 너는 그림 그리는 데 소질이 있잖니. 네 그림 두 점을 창문 옆에 걸어 놓았거든. 계산도 빨리해서 다른 학생들이 문제를 풀지 못할 때 가서 도와주는데 대단하다고 생각한다.

엄마 싫어하는 건 뭐가 있을까?

아멜리아 꼭 말해야 해요? 알겠어요. 저는 아침 조회나 글쓰기 시간이 너무 싫어요. 책 읽는 건 지루하고 어렵고요.

알 선생님 나도 안단다. 만약에 나아지고 싶은 영역을 하나 골라야 한다면 무엇일까?

아멜리아 책 읽기요. 사실 괜찮긴 한데, 시간이 너무 길어요. 그리고 제가 좋아하는 책도 없고요.

알 선생님 너한테는 무슨 책이 재미있니?

아멜리아 모르겠어요. 그냥 다 재미없어요.

엄마 알 선생님이 네가 좋아할 만한 책을 찾는 일을 도와줄 수 있을 것 같은데.

알 선생님 당연히 도와줄 수 있죠. 그런데 아멜리아, 일단 15분간 책을 읽는 대신에 8분으로 줄여서 읽어 보면 어떨까? 남는 시간에는 조용히 그림을 그리거나 수학 문제를 풀 수도 있고! 몇 주간 그렇게 해 보고 잘 되면 10분을 더 추가해 보자. 어때?

아멜리아 괜찮은 것 같아요. 시간이 다 되었는지는 제가 어떻게 알 수 있어요?

알 선생님 내가 조용히 네 책상을 두드릴게. 내일부터 시작해 보고, 금요일에 어땠는지 다시 얘기해 보자.

엄마 좋은 계획인 것 같아요. 알 선생님, 감사합니다. 아멜리아, 너에게도 고마워.

당신과 알 선생님은 아멜리아에게 학교생활에서 좋은 점과 싫은 점, 장점과 어려움이 무엇인지를 질문하였다. 실생활에서도 바로 이 대화처럼 어른과 자녀 스스로 인지하는 공통의 주된 문제가 있다. 이러한 공통부분 찾기는 해결점을 함께 고안할 절호의 기회가 된다. 홈스쿨링을 통한 학교와 부모, 자녀와의 협력은 ADHD와 학습장애를 가진 학생들의 학업 성공을 증진시키기 위해 '특별히 더 중요한 요소'인 것으로 드러났다.[1]

가족 구성원의 협력
— 실제로 효과적인 계획을 세우는 법

원래 만족스럽지 않거나 재미없는 과제는(ADHD 아동은 숙제를 이렇게 인식하고 있으며, 어른 역시 거의 사용하지 않는 옷장을 정리할 때 이렇게 받아들일 수 있다) 누구도 신나서 하지 않는다. ADHD 뇌의 특성상 자녀가 어떤 일을 마치려면 이 일이 자녀의 관심을 사로잡아야 한다. ADHD 아동은 ADHD가 아닌 아동에 비해 동기 부여(일을 하는 이유)와 일의 시작(하고자 하는 일에 착수)을 위한 집행기능기술이 단지 더 천천히 발달한다고 할 수 있다. ADHD 아동은 일반적으로 이러한 영역에서 어려움에 부딪히며, 후기청소년 시기가 될 때까지 지속적으로 어떤 일을 시작할 이유를 찾고 그로부터 만족을 끌어내기 어려워한다. 먼저 동기에는 외재적 동기와 내재적 동기 두 가지 종류가 있다. 외재적 동기란 외부의 요구, 보상이나 목표 성취를 위한 책임 의식을 말한다. 농구팀에서 경기를 뛰기 위해 스포츠 허가서를 작성하듯, 이러한 행위는 외재적 동기에서 나온다. 내재적 동기는 개인의 만족이나 성취를 위한 목표를 향해 분투하는 것을 의미한다. 당신이 좋아하는 게임의 기록을 깨고자 하는 행위는 내재적 동기에서 비롯된다고 할 수 있다. ADHD 아동, 청소년은 과제 수행이 주는 즉각적인 만족을 알아차리지 못하거나, 과제가 주는 장기적인 혜택을 이해하지 못해(특히 '지금 아니면 말고' 방식으로 사고하는 뇌에 이는 힘든 일이다) 어려움을 겪는다.

이때 인센티브는 스스로 동기를 부여하고 어떤 일을 시작하는 데 어려움을 겪는 ADHD 아동에게 도움이 된다. 당신은 인센티브를 통해 원하는 목표를 향한 외재적 동기를 세우고, 목표를 달성한 뒤 내재적 동기를 심어 주기 위해 자녀에게 긍정적인 감정을 북돋아 줄 수 있다. 예를 들어, 자녀가 두려워하는 독서 감상문 쓰기를 마칠 때 닌텐도 Wii를 30분 더 하게 해 주는 것이다. 여기에서 인센티브란 아이가 원하는 보상이지 당신이 아이에게 주면 좋겠다고 생각하는 보상이 아니다. 자녀가 하기 싫어하는 일과 자녀가 원하는 인센티브를 묶어 모두에게 윈윈이 되는 상황을 만드는 것이다. 당신 입장에서는 당연히 해야 할 일에 인센티브까지 사용한다는 생각에 망설일 수도 있지만, 이러한 외재적 보상은 ADHD 자녀에게 노력이 만족할 만한 성취를 가져다준다는 개념을 내재화하는 훈련이 된다.

당신의 인생에서 이에 대한 예를 찾아 보자. 만약에 쓰레기를 밖에 내다 버려야 하는데 좋아하는 TV쇼를 보고 싶은 상황이라고 해 보자. 당신은 쓰레기가 냄새나고 더러워서 버리러 가기가 싫다. 그래서 쓰레기를 버리고 난 후에 소파에 편하게 앉아 보고 싶은 TV쇼를 보자고 스스로와 협상한다. 여유 있는 시간을 보내는 즐거움을 집안일의 동기로 사용하는 것이다. 인센티브는 이러한 방식으로 우리에게 동기를 부여하며, 일의 성공을 촉진한다. 사람들은 대개 인센티브와 뇌물을 혼동한다. 뇌물은 누군가가 희망하는 행동을 하기도 전에 보상부터 해 준다는 점에서 인센티브와 차이가 있다("여기 5천 원 줄 테니 쓰레기를 밖에 버리고 와라"

와 "쓰레기를 밖에 버리고 오면 5천 원을 줄게"의 차이이다). 인센티브는 일에 대한 보상을 나중에 주는 것이다. 효과적인 인센티브라면 이를 받는 대상에게 어필이 되도록 주기적으로 바뀌야 한다.

하기 힘든 과제를 시작하는 것과 연관된 또 다른 문제는 미루기이다. 미루기는 과제의 규모와 직접적인 연관이 있다. 우리가 별것 아니라고 느끼는 수학 문제지가 ADHD 학생에게는 거대한 과제로 느껴질 수도 있다. 아이들은 이렇게 생각하곤 한다. "끝내지도 못할 일을 왜 시작해야 하지? 왜 이런 일에 신경을 쓰지? 시도하지도 않으면 실패할 일도 없는데." 아이들은 얼어붙고 자신도 모르게 어느새 회피의 달인이 된다. 이때 프로젝트, 과제나 집안일로 아이들을 압도하지 않는 가장 좋은 방법은 일을 더 작게 쪼개는 것이다. 성장하는 ADHD 뇌에게 일의 세분화가 어려운 이유는 이것이 하나의 사건을 일련의 과정으로 이해하는 일을 포함하기 때문이다. 책의 한 챕터를 읽는 과제가 벅차다면, 한 번에 5페이지 읽기는 감당할 만할 것이다.

이러한 개념을 행동으로 옮기기 전에 다음의 몇 가지를 고려해 적어보길 바란다.

1. 당신의 자녀가 좋아하는 활동은 무엇인가? 하찮아 보이는 활동도 자녀에게는 중요하다. 밖에서 노는 시간을 늘려 주거나, 전자기기나 소셜 미디어를 사용하며, 특별한 아이스크림을 먹으러 가는 외출은 자녀가 얻을 수 있는 특혜이다. 모든 아이들이 잘 성장하기 위해서는 인스타그램 사용이 아닌 영양, 안전, 사랑이 필요하다. 자녀가 좋아하는 활동과 특별한 대접은 자녀에게 숙제를 할 동기를 부여한다.

2. 자녀가 성공적으로 해내는 숙제는 어떤 종류이며, 그 양은 어느 정도인가? 당신은 자녀가 어떠한 종류의 공부를 얼마만큼 쉽게 해내는지와 더 힘들어하는지를 알 것이다. 이를 분석해 숙제를 나누어서 하게 하는 것이 자녀의 성취를 돕는 길이다. 작은 성취는 아이의 성장에 중요한 역할을 하므로, 실제 아이들이 감당할 수 있는 숙제의 양을 고려해야 한다.

3. 당신의 자녀가 산만해지거나 지루해하기 전까지 집중할 수 있는 시간은 어느 정도인가? 10세 이하의 ADHD 아동이 집중할 수 있는 시간은 5분에서 25분 사이로 다양하다. 11~14세 아동의 경우에는 보통 20~45분이며, 15~18세 청소년의 경우라면 30~60분 사이로 볼 수 있다. 과집중 시 집중 시간이 더 길어질 수 있으며, 아동 개인마다 집중 시간은 모두 다르다. 일반적으로 자녀가 지루해하거나 일을 부정적으로 느끼기 전에 과제 시간이 끝나는 것이 좋다.

이제 당신은 아동이나 십 대 자녀와 말싸움하는 도중이 아닌 미리 정한 시간에 앉아서 과제에 대해 이야기할 준비가 되었다. 당신 스스로에게 했던 질문을 다시 자녀에게 물어보는 것으로 시작하여 자녀의 답을 적는다. 이렇게 하는 이유는 자녀의 말을 정확하게 기억하기 위해서일 뿐 아니라 당신이 자녀의 의견을 중요하게 생각한다는 것을 표현하기 위해서이다. 그 후 과제 시 잘하는 영역과 그렇지 못한 영역에 대한 이야기를 나눠 본다. 자녀가 원하는 변화가 무엇인지 물어보고, 당신의 의견도 말한다. 당신과 자녀가 공통적으로 생각하는 한 가지 문제를 골라라. 과제를 시작하기가 어려운가? 과제를 하는 동안 집중을 유지하기가 힘든가? 아니면 과제를 기억하고 제출하는 문제인가? 파악한 내용을 나중에 참고할 수 있도록 노트에 적거나 부엌에 붙이라.

대부분의 아이들은 인센티브로 컴퓨터나 텔레비전, 게임 시간을 더 늘리는 등의 전자기기 사용을 요구한다. 이를 인센티브로 사용할 수도 있지만, 당신과 함께 보내는 시간을 인센티브로 제공하는 방법도 있다. 아이들이 당신을 말과 행동으로 밀어내기도 하지만, 당신은 자녀에게 아주 중요한 존재이다. 아이들은 자기가 부모의 우선순위이길 바라고, 부모와 친밀감을 느끼고 싶어 한다. 초등학생 자녀는 게임하기, 레고 만들기, 축구공 차기, 책 읽기 같은 활동을 함께하고 싶어 한다. 중학생, 고등학생 자녀는 부모와 떨어져 친구와 온라인 활동하기, 쇼핑하기, 파티 가기, 친구 집에서 자기 등의 활동을 원하기 때문에 부모와 함께 시간을 보내기 어렵다. 그럴지라도 당신과 TV쇼를 함께 보기를 택할 수도 있고(당신은 싫어할지라도 자녀가 좋아하는 쇼를 말한다), 함께 요리나 온라인 쇼핑을 할 수도 있다. 당신이 이를 제공할 때는 함께하는 시간 전에 이에 대한 구체적인 가이드라인을 미리 명시하여야 한다. 최근에 한 부모는 나에게 십 대 아들이 약속의 일부분을 어기면 함께 하기로 약속한 시간을 철회해야 하는지에 대해 질문했다. 나는 "아니요"라고 답하고 부모에게 두 가지 옵션의 프로그램을 만들라고 조언하였다. 아들이 동의한 부분을 이행하면 함께 느긋하게 아들이 좋아하는 쇼를 보는 '옵션 1', 약속을 지키지 않았을 경우 부모와 함께 방을 치우는 '옵션 2'가 있다. 두 가지 경우 모두 함께 시간을 보내는 방법이 된다. 아들은 엄마가 아들과 함께 방을 두 번 치우고 나니 더욱 협조하는 태도를 보였다. 얼마 지나지 않아 엄마와 아들은 「왕좌의 게임 시즌 3」를 함께 시청했다.

당신과 자녀가 모두 동의하는 구체적인 계획 내용을 정해 보자. 이

때 시간은 달성하기 원하는 전체 공부 시간과 이 시간을 몇 개로 짧게 나눈 시간을 포함한다. 즉, 각 공부 시간은 10분 이내의 휴식 시간을 사이에 둔다. 아동이나 십 대 자녀의 연령, 흥미, 가정의 규칙에 따라 휴식 시간에는 간식, 카드 게임, 전화 통화, 집 안에서 걸어 다니기, 애완동물과 놀기, 문자하기, 인스타그램 등을 할 수 있다. 전체 과제 시간이 끝나고 아이가 동의한 양의 과제를 마쳤다면 아이는 인센티브를 얻는다. 과제를 마치지 못한 경우에는 보상을 주지 않는다. 딸이 과제를 끝마쳤다면 30분간 아이패드를 하거나 당신과 우노UNO 카드 게임을 할 수 있지만(옵션 1), 그렇지 않았을 때는 전자기기 사용을 금하고 식기세척기에 그릇을 옮기는 일을 하게 되며(옵션 2), 이렇게 하기로 한 약속을 지켜야 한다. 자녀가 동의한 부분을 지키지 않았을 때는 계획한 프로그램의 조건을 두고 다시 협상하지 마라. 이러한 압박 아래서는 제대로 된 협력이 이뤄지기 어렵다.

이를 위해 초기에는 아동이나 십 대 자녀 옆에 앉아 실제로 공부하는지 확인하고 자녀가 숙제에 대해 질문할 경우 대답해 줄 수 있다. 당신은 이 시간을 '가족근무시간'으로 간주하고, 가계부 정리, 이메일 답장, 좋아하는 글 읽기 등 당신의 일을 함께하는 기회로 삼을 수 있다. 또, 감독이 본 경기 전 예전 경기를 검토하듯이, 숙제를 시작하기 전에 다양한 과제를 먼저 검토하는 것이 바람직하다. 이는 자녀가 우선순위를 정하도록 돕고, 공부 시간이 얼마나 필요한지 결정하도록 하며, 필요시 모든 과제를 잘 마쳤는지 재확인하도록 돕는다. 당신과 아동, 십 대 자녀가 이 과정을 따를 수 있도록 다음에 나오는 형식을 인쇄해 활용하라. 교사와 부모, 학생(하기 싫다고 저항하긴 하지만)들은 이 과정이 학업 성공에 기여하는 집행기능기술 구축에 도움이 된다고 보고하고 있다.

과제작성표

일시: ________　　　　(초등학생 서명)

교사 서명(정확한 정보임을 확인) ________　　　　부모 서명(작성표 점검을 확인) ________

과목	과제	필요한 자료	제출일	난이도 (상/중/하)	예상 소요시간	인센티브
예) 5학년 사회	지도에 주 이름 채우기	워크시트, 지리책, 연필	금요일	중	1시간	우노 게임
예) 고등학교 1학년 영어	『앵무새 죽이기』 30쪽 읽기	책	3일 후 금요일	중	총 1시간: 오늘 30분, 내일 30분	핸드폰 사용 시간 10분 추가

메모:

아이들의 뇌에 에너지가 많아 가장 잘 기능할 수 있을 때 제일 난이도가 높은 과제로 시작하고, 그다음에는 쉬운 걸 한 뒤, 중간 난이도의 과제를 해 보는 게 어떨지 자녀에게 물어보라. 어떤 아이들은 무언가 하고 있다는 느낌을 받기 위해서 쉬운 과제를 먼저 하고 싶어 한다. 그런 경우가 아니라면 어려운 과제를 먼저 하고, 쉽거나 중간 난이도의 과제를 해서 어려운 과제가 주는 부담에서 벗어나도록 한다. 이러한 학습 진행 방법은 자녀에게 힘과 끈기를 길러 준다. 자녀가 당신의 도움을 원한다면 도와주라. 만약에 당신이 자녀 곁에서 동시에 일한다면, 자녀가 유튜브나 트위터의 유혹에 빠지려 할 때 침착하게 다시 과제에 집중하도록 방향을 잡아 줘야 한다. 하지만 자녀에게 어떻게 하면 변할 수 있을지, 더 효율적으로 더 잘할 수 있을지에 대한 언급은 하지 않도록 최선을 다하라.

당신은 나중에 자연스럽게 자녀의 공부 습관 개선을 위한 제안을 할 수 있다. "어젯밤에 네 수업 자료가 모두 한 파일 안에 있어 찾는 데 시간이 걸리는 것 같던데, 과목별로 자료를 모아 파일에 정리해 놓으면 찾는 시간을 아낄 수 있지 않을까?"와 같은 방법을 활용하면, 자녀는 가족근무시간 동안 과제할 때 비난이나 감시받는 느낌을 받지 않을 수 있다. 이때, 자녀의 과제를 그 자체로 검토한다면 문제가 복잡해진다. 아이는 '잘못한 일'에만 집중하게 돼 노력해 마친 일을 자랑스러워하기보다는 한 일에 대해 낙담할 수 있다. 그러므로 당신이 긁어 부스럼을 만드는 일은 없도록 부모 대신 교사가 자녀의 실수를 바로잡게 하여야 한다.

당신이 얼마만큼 자녀의 과제에 참여할지를 파악하기란 어려울 것이다. 많은 부모가 언제 개입하고, 언제 기다려야 하는지를 알기 위해 씨름한다. 당신이 무엇을 해야 할지 잘 모르겠다면, 일단 자녀의 학업 수행과 관련된 문제를 제일 잘 아는 교사나 학업 지도 상담교사에게 물어보는 일부터 시작하라. 그 후에 학업 수행 및 목표에 대한 아동, 십 대 자녀의 생각과 느낌에 대해 이야기를 나눠 보라. 자녀의 생각을 깎아내리지 않으면서 당신의 의견을 함께 나눠야 한다. 많은 부모와 자녀는 일반적인 학업 목표에는 의견이 일치하지만 목표를 달성하는 방법에는 의견 차이를 보인다. 14살 쇼리는 B, C와 D를 받은 첫 학기 성적표를 못마땅해하며 부모님에게 보여드렸다. 그녀는 자신이 더 잘할 수 있다는 점에 동의했고, 부모가 바라는 만큼 B보다는 A를 받고 싶어 했다(내재적 동기). 쇼리의 엄마는 딸의 학업 지도 상담교사와 면담을 한 뒤, 딸의 가장 큰 문제가 숙제를 하지 않는 것임을 알았다. 딸은 더 이상 플래너를 사용하지 않고 있었다. "올해는 플래너를 확인하는 사람이 없었고, 어차피 거기에 쓸 내용도 없어요. 저는 다 기억할 수 있어요." 부모님은 이에 동의하지 않았고, 쇼리의 낮은 성적도 그녀의 말을 뒷받침해 주지 않았다.

우리는 쇼리의 아빠가 매일 밤 딸과 함께 플래너와 숙제를 검토하고, 그 후에 핸드폰을 더 쓸 수 있도록 해 주었다(외재적 동기). 아빠와 약속된 일을 수행하지 않으면 핸드폰 추가 사용 시간을 주지 않았다. 쇼리는 자신을 "애 취급"한다고 앓는 소리를 하며 불평했지만 이를 계속 이행했다. 모두가 학기말까지 그녀의 성적이 오른다면 아빠와 일주일에 두 번만 이 작업을 하는 데 동의했다(부모의 관여를 줄이는 것은 십 대 자녀에게 외재적 동기가 된다). 쇼리가 성적표를 가져온 날, 아빠는 약속대로 일주일에 숙제를 두 번만 검토하기로 했다. 이러한 협력은 과제 수행을 위한 효과적이고 성공적인 계획을 세우는 결과로 이어진다.

제8장

멈추지 않고 전진하는 끈기

학업의 일관성 조성하기

루틴, 또 루틴

일관성이란 완벽해지기 위해 자신을 압박하는 게 아니라 당신이 지키겠다고 말한 사항을 실제로 실행한다는 의미이다. ADHD 여부와 상관없이 모든 아동은 일관성 있는 루틴을 지킬 때 많은 혜택을 얻는다. 제한된 휴식 시간과 선택지를 지닌 학교는 정해진 시간에 시작하고 끝난다. 이와 마찬가지로 숙제를 할 때도 매일 같은 학습 공간과 공부할 수 있는 제한 시간을 정하고, 타이머로 쉬는 시간을 맞춰야 한다. 이러한 루틴은 학교생활의 성공을 위한 우선순위를 정해 계획하고, 계획을 지속하는 데 가장 중요한 집행기능기술을 조성함으로써 스스로의 감독으로서 아동이 성장하도록 돕는다.

대부분의 어른은 그들의 삶에서 어느 정도 예측할 수 있는 일을 좋아한다. 오전 9시부터 5시까지의 근무 시간이거나 토요일에 해야 할 심부름 목록, 해변에서 하루를 보낼 계획 등, 이것이 무엇이든 간에 우리가 가야 할 방향을 잡도록 도와주기 때문이다. 자신의 스케줄에 많은 권한이 없는 아동과 십 대 아이들의 경우에도 그리 다르지 않다. 아이들은 언제 무슨 일이 일어나는지를 기억하고, 조직하며, 이행하기 위한 도움을 요한다. 만약 당신 자신 역시 조직화에 어려움을 느낀다면 스스로를 질타하지 마라. 우리는 모두 장점과 한계를 갖고 있다. 필요하다면 당신도 친구들, 유용한 전자기기 알람이나 캘린더, 심리치료사나 코치에게 지원을 받으라. 당신은 이러한 지원으로 도움을 받을 수 있으며, 그것은 ADHD 자녀도 마찬가지이다.

일관성의 중요성

> 루틴은 일관성을 길러 준다.

루틴은 일관성을 길러 주며 시작한 일을 마치게 한다. 루틴은 일을 하는 데 기본적인 구조를 잡아 준다. ADHD 아동이 루틴에 근거하여 그들의 생활을 체계화할 때, 이를 처음부터 스스로 잘하지 못해도 괜찮다. 일관성은 분투와 회복탄력성에 기반을 두고 있기 때문이다. ADHD 청소년은 학업을 어려워할 때, 달갑지 않은 학업 과제에 어떻게 접근하고 그것을 지속할 수 있는지 파악하고, 노력이 효과가 없을 때는 그로부터 다시 회복할 수 있어야 한다. 아이들은 적절히 노력하고 그저 도전했다는 것만으로도 만족할 만큼 수업과 숙제를 오랫동안 지속해 감당해야 한다. 성공 경험은 아이들을 북돋아 준다. 그러나 이전에 강조하였듯, 학업이 지루하고, 양이 압도적이거나, 목표에 도달할 가능성이 없을 때, 아이들은 좌절하기 시작하고 동기를 잃는다. 많은 경우 이들은 포기하거나 실패의 가능성을 없애기 위해 분투하기를 회피한다. 자녀에게 오늘 지루한 과학 문제를 풀어야 다음 주 단원 평가를 어려워하지 않을 수 있다는 사실은 단지 지금의 경험을 견딜 수 없기 때문에 별로 중요하지 않다. 여기에서 일관성을 유지하는 일은 물 건너간 이야기일 뿐이다.

그렇다면 아이들은 어떻게 학업을 지속할 수 있을까? 다음은 아이들이 어떻게 인내하며 학업을 지속하는지에 대한 이야기이다.

> "저는 아주 어려운 숙제가 있어도 포기하지 않아요. 엄마가 계속할 수 있도록 도와줘요. 엄마는 '숙제해야지. 어서, 어서' 이렇게 계속 얘기하죠."
>
> \- 8세 잭

> "제 다른 상담 선생님은 공부할 때 음악을 듣는다든지, 제가 할 수 있는 일을 알려줘요. 저는 음악을 들으면 노래를 따라 부르면서 숙제를 더 빨리하거든요."
>
> \- 12세 테일러

> "저는 그냥 '잘됐으면 좋겠다'라고 혼잣말을 해요. 만약에 잘되지 않으면 새로운 방법을 찾아야 하죠. 그때는 '그래, 다음엔 더 열심히 해보자'라고 말하고 넘어가요."
>
> \- 15세 대런

> "같이 공부할 친구가 있을 때는 친구네 집에 가서 함께 공부해요. 왜냐하면 친구가 맞은편에서 공부를 하면 제가 페이스북이나 유튜브에서 영상을 보면서 보내는 시간이 줄어들거든요. 한 번은 제 친구 에반이랑 제가 같은 과목의 보고서를 써야 하는 숙제가 있었는데, 저희 둘

다 완전 머리가 안 돌아가는 거예요. 그래서 함께 써 보기로 했어요. 제가 거실을 왔다 갔다 하면서 생각나는 내용을 말하면, 친구가 받아 적었어요. 그리고 친구도 그런 식으로 보고서를 썼고요. 엄청 도움이 됐어요."

- 17세 릴라

부모나 또래의 지지support이건, 음악이나 혼잣말이건 간에 이를 통해 아이들은 우리에게 어떻게 일관성 있게 노력할 수 있는지를 보여 주고 있다. 결과물이 완전하지 않거나 틀리더라도 아이들이 해내기 위해 정말 노력했다면 누구도 이 아이들이 게으르고 비협조적이거나 실패했다고 비난할 수 없다. 당신과 교사의 격려로 아이들은 더 노력하며 힘겨운 싸움도 견딜 수 있다. 아이들의 감독이 넘어져도 다시 털고 일어나 다음 임무를 수행할 때, 이는 회복탄력성이 빠르게 성장하고 있음을 방증한다. 우리 모두는 완벽함이 아닌 시도와 실수를 통해 배우며, 대부분의 부모도 자녀가 이렇게 배우기를 바랄 것이다.

학업 영역에서 일관성을 실천하는 부모와 주 양육자는 마치 도로 위에서 사이클 선수의 뒤를 따라가는 밴처럼 보일 때도 있다. 당신은 자녀를 뒤따라가며 경로의 방향을 주도하지 않으면서 필요한 지원과 지침, 자양분을 공급한다. 장애물에 부딪힐 때도 최대한 평정을 유지하면서 자녀가 집과 학교에서 루틴을 지키도록 돕는다. 이렇게 할 수 없을 때는 스스로를 용서하고 다시 시도하라. 당신이 이 팀의 감독이며, 성공을 위한 당신의 궁극적인 목표는 자녀의 강점을 기르고 기술을 쌓는 것임을 다시 기억하라. 이것이야말로 최고의 끈기라 말할 수 있다.

제9장

축하

"잘했어!" 그 이상의 표현

외부와 내부의 격려

학교 학업에 대한 축하란 자녀가 학업적인 성취를 이룰 때 이를 알아차리는 일부터 시작해 칭찬해 주는 것을 말한다. 아이들이 표현하든 하지 않든 간에 아이들에게는 당신이 아이들의 능력을 믿어 주는 것이 중요하다. ADHD 여부와 상관없이 우리 모두는 "잘했어!"라는 열렬한 칭찬을 들을 때 기분이 좋아진다. 물론 당신과 딸이 함께 숙제를 잘 해냈을 때 딸이 무엇을 잘하였는지 관찰한 내용을 짚어 주며 지지하는 것도 마찬가지로 중요하다. 당신은 "나는 네가 쉬는 시간에 수학 공부를 멈추고, 다음 공부 시간에 바로 다시 공부를 시작하는 게 좋았다"라거나 "과학 프로젝트를 그렇게 열심히 하다니 자랑스럽다"라고 말할 수 있다. 특히 이렇게 격려하는 말은 자녀에게 자신감을 심어 주고, ADHD 자녀가 하고 있는 적극적인 노력에 집중하게 하는 데 큰 도움이 된다.

이러한 말들은 아이들이 자신에게 쓸 수 있는 언어모델이 되며 칭찬 그 이상의 기능을 한다. 아동과 십 대 청소년이 우리의 목소리를 내면화하기 때문이다. 어른들이 노력이 부족하다거나, 어떻게 잘할 수 있는지만 반복해 말하면, 아이들에게는 이 부정적인 말들이 긍정적인 말보다 훨씬 더 큰 소리로 남게 된다. 학교 학업에 대한 축하란 현재 잘하는 것을 알아차려 이를 자녀에게 여러 번 말해 주는 일이다. 이렇게 할 때 이 목소리는 다른 목소리보다 아이들의 마음에 더 깊이 새겨진다.

> 아동과 십 대 청소년은
> 우리의 목소리를 내면화한다.

또한 축하는 칭찬이나 격려 그 이상을 의미한다. 당신의 자녀가 자신의 ADHD 뇌를 받아들이고 자신을 위해 이를 옹호하기 시작할 때 축하가 가능해진다. 아이들이 자신의 ADHD에 대해 선생님이나 또래 아이들에게까지 평정심을 가지고(약간의 수치심도 포함하여) 이야기할 수 있을 때, 해야 할 공부에 대한 책임감을 보일 때, 회피하기보다는 협조할 때, 이들은 자신이 누구인지에 대한 수용을 넘어 축하를 하고 있는 것이다. 아이들은 자신이 ADHD이며 다르게 학습하는 뇌를 가졌다는 차이점을 숨기지 않고 이야기할 수 있으며, 학업적인 성공을 달성하기 위해 필요한 것을 요청할 수 있다.

자기주장 — 학교생활 축하의 정점

아이들의 머릿속에 긍정적인 내면의 목소리를 키우는 일이 중요한 만큼 아이들이 학교에서 자신을 위해 적절한 목소리를 내는 일도 중요하다.

이는 성공적으로 학습하는 학생이 되기 위해 가장 중요한 부분이다. 지속적인 분투와 일관성을 위한 노력이 이어질 때, 유능감과 만족감도 부가적으로 자연스럽게 흘러나온다. 당신의 ADHD 자녀가 수업을 잘 따라가고 과제를 잘 해내기 위해서는 학업계획 세부사항 세우기, 개입, 지지가 필요할 수 있다. 시간이 지나면 아이들은 학업 목표를 달성하는 데 무엇이 자신에게 효과가 있는지를 깨닫는다. 아이들은 부모, 교사, 심리치료사, 상담전문가, 개인교사로부터 받는 도움이 어떠한 이익을 가져다주는지를 깨닫는다. 당신은 자녀가 ADHD에 대한 수치심, 창피함, 혐오감으로 침묵하기를 원하지 않는다. 자녀의 자기주장이 '축하'에 해당되는 이유는 자신의 강점과 한계에 대한 이해를 통합하여 말로 표현하는 것이기 때문이다. ADHD 아이들은 학교에서 무엇을 이해하는지에 대한 견해를 가지고 있으며, 그들의 인생에서 바라는 바를 적절히 요구하기 위해 어른들의 격려를 필요로 한다. 아이들은 스스로를 대변하는 이 단계를 밟으며, 상승하는 자신감을 표현하는 동시에 힘을 얻는다.

유치원생부터 고등학생에 이르기까지, 아이들은 학교 수업과 숙제에 관해 무엇이 그들에게 효과가 있는지를 이야기할 수 있다. 아이들이 성장할수록 이 능력이 점점 더 중요해지는 이유는 어른들이 아이들 인생의 세부 영역까지 다 관여할 수는 없기 때문이다. 아이들이 나에게 들려준 이야기를 소개해 보겠다.

> "수학 문제를 풀고 나면 제가 뭘 했는지 알겠어요. 저는 엄마가 쉬는 시간 전까지 몇 문제를 풀어야 하는지를 알려주면 좋겠어요. 남은 시간이나 문제를 푸는 데 걸린 시간 같은 것 말고요. 얼마나 걸렸는지는 안 중요하거든요."

- 9세 데저리

"저는 타이머를 쓰는 게 좋아요. 아빠가 15분 간격으로 맞춰 놓은 타이머가 울리면 저는 5분간 쉬는 시간을 가져요. 쉬는 시간에는 레고를 하거나 돌아다니고 간식을 먹죠. 또 타이머가 울리면 다시 숙제를 하고요. 선생님이 45분 이상 공부하지 않아도 된다고 했거든요. 그래서 제가 할 일을 다 못 하더라도 괜찮아요."

- 10세 제러드

"저는 읽고 쓰면서 학습하는 사람이라는 걸 깨달았어요. 선생님이 칠판이나 책에 쓴 걸 저는 받아 적거나 타이핑하는데, 그러면 그냥 듣는 것보다 더 오래 기억할 수 있어요. 저는 듣고 학습하는 게 잘 안 돼요. 그래서 필기가 필요해요. 제가 수업에 빠졌을 때는, 진도가 나간 부분을 읽거나 수업 내용에 대한 필기를 읽고 다시 제 말로 적어 보면 많은 도움이 돼요."

- 14세 오스카

자기주장은 점점 더 풍성해지는 자기이해와 함께 발달하며 ADHD 아동이 독립적인 성인으로 성장하도록 돕는다. 자녀가 어릴 때, 또한 자라날 때, 당신이 아이들의 주 대변자인 건 맞지만 매 순간 아이들과 함께일 수는 없다. 당신이 학습 과정이나 다른 곳에서 아이들을 최대한 도울 수 있는 구조가 확실히 자리 잡는 동안, 결국 당신의 자녀는 ADHD 여부와 상관없이 이를 스스로 하는 법을 배워야 한다. 학생으로서 자신을 잘 이해하는 것, 도움을 요청하는 자신감, 도움을 받고자 하는 의지는 모두 당신이 자녀에게 길러 줄 수 있는 최고의 축하 도구이다.

자기주장의 실행 — 에밀리의 성공 사례

자기주장은 까다롭게 굴고, 특별 대우를 요구하거나, 적대적인 태도를 보이는 것이 아니다. 내게 필요한 것이 무엇인지, 이를 어떻게 강경하고 정중하게 요청할지를 아는 것이다. 수줍음이 많은 에밀리Emily는 모두의 비위를 맞추려 하고 문제 일으키기를 싫어하는 고등학교 1학년생으로, ADHD와 언어기반 학습장애로 어려움을 겪고 있었다. 그녀는 학교에서 열심히 노력했지만 성적은 항상 기대한 만큼 나오지 않았고, 숙제 때문에 울기도 했다. 또한 쉽게 좌절했고, 그녀가 필요로 하는 도움을 학교에 요청하는 일을 창피하다고 느꼈다. 부모님은 딸에게 얼마나 열심히 공부하는지 알고 있으며 노력해 주어 고맙다고 자주 말했지만, 딸의 낮은 자존감과 그녀가 선생님들과 이야기하기를 꺼리는 점을 염려했다. 에밀리의 엄마는 "딸이 자신의 목소리를 내는 법을 깨우치기를 바라지만, 그렇다고 제가 항상 개입할 수는 없습니다. 저는 풀타임으로 일하고 있어요. 딸이 스스로 배워야 합니다"라고 말했다. 부모님의 격려로 에밀리는 생활지도 상담 선생님과의 면담과 6개월간의 심리치료를 통해 드디어 자신을 위해 목소리를 내는 법을 배웠다.

> 저는 굉장히 광범위한 504조 계획을 따르고 있어요. 개별화교육프로그램[IEP]에는 참여하고 있지 않은데, 아마 이것도 필요할 것 같아요. 저는 학교를 좋아하고 학교생활도 잘하고 싶어요. 대학에 가서는 라크로스를 하고 싶고요. 수학은 대부분 A나 B를 받고 어떤 때는 C를 받기도 해요. 새로 오신 영어 담당 제퍼슨 선생님은 학기 초부터 어휘와 철자 시험을 매주 보게 했어요. 저의 학업계획 세부사항에는 제가 철자 시험은 보지 않아도 된다고 나와 있는데, 제퍼슨 선생님은 '아니, 그건

말도 안 된다. 너를 포함한 모든 학생은 시험을 봐야 해'라고 말했어요. 저는 철자와 어휘를 잘할 수 없어서 계속 시험을 통과하지 못했어요. 그게 제가 지금 504조 계획을 따르고 있는 이유인데요. 제 성적은 C-가 되어 버렸죠.

부모님한테 불만을 이야기했지만, 부모님은 학교에 전화하는 것보다 제가 직접 해결하기를 바라셨어요. 그래서 이 짜증 나는 시험을 통과해 보려고 엄청 노력했는데 안 되더라고요. 제가 좋아하는 과목인데 D를 받을까 봐 두려웠고 잘해 보고 싶었어요. 제가 이 문제에 대해 지금 선생님께 이야기한 이유는 선생님이 제 심리치료사고, 저에게 504조 계획을 알려준 분이기 때문이에요. 그리고 선생님이랑 제가 저의 권리가 무엇인지, 제가 어떻게 학습하는지에 대한 얘기를 나누기도 했고요. 생활지도 상담 선생님과 이야기해 보라는 부모님의 제안에 선생님도 함께 동의하셔서 저는 너무 겁이 났지만, 생활지도 상담 선생님에게 말씀을 드렸어요.

그 뒤 학교에서 큰 회의가 열렸고, 제퍼슨 선생님을 제외하고는 모두 제가 이 시험을 보지 않아도 된다고 결정했어요. 저는 긴장됐지만, 제퍼슨 선생님에게 말했어요. '안경을 써서 더 잘 볼 수 있다면 그게 부정행위인가요? 학습장애가 있어서 다른 또래와 함께 공평하게 경쟁하기 위해 학업계획 세부사항을 따르고 있다면 그게 부정행위인가요? 아닙니다!' 제 말을 듣고 선생님은 '알겠다. 사실 네 말이 맞다'라고 하셨어요. 제가 나서서 제 입장을 대변한 거예요.

에밀리는 두려움을 극복하고 학교의 적절한 경로를 따르며 자신의 필요를 채웠다. 철자 공부가 왜 어려운지에 대한 복잡한 이유는 이해하지 못했지만, 그녀는 이 시험이 어렵고, 자신이 시험을 보지 않아야 한다는 사실을 알고 있었다. 그녀는 자신의 뇌를 받아들이고 학교의 잘못된 점을 고치기 위해 싸웠으며, 이는 그녀의 삶에 터닝 포인트가 되었다.

많은 ADHD 아이들처럼 에밀리도 성공하기를 원한다. 이를 가능하게 하기 위해서는 올바른 도구, 환경, 지지가 필요하다. 그녀는 학업계획 세부사항이 그녀를 가고자 하는 방향으로 인도해 줄 것을 알았다. 부모의 격려와 어른들의 지지는 그녀가 결의를 다지고 자신을 위한 목소리를 내도록 도왔다. 에밀리는 '축하'의 일부로 자기주장이 학교에서 어떻게 드러나고 실현될 수 있는지를 보여 준다. 바로 통찰과 용기, 표현을 통해서 말이다.

제3부

가정과 그 이외의 삶

제10장

격한 감정을 다스리는 법

최근에 내 상담실에 찾아온 12세 말릭과 그의 부모인 로버트와 샨텔을 만나 보자.

말릭 음악 담당 벅 선생님 아시죠? 그 나쁜 선생님 있잖아요. 그분이 절 괴롭혀요. 그 선생님 때문에 제가 혼나고 학교에서 컴퓨터도 못 쓰게 됐어요.

로버트 그게 다가 아니잖니.

샤론 살린 말릭, 처음부터 무슨 일이 있었는지 말해 줄 수 있니?

말릭 수업 중이었어요. 저는 수업 중에 말을 하지도 않았어요. 그냥 앉아 있다가 사촌한테 '안녕'이라고 하고, 안아 준 것뿐인데 벅 선생님이 저에게 '입 좀 다물래(Can you shut up)?'라고 하는 거예요. 아니, 다른 말로 하셨어도 되잖아요. 예를 들면 '말릭, 조용히 해 줄래?'나 '말릭, 얘기하지 마라' 이렇게요. 그런데 그냥 '입 다물어라(shut up)'라고 하는 건 좀 아니잖아요. 그건 절 무시하는 거죠. 저는 선생님이 제 친구한테 한 말인 줄 알고 걔를 쳐다봤어요. 저는 말한 적이 없으니까요. 친구한테 '야, 토마스. 선생님이 너한테 뭐라고 한다' 그랬더니 벅 선생님이 '말릭, 너한테 한 말이야. 입 다물고 앉으라고'라는 거예요. 그래서 '왜 저한테 입을 다물라고 하세요?'라고 물었더니 선생님이 '네가 얘기하고 있었잖아'라고 했어요. 화가 치밀어 오르더라고요. 그래서 교실에서 나와서 이런 상황이 올 때면 가기로 약속한 사무실로 갔죠. 그러고 나서 사회 수업을 들으러 갔어요. 식민지 시대의 미국에 대한 내용을 배우고 있기에, 컴퓨터에 식민지인 우리 학교와 나쁜 식민지 주민인 음악 선생님에 대해 글을 썼어요. '그는 나를 괴롭혔고 모든 상황이 좋아지면 그를 교수형에 처할 것이다' 하는 식으로요. 재밌지 않아요?

로버트 사회 선생님은 전혀 재밌다고 생각하지 않았어요. 그분은 말릭의 글을 교장 선생님께 보여 주었고, 와이프와 저는 학교에 가서 교장 선생님과 면담해야 했어요. 아들이 선생님을 위협했으니까요. 말릭은 방과 후에 남아 벌을 받고 두 달간 컴퓨터를 쓰지 못하게 됐죠.

말릭 네, 제가 제일 좋아하는 컴퓨터 수업 시간에 아무것도 못 하고 있어요. 저는 컴퓨터를 잘 다루거든요. 다른 애들도 도와주고요.

샨텔 우리가 이 내용을 전달했을 때, 말릭은 이성을 잃었어요. 의자를 차고, 욕하고, 말도 안 된다고 소리를 지르고요. 방에 들어가라고 했는데 자기 방으로 가다 말고 누나인 코린의 방에서 멈추더니, 방 안의 서랍을 다 열어서 물건을 모두 바닥에 던져 놓는 거예요. 말릭에게 억울한 상황이라는 점에는 동의하지만 우리가 당장 할 수 있는 일이 없잖아요. 그리고 코린의 방에는 왜 들어간 건데요? 그건 아주 못된 행동이에요.

무슨 일이 일어난 걸까?

에너지 넘치는 중학생인 말릭은 자신을 싫어하는 선생님에게 부당한 타깃이 되었다고 느끼고 있다. 그는 나와 함께 세운 계획, 즉 학교에서 너무 화가 나고 이성을 잃을 것 같다는 생각이 들 때 본관 사무실로 가 다음 수업 시간까지 기다리기로 한 사항을 실천했다. 그 후 말릭은 자신의 화를 에세이에 창조적으로 풀어 냈지만, 이는 그가 해를 끼칠 의도가 없었음에도 선생님을 위협하는 행위로 받아들여졌다. 말릭은 아무리 생각해도 잘못한 게 없는데 그냥 벌을 받았다고 생각했다. 그는 이러한 상황이 부당하다고 여겼고, 솔직히 말해 나 또한 모든 사람이 교사가 학생에게 "입 다물어라shut up"라고 말하는 것이 부적절하다는 견해에 동의할 거라고 생각한다. 말릭과 벅 선생님에게는 말릭의 잘못을 바로잡고 상황을 개선할 학교 행정상의 어떠한 도움이나 기회도 주어지지 않았다. 부모님이 학교의 결정을 전달했을 때 말릭은 더 이상 화를 참을 수 없어 폭발하였고, 부모님과 누나에게 감정을 쏟아 냈다. 그 후 말릭은 내게 이렇게 말했다. "학교에서는 침착하려고 노력했어요. 안 그러면 큰 문제가 생기거든요. 쫓겨날 테죠. 하지만 집에서 쫓겨날 일은 없잖아요." 하지만 이제 학교와 집, 두 곳 모두에서 문제가 생겼다.

이런 일은 모든 아이에게 일어날 수 있지만, 안타깝게도 ADHD 아이들에게 훨씬 더 많이 일어난다. 긍정적인 감정이든 부정적인 감정이든 이 아이들이 느끼는 감정의 강도는 현재 발달 중인 스스로의 행동의 결과를 가늠하는 능력치를 초과한다. 집행기능기술에 무리가 온 아이들은 많은 경우 밀려드는 감정의 홍수를 효과적으로 다루거나 이에 대응하지 못한다. 아이들이 나에게 말해 준 압도되는 경험은 어떤 때는 아이들이 생각하는 긍정적인 감정인 흥분이나 열정으로, 어떤 때는 부정적인 감정으로 받아들여져 자주 언급하는 분노, 염려, 실망으로 나타난다. 아이들은 자신을 관찰하기도 하지만, 그렇게 하지 못할 때도 많다. 어떤 아이들은 자신의 격한 감정이 주위 사람에게 어떠한 영향을 미치는지 잘 알아차리기도 한다. 이번 장에서 우리는 아이들의 안에서 소위 말하는 부정적인 감정이 걷잡을 수 없이 강해질 때 이를 어떻게 다룰 수 있는지에 대해서 알아보겠다.

감정은 어떤 일을 일어나게 한다

감정은 행동을 낳는다. 어떤 일을 시작하게 하고 지속하게도 한다. 모든 아이들은 감정이 밀려들 때 좋은 선택이 무엇인지 아는 뇌 영역에 접근하는 데 어려움을 겪는다. 격한 감정은 지금 당장 일어나는 일을 어떻게 적절하게 다뤄야 할지에 대한 합리적인 정보를 밀어낸다. ADHD 아동의 집행기능은 또래나 어른들처럼 이를 단순히 능숙하게 처리할 수 있을 정도로 발달하지 않은 상태이다. 물론 우리 모두는 누구라도 감정에 압도될 때가 있다. 당신도 흥분할 때가 있고, 후회할 말이나 행동을 하고 이후 죄책감과 수치심으로 힘들어할 수도 있다. 이는 다니엘 골먼Daniel Goleman이 그의 책 『정서지능Emotional Intelligence』에서 "편도체 납치amygdala hijack"라고 부른 말로 요약할 수 있다.[1]

당신은 제2장에서 ADHD 뇌의 생물학적인 부분에 대해서 알아보았다. 이번 장에서는 정서를 조절하는 법을 논의하면서 신경생물학의 중요성을 다시 부각할 것이다. 편도체는 뇌 중앙에 깊숙이 자리 잡은 정서를 담당하는 센터인 변연계 안에 위치하고 있다. 편도체는 투쟁-도피 반응fight or flight response을 일으킨다. 편도체는 위험을 감지하면, 이 위험이 실제이건 상상해 낸 것이건 간에 바로 행동에 돌입하고 뇌를 자극해 우리 몸에게 위험으로부터 달아나거나 싸우라고 말한다. 이때 당신은 아드레날린이 솟구쳐 심장박동수가 빨라지고, 호흡이 가빠짐을 느낀다. 편도체는 놀라울 정도로 빠르게 움직인다. 사람이 자신이 방해받는다고 의식하고 자각하는 데는 보통 300밀리세컨드(0.3초)가 걸리는데, 편도체는 20밀리세컨드(0.02초) 이내에 반응한다. 이를 일반적으로 "무릎반사"[2]라고도 부른다. 책의 제2장에서 언급한 뇌의 감독이라 알려진 전전두엽을 기억하는가? 편도체가 작동해 뇌를 접수하면 감독은 더 이상 일하지 않고 감정이 뇌를 장악한다. 감독이 점점 성숙해지면 언어를 사용해 고조된 감정에 이름을 붙이고, 상황에 대해 사고하며, 편도체를 진정시키는 역할을 한다.

또 하나의 중요한 감정조절영역은 우리의 작업기억에 있다. 작업기억은 장기기억으로 향하는 관문이다. 제2장에서 알아보았듯 작업기억은 세 가지 영역으로 이루어져 있다. 이는 머리에 하나의 정보를 저장한 상태로 다른 일을 하고(예를 들면 전화번호를 충분히 받아 적을 수 있을 정도로 기억함), 과거의 일을 기억하여 이를 현재나 미래에 적용하며(지난번에 누구를 밀어서 교장실에 불려 간 일을 기억함), 주어진 일련의 지시를 기억하고 차례로 단계를 밟는 일(코트를 걸고 책상에 가방을 올려놓음)을 한다. 토마스 브라운Thomas Brown 박사는 작업기억을 "뇌의 검색 엔진"이라고 부른다.[3]

작업기억은 우리의 욕구와 감정이 서로 충돌할 때 정서적 영향을 주는 기억을 불러오는 데 사용되며, 우리가 무엇을 해야 할지를 고민할 때 사려 깊은 결정에 도달하게끔 돕는 역할을 한다.

작업기억과 자기조절에 대한 연구는 작업기억이 감정을 통제하고 표현하는 것과 관련이 있음을 보여 준다. 한 연구에서는 작업기억능력이 좋은 사람이 그렇지 않은 사람보다 사건에 대해 덜 반응적인 태도를 보이며, 감정적인 상황을 더 잘 평가한다고 밝혔다.[4] 또, 작업기억은 우리가 큰 그림을 보도록 해 준다. 나무를 통해 숲을 보듯 말이다. 당신이 작업기억을 ADHD에 의해 자주 영향을 받는 집행기능기술 중의 하나로 이해한다면, 당신의 자녀가 또래에 비해 왜 그렇게 감정적으로 빨리 촉발되며, 격한 감정에 휩싸이는지 이해할 수 있게 될 것이다. 아이들은 편도체 납치로 인해 일어난 일의 결과를 극복하고, 어떻게 대처해야 할지 기억해 내는 데 어려움을 겪는다.

이면에 있는 장점

우리의 삶에서 일어나는 모든 일은 감정적인 반응을 포함한다. 운전하는 중 차선에 다른 차가 끼어들면 화가 나고, 사랑하는 사람이 아프면 슬퍼지며, 중요한 발표가 있을 때는 긴장한다. 일어난 일과 그 일로 인해 우리가 느낀 감정이라는 연관성은 우리의 내부에 남는다. 화, 슬픔, 불안 같은 감정이 내면에 차오르면, 우리의 내면은 불편한 신호를 보낸다. 괴로워하고 싶은 사람은 아무도 없다. 그러나 나는 트라우마 상황을 제외하고, 우리는 불편한 감정으로부터 긍정적이고 유용한 정보를 얻을 수 있으며, 불편한 감정의 이면을 살펴 가치를 찾을 수 있다고 생각한다. 이는 에드워드 할로웰Edward Hallowell 박사가 말한 거울의 특성mirror traits과 유사하다. "거울의 특성이란 단순히 ADD(ADHD)와 관련된 부정적인 증상의 긍정적인 측면을 말한다".[5] 예를 들면 할로웰 박사는 산만함을 "터보 엔진이 달린 호기심", 창의성을 "올바른 충동성", 에너지를 과잉행동의 대안격으로 묘사한다.[6] 내가 이러한 말로 부정적인 감정이 야기하는 심각성이나 일상에 끼치는 영향을 결코 간과하는 것은 아니다. 나는 이를 오로지 문제 영역으로만 간주하기보다 단순히 이를 재구성하여 바라봄으로써 당신이 자녀의 온전한 모습과 연결되도록 돕고자 한다.

이제 감정폭발에 대처할 수 있는 대안 방법을 살펴보자. 화는 짜증, 불만, 적대감을 표현하는 강한 감정이며, 이는 가벼운 짜증에서부터 좌절, 끓어오르는 분노로까지 나타난다.[7] 화가 두려움이나 취약성을 감추고 있을 때도 있다. 화는 소리를 지르거나 짜증을 내고, 못되게 굴거나, 철수하거나 때리고, 발로 차고, 물고, 문을 세게 닫거나 물건을 던지는 등의 공격적인 행동으로 발현된다. 이렇게 표현되는 화난 감정의 이면에는 바람직한 측면인 에너지, 열정, 세심함이 자리 잡고 있다. 화에 강도가 실려 성질을 부리고 폭발하는 감정을 분출하기 위해서는 대부분 많은 흥분과 힘을 요한다. 미래에 일어날지도 모르는 일에 대한 과도한 걱정이나 두려움으로 정의되는 불안도 살펴봐야 한다. 여기서 말하는 걱정은 타당하든 타당하지 않든 대개는 사건 자체에 비해 부적절한 반응을 의미한다. 당신은 아동과 어른의 불안 이면에 풍부한 상상력이 있음을 알고 있다. 이들은 벌어질 수도 있는 일에 대해 생각하고, 이에 대비해 계획을 세우려고 한다. 이 방향이 불확실하고 부정적인 결과를 향해 틀어지긴 했지만, 사실상 이러한 창의적이고 미래지향적인 계획은 우리에게 중요한 집행기능기술을 사용해 세우는 것이다.

대부분의 ADHD 아이들은 내게 우울감보다는 실망이나 후회에 대해 이야기한다. 아이들의 실망은 보통 이뤄지지 않은 소망, 의도, 욕구와 관련된 낙심이나 패배감을 반영한다. 아이들은 자주 자신이 한 말이나 행동을 두고 슬퍼하고, 상황을 되돌리고 싶어 한다. 이처럼 실망감은 너무나 고통스러운 경험이지만, 사실은 아이들에게도 달성하고자 하는 목표라는 긍정적인 측면과 이를 해내려는 동기가 있음을 시사한다. 후회는 아이들의 양심과 아이들이 자신의 말이나 행동을 숙고할 능력을 갖췄음을 보여 주는 징표이다. 물론 이러한 감정은 어느 누구에게도 뚜렷한 내면의 범주로 존재하는 것은 아니며, 보통 다른 영역과 복잡하게 얽혀있다. ADHD 아이들처럼 원래 하나의 생각이나 감정이 다른 생각, 감정으로 빠르게 옮겨가는 경우에는 더욱 그렇다.

아이들을 압도하는 격한 감정

화, 불안, 실망, 이 중 주제가 무엇이건 간에 ADHD 아동과 십 대는 강렬한 감정으로 자신이 어떻게 압도되며 이에 대처하는지에 대해 묘사하고 있다.

> "저는 화가 나면 미소를 지어요. 그렇게 안 하면 발로 벽을 차거나 문을 세게 닫고, 방을 어떻게든 엉망으로 만들어 놓죠. 동생은 봐주고 저만 혼내거나, 제가 비난받을 때 그래요."
>
> \- 10세 덴

"저는 학교에서도 인생에서도 성공하지 못하고 있어요. 제가 성공하기를 바라지만요…. 그냥 제 감정에 너무 압도되는 것 같아요. 뭘 잊어버릴까 봐 항상 걱정하고 있죠. 머리만 겨우 수면 위로 나와 있는 상태가 지속되고 있어요."

- 16세 헨리

"밤에 잘 때도 제가 할 수 있는 게 뭔지 생각해요. 제가 틀릴까 봐 걱정하는데 이 걱정이 효율적이지는 않아요. 제 생각에 빠져들게 되는 게 즐겁지 않고요…. 저는 혼자 있는 게 싫어요. 주위에 아무도 없을 때는 너무 고요해요. 고요하면 신경에 거슬리고 무섭거든요."

- 12세 칼리

우리 중 누구도 격한 감정이 일어나는 것을 막을 수 없지만, 당신은 ADHD 자녀가 감정을 어떠한 방식으로 조절하거나 혹은 조절하지 못했다는 이유로 그들 스스로를 비난하지 않도록 도울 수 있다. 당신의 아들은 덴처럼 흥분하여 발길질을 할 수도 있고, 딸은 염려하며 헨리처럼 상황을 파국으로 느낄 수도 있다. 이러한 순간에 아이들은 자신이 한 행동에 대한 후회를 말로 표현하지 않을 수도 있지만, 내면에서는 자신을 비하하는 다른 대화를 나누고 있다. 이러한 반응은 모든 상황을 더 복잡하게 만든다. 이때 아이들은 두 가지 종류의 격한 감정과 싸워야 한다. 17살 브리아나는 이렇게 설명한다. "저는 약속을 파투내거나 이중으로 잡아요. 그걸로 친구들이 뭐라고 하면 제가 엄청 화를 내요…. 그러고 나면 저 자신이 너무 싫어지죠." 17살 에단은 자신의 '미친 생각'에 대해 이렇게 이야기한다. "저는 긍정적으로 말하는데, 마음속에는 부정적인 생각이 먼저 떠올라요. 그렇게 신경 쓰이는 건 아닌데, 그냥 그렇게 되죠. 왜 그런지는 모르겠어요. 제가 부정적인 사람도 아니거든요. 그냥 그런 생각이 드는걸요." 내가 에단에게 "미친 생각"보다는 "쏟아지는 생각"이 그가 새로운 직업과 관련해 느끼는 압박과 긴장을 바르게 반영하므로 이름을 바꾸자고 제안하자 에단이 웃으며 말했다. "그렇게 생각해 본 적은 없었어요. 맞아요. 생각이 쏟아지는 게 맞아요. 생각이 미친 듯이 쏟아지지만 그렇다고 제가 미친 건 아니네요." 아이들이 화, 불안, 실망 같은 자신의 감정들을 스스로에게 쏟아 놓는 자기비난으로부터 분리할 수 있다면, 이는 결국 건강한 자기개념 형성에 도움이 되며 자기개념에 미치는 부정적인 영향을 줄일 수 있다.

부정적인 사고의 함정

누구에게나 부정적인 사고를 없애는 일은 비현실적일 수 있지만, ADHD 아이들이 무척 빈번하게 받는 비판을 고려한다면 자존감과 회복탄력성 형성을 위해 부정적 사고를 줄이는 일은 매우 중요하다. 말릭 Malik의 부모님은 말릭이 누나가 얼마나 속상해하는지 보고 난 후 누나 방을 망쳐 놓은 문제로 그도 속상해한다는 것을 알았다. 그래서 가족 구성원 모두가 말릭이 어지럽힌 누나의 방을 치워야 한다는 데 동의하였다. 부모님은 그가 누나의 방을 치우며 이렇게 중얼거리는 소리를 들었다. "나는 정말 형편없어. 나쁜 동생이야. 뭐 하나 제대로 하는 게 없어." 부모님은 아들이 잘하는 게 많다는 걸 알았기 때문에 이 말을 듣고 정말로 마음이 좋지 않았다. 당신도 자녀의 삶에서 실제 일어난 일과 스스로에게 말하는 이야기의 차이를 짚어 주면서, 말릭과 비슷한 자녀의 내면의 부정적인 목소리를 바꾸는 데 도움을 주기를 원할 것이다. 이러한 해석은 삶에서 일어나는 어떤 일에든 의미를 부여하는 데 직접적인 영향을 준다. 당신의 자녀는 상황이 요구하는 것보다 벌어진 일을 더 가혹하게 해석할 수도 있다. 브리아나는 친구에게 화가 났지만 그 후에 한 자신의 행동을 두고 스스로를 무정하다고 판단했다. 에단은 불안해하는 자신을 못마땅해했다. 이처럼 아이들은 빈번히 자신의 행동을 근거로 스스로에게 '결함' 있는 존재라는 꼬리표를 붙인다.

ADHD 아동이 부정적인 사고의 운행을 멈추는 데는 양육하는 어른들의 도움이 필요하다. 아이들은 자신의 바깥으로 부정적인 면을 꺼내 분리된 개체로 취급하는 것으로 나쁜 감정을 줄일 수 있다. 이는 마치 아이들의 머릿속에 건널목 안전요원을 배치하고 이렇게 말해 주며 아이들을 보호하는 것과 같다. "이 길은 지금 너 스스로를 미워하게 만드는 빠르고 위험한 차로 가득하단다. 길을 건너지 말거라. 그렇지 않으면 부정적인 차와 부딪히게 된다. 길이 안전해질 때까지 인도에 있어야 한다."[8] ADHD 젊은이들은 이러한 건널목 안전요원을 내면에 배치할 때, 자신에 대한 공격을 늦추거나 삼가고, 대신 격한 감정을 직접 다루는 법을 배울 수 있다.

우리의 마음에도 비판적인 피드백의 고리가 존재할 수는 있지만, 우리는 이로 인해 좌지우지되기를 원하지는 않는다. 하지만 너무 많은 경우 ADHD 아이들은 자신이 한 행동의 '잘못'에 대한 이해를 통해 자신을 "결함" 있는 존재로 결론 내리고 만다. 당신이 아이들에게 어떠한 부정적인 목소리가 들리는지 물어보고, 그 목소리에게 건널목 안전요원이 되어 어떻게 말을 건넬지에 대해 브레인스토밍을 할 때, 아이들은 내면의 목소리가 얘기하는 전부를 믿지 않는 방법을 배울 수 있다. 말릭이 느꼈던 어느 정도의 죄책감과 후회는 그가 누나의 방을 망쳐 놓은 상황을 고려할 때, 약간은 적절했다고 할 수 있다. 하지만 부정적인 사고는 그가 한 개인으로서 무가치하며 동생으로서 실패작이라는 긴급 방송을 내보내게 한다. 이럴 때 말릭의 마음에는 이렇게 말해주는 건널목 안전요원이 필요하다.

부정적 사고를 외재화하기 위해서는 많은 연습과 당신의 든든한 지지가 필요하다. 처음에는 어색할 수 있지만 부정적인 목소리의 볼륨을 통제하는 법을 습득하는 것은 아이들에게 중요한 회복탄력성과 자아존

도로에 사람들을 깔아뭉개는 차량이 있어. 돌아서야 해. 네가 실수를 저지르긴 했지만,
누나에게 사과했고 방도 다 치웠잖아. 너는 형편없는 애가 아니야.

중감을 지탱해 줄 인생의 기술이다. 아이들이 스스로의 이야기를 긍정적으로 활용하도록 당신이 도와줄 수 있다.

나는 아이들이 실수하거나 후회할 만한 일을 했을 때 스스로에게 무엇이라 말하는지 직접적으로 물어보았다. 비판이나 수치심에 대해 이야기하는 아이들도 있었고, 회복탄력성이나 수용에 대해 이야기하는 아이들도 있었다. 그중 소수의 아이들은 머릿속에 있는 부정적인 목소리에 능숙하게 반박하였다.

"전 성적이 안 좋으면 기분이 그냥 안 좋아요. 아무도 제 점수를 안 봤으면 좋겠어요. 성적표를 바로 책상에 올려놓고 '나는 형편없다', '내 자신이 싫다'라고 얘기해요. 아주 혹독하게요. 그리고 다음 날 후회해요."

- 10세 텐

"제가 아무리 열심히 노력해도 모든 일에 비관적인 관점을 갖고 있어서 걱정이 많아요. 정말로 제가 걱정하는 일이 안 일어나기를 바라죠. 저는 뭘 잘못하면 스스로에게 화가 나서 '더 잘했어야지'라고 말해요. 축구 때문에도 저 자신을 비난하고요. 지는 게 너무너무 싫거든요. 지게 되면 '이런, 내가 뭘 잘못해서 이렇게 됐지?'라고 질문해요."

- 17세 윌로우

"저는 제가 왜 실수했는지를 살펴보려고 해요. 그리고 이유를 찾으면 다시 하기도 하고요. 반 아이들은 다 방법을 아는데 저만 모르면 완전 셧다운 상태가 돼요. 저만 바보가 된 것 같거든요. 질문조차 하기 싫은 이유는 저만 멍청하게 보일 것 같으니까요. 정말 수치심 같은 걸 느껴요. 저는 '와, 나 진짜 게으르다'라고 말하지만 쫓아가려고 노력하고, 이로 인해 화내지 않으려고 하죠. 결국 어떤 일이 일어나든 간에 다 이유가 있는 거니까요."

- 14세 타이론

"저는 항상 완벽하게 해내고 싶어요. 제가 사람들이 무슨 이야기를 꺼내는 걸 싫어하는 이유는 제가 틀리고 싶지 않아서 그래요. 예전에는 무언가를 잘못했을 때면 벽을 치는 느낌이 들었어요. 그냥 뭔가를 치는 기분이요. 고등학교 3학년(Junior year)이 되면서 더 성장하기 시작했어요. 실수를 하면 실수에서 배우려고 하죠. 실수 때문에 항상 무너질 순 없으니까요."

- 17세 이반

나는 부정적인 사고가 어떠한 방식으로든 아이들 각각에게 영향을 미침에도 다시 일어서고자 하는 아이들의 힘과 정신에 감명을 받았다. 이반이 묘사한 대로 실수는 잘못을 탈바꿈하는 기회가 된다. 당신도 자녀가 이렇게 사고하게끔 도울 수 있다. 자녀에게 공감하는 '긍휼', 일어난 일에 대해 이야기하고 대안을 브레인스토밍하는 '협력', 더욱 긍정적인 이야기를 끌어내는 '일관성', 자녀의 노력을 알아차리는 '축하'를 통해 당신은 자녀에게 진정한 이들의 모습으로부터 부정적인 소음을 분리하는 법을 가르칠 수 있다. 이는 아이들의 인생에서 필요한 회복탄력성을 길러 주는 역할을 한다.

멈추고, 생각하고, 행동하기

당신의 자녀가 격한 감정에 압도되었다고 느낄 때, 균형을 되찾기 위한 첫 번째 단계는 사고하는 기술과 작업기억 기술을 통해 그들 내면의 감독을 제자리로 위치시키는 것이다. '멈추고, 생각하고, 행동하기'를 의식적으로 할 수 있게 돕는 교육은 아이들에게 큰 힘이 된다. 대부분의 사람은 강렬한 감정을 느낄 때 먼저 행동한 후 잠시 멈추고 생각을 제일 마지막에 하는 경향이 있다. 이 순서를 바꾸어 보라. 일단 멈추고 호흡하고, 그다음 현재 일어나는 일과 당신이 할 수 있는 일을 고려한 후, 마지막으로 행동하라. 목표는 사고하는 뇌를 과정에 참여하게 하여 자녀가 격한 감정을 다스리도록 가르치는 것이다. 아이들은 내게 감정이 고조되면 머릿속으로 떠올린 따라야 할 사항을 말로 계속 반복하며 기억한다고 말해주었다. 간단히 '멈추고, 생각하고, 행동하기'라는 말을 따라 하는 것, 즉 자녀의 말로 사고 과정과 감독을 활성화시킬 수 있다. 당신 또한 스스로 이 과정을 연습해 보면 좋을 것이다.

'멈추고, 생각하고, 행동하기'를 의식적으로 할 수 있게 돕는 교육은 아이들에게 큰 힘이 된다.

10살 대럴과 아빠 샘은 '멈추고, 생각하고, 행동하기'가 필요했던 주말 상황을 묘사한다. 대럴은 할아버지, 할머니의 집으로 가는 3시간의 여행에서 한 시간이 지나지 않아 말썽을 피우기 시작했다.

샘 대럴이 누나들에게 소리를 지르고 노래를 크게 불렀어요. 제가 운전해야 하는데 감당이 안 되더라고요. '그만해라'라고 했는데 멈추지 않아서 상황이 점점 고조되었고요. 제가 뒤돌아서 아들을 잡아당기거나 옆에 있는 뭐든 던져 주의를 안 끌면 멈추질 않아요.

대럴 다 소용없어요. 더 화만 나요. 그냥 멈추기가 싫다고요. 제 행동이 웃기고 누나들도 좋아하는데요? 좀 지나치긴 했지만요.

샘 그런 상황에서 운전하는 건 위험합니다. 집중할 수가 없어요. 멈추고, 생각하고, 행동하기를 할 수가 없고, 차분해지거나 효율적일 수도 없습니다. 사고라도 나면 어떡합니까?

이런 상황에서 잠시 멈추어 생각하기란 불가능해 보이지만, '멈추고, 생각하고, 행동하기'를 실천하려는 의식적인 노력이야말로 대럴의 아빠 샘에게 꼭 필요한 일이다. 누구라도 감정적으로 촉발되었을 때 잠시 멈춤 버튼을 누르기란 쉽지 않다. 우리는 샘이 선택할 수 있는 옵션을 함께 살펴보았다. 대럴에게 소리를 지르고, 잡아당기거나, 무언가를 던지는 행동은 효과가 없을뿐더러 샘에게도 기분 좋은 행동은 아니었다. 가장 좋은 선택은 가능한 빨리 차를 멈추거나 도로를 벗어나는 것임이 분명했다. 그렇게 할 때 아빠와 대럴은 차에서 나와 심호흡을 하고 상황이 고조되는 악순환을 끊을 수 있다. 대럴은 이 아이디어가 좋았고, 자신을 진정시키는 데 도움이 된다고 생각했다. 대럴은 "그거 좋은데요. 아빠가 저를 안아 줄 수 있나요? 안아 주면 도움이 될 것 같아요"라고 덧붙였다. 샘은 한숨을 쉬었다. "그렇게 할 수 있을지 모르겠다. 너무 좌절해서 말이야." 샘은 아들을 바라보며 "아무래도 안아 주면 아들이 정말로 진정할 것 같네요. 그렇게 해 보죠"라고 말했다. 샘은 스스로 차에서 문제가 되는 행동을 했음을 알았지만, 편도체 납치로 인해 감정적으로 압도되어 대럴을 효과적으로 중재할 수 없었다. 아빠인 샘이 자기절제를 사용하기 위해 우선 '멈추고, 생각하고, 행동하기'를 스스로 최선을 다해 실천할 때, 아들이 같은 방법을 사용하도록 도울 수 있다.

실제로 다른 뇌를 가져 집행기능이 완전히 발달하지 않은 ADHD 아동에게 '멈추고, 생각하고, 행동하기'를 실행하기란 큰 도전과도 같다. 십 대는 마음과 몸에 영향을 주는 호르몬과 신체 변화 때문에 감정적으로 변덕스럽고 훨씬 더 민감한 반응을 보이므로 이들이 감정의 폭풍이 몰아치는 중에 잠시 멈추는 것은 정말 대단한 업적이다. 그렇다고 불가능한 일인 것은 아니다. 당신이 자녀에게 상황에 맞게 존댓말이나 감사하다는 말을 하라고 가르치는 것처럼, 아이들도 '멈추고, 생각하고, 행동하기'를 자신에게 말하며 연습하도록 학습할 수 있다. 말릭은 음악 수업 시간에 나와 학교 사무실에 갔을 때 그가 학습한 행동을 하고 있음을 보여 주었다. 즉, 그는 멈춰서 자신이 화났음을 알아차리고, 차분해지기 위해 다른 곳으로 이동했다. 그는 나에게 수업 시간에 문제를 일으키고 싶지 않았고, 교실에서 나와야 한다는 것을 알고 있었다고 말해 주었다. 이렇게 하는 방법을 학습하기 위해서는 많은 연습이 필요하며, 그의 인생에서 어른들로부터의 지지가 필요하다.

어떻게 하면 가장 필요한 순간에 ADHD 자녀가 '멈추고, 생각하고, 행동하기'를 하도록 도울 수 있을까? 이제 5C 양육방법을 다시 불러오자. 첫째로 자기절제, 자기훈련, 마음챙김이 우선이 되어야 한다. 편도체 납치가 벌어질 때, 당신이 이에 휘말려 급강하하지 않도록 정신을 차리

"멈추고 생각하고 행동하기" 큐카드

멈추기:
일단 행동을 멈추라!
진정할 때까지 호흡하거나 그 자리를 벗어난다.

생각하기:
지금 무슨 일이 일어나는지 주목하고,
질문하며, 들어 본다.

행동하기:
다음 단계를
브레인스토밍하고
그 내용을 시도해 본다.

고 다시 핸들을 잡아 원래 위치로 돌아와야 한다. 이때 알아차림은 감정이 유발되었을 때 당신 주변에서 일어나는 일과 더불어 몸에서 일어나는 일을 의식하는 데서 시작된다. 당신의 심장이 빨리 뛰기 시작하고, 무언가 꿈틀거리는 것이 느껴지기도 한다. 말을 더 크게 하거나 빨리하기 시작하고, 당신의 주위 사람들이 힘들어하는 것처럼 보이거나 목소리를 높일 수도 있다. 이는 감정이 고조되고 있음을 보여 주는 단서이며, 이때 '멈추기'를 실행할 수 있다. 17살 소냐는 나와 했던 8개월간의 치료를 마치면서 이를 어떻게 실천하는지에 대한 경험을 나누어 주었다.

> 저는 이렇게 말해요. "있잖아, 지금 우리가 좀 통제가 안 되는 것 같아." 그러고는 그곳을 벗어난다거나, 아니면 "나 잠깐만 시간을 갖고 올게"라고 말하고 지금 제가 뭘 하고 있는지를 생각해요. 더 어떻게 집중해야 할지를 생각하며 잠시 뇌를 식히죠.

소냐는 자기인식을 통하여 자신의 "뇌를 식히는 법"을 터득했다. 당신도 자녀에게 이 방법을 가르칠 수 있다. 우선 잠시 시간을 갖고 스스로에 대해 생각해 보라. 격한 감정이 밀려올 때 당신에게 나타나는 패턴이 있는가? 또, 당신의 자녀가 감정의 범람을 경험할 때 어떤 일이 일어나는지를 생각해 보라. 시간을 내어 정신적으로 혼란한 상태가 아닌 차분한 상태에서 아이들의 사고하는 뇌가 학습할 수 있을 때, 이에 대해 이야기해 보는 것이 중요하다. 촉발 요인을 파악하는 것은 대응 방법을 배우는 출발점이다. 아이들은 무엇이 자신의 감정을 건드리는지 의식하고 있는가? 당신은 자녀의 어떤 모습이 당신의 감정을 건드리는지 알아차렸는가? 이는 갈등을 줄이고 효과적인 대처 기술을 쌓기 위해 묻고 답해야 할 중요한 질문이다. 사람들이 흥분했다면 시간을 내어 '편도체 납치'라는 기본적인 생물학적 지식을 공유해 보라. 뇌에서 감정을 담당하는 영역이 어떻게 강렬한 감정으로 차올라 사고하는 뇌를 장악하고 진정하기 어렵게 만드는지 설명해 주라.

'멈추고, 생각하고, 행동하기'는 사고하는 뇌가 책임을 다하도록 다시 제자리에 돌려놓는 티켓으로, 이를 위해서는 많은 연습이 필요하다. 사람들에게는 하려던 말을 멈추는 날도 있고, 감정이 너무 강렬하거나, 타인을 신경 쓰지 않고 다 표출하는 날도 있다고 말해 아이들을 안심시켜 주라. 이렇게 아이들의 경험을 정상화하도록 도울 수 있다. 당신은 제1장에서 말릭이 "멍청한 샤론 박사님의 호흡법 연습"이라 부르던 호흡법을 시도해 볼 수 있다. 교호, 흉식, 꽃/촛불 호흡법을 사용하여 정지 상태의 근육을 튼튼하게 만들 수 있다. 밖으로 나가거나 방에서 나가 불안한 상태를 줄이는 이들도 있다. 좋아하는 장난감, 책, 음악으로 마음이 차분해지는 특별한 공간을 만들어 자녀 내면의 불길을 식히도록 도울 수도 있다. 대럴과 같은 아이들에게는 간단한 포옹이면 충분하다. 자녀와 함께 멈출 수 있는 방법을 구체적으로 말하고 적어 보라. 부엌에 해당 리스트를 붙여 놓고, 필요할 때 모두가 볼 수 있게 하라. 어떠한 생각이나 주변에서 일어나는 일에 대한 걷잡을 수 없이 밀려오는 내면의 감정으로부터 아이들의 주의와 보디랭귀지를 반복적으로 돌려놓으라. 이를 통하여 솟구치는 아드레날린이 잦아들고, 이완 반응이 나타날 것이다.

일단 현장에서 폭풍이 잦아들면, 당신은 자녀가 알아차림을 통하여 감정과 행동의 연결지점을 찾도록 도와준다('생각하기'). 이는 감정과 행동의 패턴에 대한 전략을 짜는 시간이 아니다. 그러한 시간은 상황이 다시 균형을 찾고 어느 정도 시간이 더 흐른 후 가질 수 있다. 연결지점을 찾는 시간은 어떠한 판단도 하지 않고 호기심을 사용하는 시간이다. "넌 너무 예민해"라거나 "너 때문에 미치겠다"라는 감정적인 말 대신 "무슨 일 때문에 그렇게 화가 났니?", "어떻게 하다 상황이 고조되었니?"와 같이 비난하지 않는 질문을 한다. 무엇이 아이들을 화나게 하였는지에 대해 판단하지 않고 관찰하는 진술을 한다. "타미가 농구를 하다 너를 때렸을 때 네가 화가 나기 시작했구나", "숙제를 끝내기에는 시간이 너무 늦어져서 내일 학교에 갈 일이 두려웠구나"라고 말할 수 있다. 당신은 셜록 홈즈처럼 편도체 납치에 대한 미스터리를 조사하고, 해당 사건을 일으킨 요소를 수집한다. 호기심은 자녀의 사고에 박차를 가할 뿐 아니라 당신의 긍휼을 길러 준다. 당신은 관찰한 내용을 아이들과 나누면서 동시에 공감할 수 있다. 이러한 진술은 이후 당신이 상황에 대처하는 방법적 전략을 세울 때 도움이 된다('행동하기'). 이 단계에서는 당신과 자녀가 아이디어를 브레인스토밍하며 문제 해결 기술을 모색하고, 모두 한 팀이지만 책임 있는 어른으로서 최종 결정을 하는 사람은 당신임을 알고 있어야 한다.

뇌의 감독은 연습을 통해 성장하며, 이를 통해 당신의 아동, 십 대 자녀는 스스로 상황에 대처하는 방법을 배운다. 감정의 폭발은 불쾌한 경험이지만, 이때가 바로 이러한 기술을 배우기에 가장 좋은 시간이다. 상황이 명확해지면 이전에 협력하여 동의한 사항이나 유사 경험을 적용해 당신과 자녀는 밟아야 할 다음 단계를 고안할 수 있다. 당신이 현재와 과거를 연결시키면 자녀의 작업기억을 점화할 뿐 아니라 당신의 일관성이 드러난다. 자녀와 차분한 대화가 가능해지면 당신은 자녀의 사고하는 뇌가 제자리로 돌아왔음을 알 수 있다. 자녀와 함께 다음 단계를 결정하

라. 아이들이 차분해지고 마침내 당신과 대화할 수 있게 된 데에 감사를 표현하라. 이는 아이들에게 '멈추고, 생각하고, 행동하기'와 같은 새로운 패턴의 형성이 자리 잡는 것을 돕는 긍정적 강화의 역할을 한다.

감정의 폭발 — 화로 가장한 에너지, 열정, 세심함

나를 만나는 모든 아동, 십 대 아이들은 화에 대해 이야기한다. 모든 아이들은 무엇이 그들을 '화'나게 하는지, 그들이 왜 논쟁하는지, 무엇 때문에 좌절하는지, 어떻게 이성을 잃게 되는지에 관한 일화가 있거나 이를 주제로 이야기한다. 일반적으로 아이들은 화를 너무나 싫은 자신의 일부로 여기는데, 그 이유는 대부분 화를 통제하지 못하며 이후의 행동을 후회하기 때문이다. 많은 아이들은 무엇이 그들을 화나게 하는지에 대한 통찰을 보여 준다.

> "저는 권위가 정말 싫어요. 권위로 사람들을 무시하니까요. 어떤 선생님들은 자기가 사람들 위에 있는 최고의 권력인 것처럼 행동해요. 사람을 보잘것없게 만들죠. 툴리 선생님은 평소에 무례하고 아이들을 멸시해요. 저는 못 받아들이겠어요…. 아, 그래서 말대답을 해요."
>
> \- 15세 말론

> "저는 제 이야기를 하는 걸 좋아하는데, 어느 때는 부모님이 제 말을 끊고 그만하라고 해요. 제가 너무 길게 얘기하거든요. 그래서 화를 내고, 문을 세게 닫거나, 엄마랑 싸우게 돼요…. 저에게 더 이상 ADHD가 없었으면 좋겠어요. 조그만 일에도 계속 화가 나니까요."

- 9세 래일라

"4학년 때인가 초등학교 때 저는 정말 걸핏하면 화를 냈어요. 선생님이 뭐라고 하면 그냥 화가 났어요. '절 좀 내버려 두고 오지 마세요'라고 말하고 무언가를 부수거나 의자를 밀쳤어요. 선생님을 당황시키고 할 말을 잃게 만들었어요. 선생님들은 '너와 싸우기 싫으니 나가라'라는 식으로 말했고요. 그게 또 저를 화나게 했죠."

- 15세 파블로

"지난주에 엄마가 상대 팀 감독님이 아파서 농구 시합이 취소되었다면서 제가 대체경기에 뛰지 못한다고 했어요. 화가 치밀어 올랐어요. 쿵쿵거리면서 방으로 들어가서 문을 세게 닫고, 침대에 얼굴을 박고 한참 있었어요. 그러다가 형이 들어와서 집 앞에서 농구를 하자고 해서 같이 하고 나니 화가 사라졌어요."

- 10세 샌재이

무시나 통제를 당하고 부당한 대우를 받거나 풀리지 않는 일이 생길 경우, 화가 공격적으로 표출되며 폭발하거나 성질을 부리는 행동으로 이어질 수 있다. 이때 역시 바로 '멈추고, 생각하고, 행동하기'를 실행할 수 있는 시간이다.

ADHD 아동은 강한 정의감과 민감성을 갖고 있음은 물론 에너지도 넘쳐 난다. 아이들은 부당한 대우를 받는다고 느끼거나, 무력감 혹은 아무도 자기 말을 들어주지 않는다고 느낄 때 분노한다. 일어나야 할 일에 대한 기대와 실제 일어나는 일이 다를 때도 보통 적응하지 못하고 폭발할 수 있다. 또한 자신의 감정을 적절하게 표현하는 기술과 현재 무슨 일이 일어나는지를 설명하는 기술이 부족할 수 있다. ADHD가 아닌 아이들도 이런 문제로 힘들어할 수 있지만, ADHD 아동이 훨씬 빠르게 이성을 잃고 감정의 홍수에 휩쓸린다. 부모상담 시간 중 샨텔은 이와 같은 사건을 묘사하였다.

> 일요일 아침, 저는 가족을 위해 근사한 아침 식사를 차리기로 했어요. 계란, 베이컨, 팬케이크, 토스트, 가능한 모든 음식을 준비했죠. 모두 앉아서 아침을 먹기 시작했는데 말릭이 계란에서 머리카락을 발견했어요. 제 것이었어요. 별일 아니지 않나요? 어쩔 수 없는 일이니까요. 그냥 빼내고 계속 먹으라고 했죠. 그런데 말릭이 완전히 폭발한 거예요. 역겹다며 분노에 차서 고래고래 소리를 질렀어요. 저는 진정하라고 말하고 머리카락을 버리려 했는데, 말릭이 계란을 집어서 식탁에 던져 박살을 냈어요. 아이가 다른 해결책을 찾지 못하더라고요. 로버트가 말릭에게 앉으라고 소리를 질렀더니 더 화를 냈고요. 동생은 울음을 참고 있었죠. 완전 난리도 아니었어요. 저는 식탁에 있는 계란을 치우고 다시 사과했어요. 말릭은 자리를 박차고 나갔고 저희끼리 아침을 먹었어요. 나중에 말릭이 다시 돌아와 사과하면서 배가 고프다고 했고, 저는 아들이 원하는 냉동 와플을 만들어 줬어요. 또 걔가 폭발하는 걸 보고 싶지는 않았으니까요.

어떤 부모에게든 이렇게 고조된 상황에서 무엇을 해야 할지 알기란 어렵다. 안전하고 존중하는 환경을 조성하기 위해 집안의 규칙을 함께 정하는 협력은 자녀가 성질을 부릴 때 이를 개인적인 공격으로 받아들이지 않는 것만큼이나 중요하다. 샨텔이 뜻하지 않게 머리카락이 계란에 들어가는 것을 통제할 수 없듯, 말릭이 역겹다고 느끼는 것도 어쩔 수 없다. 그러나 많은 ADHD 아동에게 전형적으로 보이는 말릭의 반응은 상황에 부적절했다. 심지어 아빠 로버트가 그만하라고 말했음에도 그는 멈출 수 없었다. 샨텔은 머리카락을 치우면서 문제를 해결해 보려 했지만 모든 게 헛수고였다.

샨텔은 이 일을 돌아보며 모두에게 '멈추고, 생각하고, 행동하기'를 상기시킬 수 있었음을 깨달았다. "우리가 가끔씩 해 보는 '샤론 박사님의 시간'을 갖자고 말했어야 했어요. '얘들아, 우리가 멈추고, 생각하고, 행동하기를 해야 할 시간이야'라고요. 보통은 이로 인해 웃고 또 실천하게 되거든요." 우리는 가족이 잠시 멈추는 시간을 가짐으로써 고조되는 상황을 늦추고, 상황을 말로 반영해 주며, 공동의 해결책을 마련할 수 있다는 데 동의했다. 말릭의 반응은 계란 속 머리카락 때문임이 분명했지만, 식탁에 앉은 누구도 그의 불쾌함이나 이로 인해 어떻게 그의 아침 식사가 망쳐졌는지를 알아주지 않을 때 표출하는 감정의 강도가 더 세졌다. 샨텔과 로버트는 많은 부모가 시도하는 방식으로 문제를 없애려고만 했다. 샨텔은 다시 숙고했다. "이런 식으로 말해야 했어요. '네 음식에 머리카락이 있어 기분이 나쁘겠구나. 우리가 뭘 해야 할까?' 그랬다면 아들은 화는 냈겠지만 정신을 잃을 정도로 내지는 않았을 거예요." 로버트도 말릭에게 소리를 질러 봤자 아들을 더 화나게 할 뿐이며, 아들이 느끼는 좌절을 다뤄줄 순 없음을 깨달았다. 우리 모두는 계란을 내던지는 행동은 용납되지 않으며, 이상적인 상황이라면 말릭이 스스로 치워야 했거나, 그가 치우는 걸 엄마가 도와주었어야 했다는 데 동의했다. 이렇게 책임을 지는 것이 말릭에게 합리적인 결과였을 것이다. 나는 말릭이 잘못한 행동에 책임을 지게 하기 위해 그가 다음 주 일요일 아침 식사 준비를 도와줄 것을 제안했다. 그는 이로써 자신의 음식에 머리카락이 떨어지지 않게 하면서도 눈으로 그것을 확인할 수 있었다. 게다가 그가 좋아하는 요리도 할 수 있었다. 가족들은 이를 따르기로 했고, 말릭은 딸기를 얹은 팬케이크를 만들 생각에 신이 났다. 일주일 후 말릭의 가족은 기분 좋은 아침 식사를 했다고 보고했다.

믿기 힘들겠지만 자녀의 감정 폭발은 ADHD 아동을 강렬한 감정을 다루는 대안을 배우는 기회로 인도할 좋은 기회이다. 상황을 통제할 수 없을 때, 많은 부모는 물건을 빼앗거나 아이들을 방으로 보내 아이들의 부적절한 행동에 대한 벌을 준다. 양육에 대한 연구는 이러한 처벌이 자녀들의 감정이나 생각을 다루지 않기 때문에 효과가 없음을 보여 준다. 오히려 처벌은 아이들에게 부당함이나 나쁜 감정을 느끼게 하며, 공감하고 실수를 바로잡는 법, 적절한 선택을 하는 법에 대해서는 가르쳐 주지 못한다. 타임아웃도 마찬가지이다. 자기절제에 대한 교육이 아닌 아이를 통제하기 위해 타임아웃을 쓴다면 효과가 없다.[9] "계단에 십 분간 앉아서 입 다물고 있어"라든지 "한 시간 동안 네 방에 있어" 같은 타임아웃은 수치심을 기반으로 삼는 개입이다. 물론 자녀를 때리는 것보다는 낫지만 이 방법으로는 자녀 스스로 '자기절제'를 향상하고 더 나은 선택을 하도록 도울 수는 없다. 문제 행동이나 좋지 않은 선택에 대한 합리적인 책임이야말로 확실히 아이들의 교육에 유용한 도구이다. 딸이 화가 나 문을 세게 닫아 문에 금이 갔다면, 딸이 당신과 함께 새 문짝을 사고 돈을 보태는 것이 합리적이다. 이는 딸이 새로 단 문을 닫으며 볼 때마다 그녀의 행동에 원인과 결과가 있음을 가르쳐 줄 것이다.

그렇다면 어떻게 해야 ADHD가 있는 자녀에게 자신의 감정을 수용하고, 부적합한 행동을 제한하며, 감정을 더 능숙하게 처리하도록 가르칠 수 있을까? '멈추고, 생각하고, 행동하기'에 더해 서로 떨어져 있는 시간을 정하라. 예를 들어 "각자 진정할 시간을 가진 뒤 30분 후 부엌에서 만나자"라고 말하고 각자의 시간을 보낸 후 다시 모이는 것이다. 이는 당신이 떨어져 있는 시간이 필요하다고 생각하지만, 이를 벌로 사용하는 게 아니라는 것을 보여 준다. 다시 자녀와 만났을 때는 이야기를 들어주고 관심을 가지고 가르치기를 시작한다. 다뤄야 할 자녀의 행동이 아주 구체적이고 명확할 때, 자녀는 해야 할 행동과 하지 말아야 할 행동에 대한 가르침을 잘 받아들인다. 당신에게는 너무 명백한 내용이 자녀에게는 그렇지 않을 수도 있다. 그러므로 예시는 짧아야 하고, 작은 단계로 나누어야 한다. “너는 집안일을 할 때 태도가 정말 나쁘다, 내가 소리를 지르지 않으면 너는 일하지 않는구나, 정말 지겹다”라고 말하는 대신, “우리 가정이 잘 돌아가기 위해 가족 모두가 참여하고 도와야 한단 걸 이해해 주길 바란다. 네가 해야 할 집안일을 기억하기 힘들 텐데, 그렇다면 우리가 소리를 지르지 않고도 잘할 수 있는 다른 시스템을 고민해 보는 게 어떻겠니?”라고 말해 볼 수 있다. 이것이 더욱 바른 대화를 나누는 방식이다. 이와 유사하게 물건을 빼앗는 것보다 인센티브를 주는 것이 훨씬 더 생산적인 결과를 가져온다. 학자들은 연구를 통하여 부모와 보내는 시간을 기반으로 하는 인센티브가 ADHD 아이들에게 동기를 부여하는 데 가장 효과적인 방법임을 밝혔다.[10]

걱정하며 경계하는 아이들
— 불안으로 가장한 창의성과 계획성

화가 과거나 현재의 사건에 대한 에너지 넘치고 열정적인 과잉반응이라면, 불안은 미래의 일에 대한 과도하고 강렬한 두려움을 반영한다. 불안을 느끼는 아이들은 확실함과 편안함을 원한다. 아이들은 현재 일어나는 일, 앞으로 일어날 일과 안심하는 법을 알고 싶어 한다. 모든 아동과 십 대 청소년은 흔히 불안해한다. 보통 이러한 순간에 아이들은 자신을 염려하게 하는 원인과 자신이 느끼는 불편함으로부터 벗어나 자신감을 더 얻을 때까지 부모나 친구들에게 기대 안심하고 싶어 한다. 이러한 염려는 대개 아이가 새로운 상황에서 해야 할 여러 일에 숙달되면 사라진다. ADHD 아동은 집행기능의 어려움으로 숙달되고 자신감을 얻는 과정이 지연되기 때문에 불안이 더 오래 지속될 수 있다. 게다가 아이들은 끊임없이 자신을 교정해야 했던 경험으로 인해 일어나는 일에 잘 대처할 수 있을지에 대해 더욱 불안해할 수 있다.

부모로서 우리는 아이들에게 인생의 불확실성을 참아내고 대응하는 법과 주어진 상황의 안정성을 현실적으로 평가하는 법을 가르쳐야 한다. 물론 자녀를 안심시키고 싶은 유혹이 먼저 들겠지만, 이것이 지속적인 해결책이 되지 못하는 이유는 상황을 "괜찮아지게" 하기 위해 다른 사람에게 의지하라고 가르치는 방식이기 때문이다. 사실 걱정하는 내용은 걱정이 언제 어디서 일어나는지에 대한 패턴과 대처 방법에 비해서는 별로 중요하지 않다.[11] 대부분의 사람들은 불안과 불안을 유발시키는 것을 구석에 밀어 놓고 피하려고 한다. 하지만 걱정으로부터 멀어지려 할수록 걱정은 더욱 깊어진다. 지금 하는 염려를 마주할 때, 비이성적인 두려움은 힘을 잃고 당신은 이에 휘둘리지 않도록 저항할 수 있다. 당신도 아마 인생의 다양한 순간에 불편함을 견뎌 내고 두려움을 극복하여 지금의 자리에 왔을 것이다. 목표는 당신의 아동, 십 대 자녀도 이처럼 하도록 돕는 것이다.

그렇다면 어떻게 해야 안심시키는 말과 행동에 의존하지 않으면서도 자녀를 계속 지지해 줄 수 있을까? 당신이 부정적인 사고를 처리했던 방법과 마찬가지로 긍휼을 사용하여 아이가 걱정에 대꾸하도록 가르쳐라. 사실상 걱정이란 대부분 두려움의 영향으로 생기는 부정적인 사고이다. 불안하고 격한 감정이 잘 몰려오는 ADHD 아동은 즉각 안심하고 싶어 한다. 물론 당신의 6살 자녀가 자전거에서 떨어졌다면 위로를 원할 것이다. 중학교에 입학한 12살 딸은 긴장감 해결을 위해 도움이 필요할 것이다. 당신이 아이들에게 과거에 걱정이 있었음에도 극복하게 도와준 방법을 상기시켜 주면 불안을 처리하는 학습 과정이 아이들의 발달과 함께 차근차근 진행된다. 불안은 용기를 내고 승리했던 기억을 지우는 데 능하다. 당신은 자녀에게 다음처럼 말할 수 있다.

> 자전거에서 떨어져서 얼마나 무서웠니. 네가 자전거를 다시 타고 싶지 않은 것도 이해한다. 지난주에 우리가 공원에 갔을 때, 네가 넘어지지 않고 자전거로 턱을 넘은 거 기억해? 어떻게 한 거야? 스스로에게 뭐라고 말했니? 지금 그렇게 또 한번 해 보자.

이렇게 말해 볼 수도 있다.

> 새로운 학교에는 아는 사람도 많지 않고 친구들을 사귀어야 한다는 걱정으로 정말 힘들겠구나. 그런데 네가 하는 걱정은 누구나 하는 거야. 이번 여름에 캠프에서 만난 네 친구 소피는 어떻게 알게 된 거니? 때로 걱정이 우리가 이전에 어떻게 힘든 일을 해냈는지에 대한 기억을 차단할 수 있거든. 우리는 그걸 기억해 내야 한다.

당신은 걱정을 그 사람에게서 분리하고, 내용을 들어 보고, 어떻게 스스로를 보호하고자 하는지를 파악한다. 이후 걱정을 폄하함으로써 편도체 납치로 인해 패닉 경보가 울리는 것을 늦추고 사고하는 뇌에 힘을 실어 줄 수 있다.

불안감을 주는 일이 일어난 후, 그날 저녁이나 다음 날에 자녀와 앉아 무슨 일이 있었는지 짚어 보라. 불안의 주기를 파악하고, 대안이 되는 반응들을 고려하며, 비슷한 상황이 생겼을 때 무엇을 할지 계획을 세운다. 자녀가 이 기술을 쌓고 스스로 할 때까지 당신은 자녀의 기억력이 되어 주어야 한다. 화를 다룰 때와 마찬가지로 첫 번째 단계는 '자기절제'이다. 자녀가 불안해할 때 자연히 생기기 마련인 당신의 염려도 함께 다스려야 당신도 현재 일어나는 일을 명확하게 사고할 수 있다. 그 어떤 부모도 자녀가 안절부절못하거나 패닉에 빠지는 걸 원하지 않기 때문에 이 과정은 상당히 힘들 수 있다. 화의 폭발처럼 자녀에게 일어나는 불안발작 역시 발달 중인 자녀의 대처 기술을 연습하도록 돕는 기회로 삼을 수 있다.

걱정은 생산적일 수도 독이 될 수도 있다. 생산적인 걱정은 해야 할 일에 대한 걱정으로, 예를 들면 숙제, 시간 안에 일 마치기, 핸드폰 충전 기억하기 등이 있다. 이러한 특성의 불안은 유용하며 우리를 계획하게 한다. 독이 되는 걱정은 우리가 통제할 수 없는 것에 대한 걱정으로, 예로는 뇌우, 사람들이 나를 좋아할지의 여부, 비행기 추락 등이다. 첫 번째 걱정은 동기 부여를 시키지만, 두 번째 걱정은 우리의 에너지를 빼앗아 간다. 화와 같이 걱정이 우리의 뇌를 장악할 때, 우리는 사고하는 뇌가 이에 관여하도록 해야 한다. 이럴 때는 최악의 경우를 가정하게 해 사고하는 뇌를 가동시킬 수 있다. "네가 스쿨버스에 탔는데 아는 사람이 아무도 없다고 해 보자. 그러면 어떻게 되니? 그 후에는 어떻게 되는데? 그러고 나서는?" 그 걱정의 비합리적인 끝까지 따라가 보면, 논리,

어느 때는 유머가 작동하기 시작해 감독을 불러들이고, 그 과정에서 당신은 침착해진다.

나와 대화했던 ADHD 아이들은 친구 관계에서 일어나는 갈등, 새로운 상황, 불면, 어떤 일을 기억하고 마치는 것 등의 다양한 문제를 염려했다.

> "저는 어려서부터 나쁜 일이 생기거나 뭐가 잘 안될 거라는 비이성적인 두려움을 가지고 있었어요. 모든 일을 정말 비관적인 관점으로 바라보기 때문에 현실에서 긴장하게 되죠. 특히 인생에 변화가 있을 때 저는 긴장하는데 정말 토할 정도가 되거나 그냥 셧다운 상태가 돼요. 새 학교에 등교할 때나, 새로운 팀에 들어갈 때 그렇죠."
>
> \- 17세 엘리스

> "저는 걱정하기 시작하면 배에 머리핀이 들어 있는 느낌이 들고 머리는 빙글빙글 돌아요. 학교 같은 데서 긴장할 때가 있는데 답을 모를 때 셔츠를 깨물어요. 어떨 때는 걱정이 '너는 잠을 못 자게 될 거야. 못 자면 어떡하지?'라고 말해요. 그러면 그것 때문에 또 잠을 못 자고요…. 뇌를 멈추는 게 힘들거든요. 뇌가 계속 뭐라 뭐라 말해요. 아무래도 걱정이라는 적을 친구로 만들거나 물러서라고 말해야 하는 건 아닌가 싶어요. 그렇지만 항상 효과가 있는 건 아니에요."
>
> \- 10세 메이지

> "엄마는 날씨 같은 통제할 수 없는 일을 걱정하지만, 저는 해야 할 일과 그걸 잊어버릴까 봐 걱정을 해요. 저는 해야 할 일이 있는데 그게 무엇인지 기억이 나지 않을 때 완전히 패닉 상태가 돼요. 제가 할 일을 생각하면서 머리에 계속 담아 놓으면 하게 되지 않을까 하고 바라죠. 제

머리에 있지 않으면 그건 없는 거니까요."

- 16세 더스틴

이들 중에 어떤 아이들은 자신의 두려움이 비이성적이며 통제할 수 없음을 알아차리는 반면, 다른 아이들은 완벽하고자 하는 노력과 이로 인한 불편함을 이야기한다. 완벽주의란 실수를 최소화하고 미래에 느낄 수치심을 줄이려는 노력이다. 많은 ADHD 아이들은 다른 사람이나 심지어 자신으로부터 비난을 받지 않으려는 수단으로 완벽주의와 씨름한다. 이러한 완벽주의는 아이들이 무엇을 시작하거나 끝내지 못하게 해 힘을 쓰지 못하게 하거나, 아이들에게 동기를 부여해 행동하게 하며 일의 순서를 만들어 내기도 한다.

"저는 일이 제대로 안 되면 난리를 칠 때가 있어요. 모든 걸 다 잘하고 싶거든요. 트럼펫을 배울 때는 정말로 잘하고 싶었는데 너무 힘든 거예요. 록 음악을 연주하고 싶은데 그건 더 어렵더라고요. 시도하고, 포기하고, 다시 시도하고, 더 짜증 나고, 그러고 나서 포기하죠."

- 10세 카라

"학기 중에는 자기 전에 해야 할 일을 정해진 순서대로 해야 해요. 그렇지 않으면 그날 밤을 망친 듯한 기분이 들어요. 해야 할 일이 있으면, 두건을 쓴 다음 집안일을 하고 잠을 자야 해요. 두건을 썼는데도 모든 게 틀어지면, 핸드폰을 너무 오래 해 버리거나 제때 잠을 자지 못해요. 저는 그렇게 집중을 유지해요."

- 15세 말론

당신에게는 말론의 루틴이 융통성 없게 들릴 수 있지만, 그는 루틴이 자신이 바쁜 학교생활을 하는 동안 압도되고 산만해지는 느낌을 덜 받게 해 준다고 말했다. 그는 순서를 정해 해야 할 일을 기억함으로써 해야 할 모든 일에 대한 불안을 조절했다. 그의 자신감과 기억기술이 이상적으로 발달한다면 그는 저녁 시간을 더 유동적으로 쓰게 될 것이다.

이제 5C 양육방법이 당신이 ADHD 자녀를 양육하는 데 있어 어떻게 자녀의 불안을 효과적으로 다루게 돕는지를 구체적으로 살펴보자.

- **자기절제:** 아이들은 불안할 때 종종 숨을 쉬지 않기도 한다. 호흡법으로 자녀의 불안한 사고를 중단하라. 이는 편도체 납치를 늦추는 역할을 한다. 어떤 아이들은 이를 위해 그림을 그리거나 음악을 듣고 싶어 한다. 당신 스스로 먼저 마음을 가다듬고, 단순히 안심시키려 하거나 걱정을 비합리적이라며 묵살하는 일을 피하라.
- **긍휼:** 자녀의 시선으로 그 상황이나 두려움에 대해 생각해 보라. 상황이 잘 이해되지 않을 때는 설명해 달라고 요청한다. 자녀가 짜증을 내거나 좌절감을 주는 행동을 할지라도 당신의 지지를 유지하라. 짜증 내고 당신을 좌절시키는 자녀의 행동은 안전감을 느끼기 위해 만들어진 비효율적인 시도와 제한된 기술이 표면적으로 표출되는 것이다.
- **협력:** 자녀와 함께 자녀의 걱정을 덜어 줄 수 있는 해결책을 찾아보라. 불안이 그 못난 얼굴을 드러낼 때 아이들이 할 수 있는 말을 브레인스토밍한다. 두려움의 대상을 피하지 않으면서 합리적으로 대처할 수 있는 방법에 관해 이야기해 보라. 아이들의 창의적인 상상력을 그림 그리기, 소설 쓰기, 유머에 활용하는 것으로 전환시켜 걱정을 다른 방식으로 다루는 전략으로 사용하라. 적절한 경

우 인센티브 프로그램을 만들라.

- **일관성:** 규칙적인 수면, 식사, 운동의 루틴을 장려하라. 이는 자녀에게 수많은 불확실한 일이 닥치더라도 일상의 영역에서 안전감을 주며 예측을 가능하게 한다. 당신이 인센티브를 사용하고 있다면, 이를 함께 끝까지 실행하기 위해 열심히 노력하라.
- **축하:** 자녀의 용기 있는 행동을 인정해 주고, 가정에서 이를 부각시켜 이야기하라. 새로운 문제가 생길 때 과거에 자녀가 보여 준 용기를 자녀에게 상기시켜 주라.

상심과 우울 — 실망에 감춰진 기대와 목표

ADHD 아이들의 분노, 불안의 감정은 때때로 밖으로 표현되는 데 반해, 실망의 감정은 이보다 더 깊은 내면에 머물러 있다. 실망감은 보통 드러나는 분노나 불안 밑에 자리 잡고 있으며, 자녀가 아무 상관없는 일로 당신에게 소리를 지를 때 그 안에 감춰져 있다. 당신에게는 실망이 아니라 감정 폭발로 보이기 때문에 아이들에게 무슨 일이 있는지 이해하기가 무척 힘들다. 그렇기 때문에 당연히 감정의 폭발이나 공황발작이 지나갈 때까지 기다렸다가 이야기를 해야 한다. 자녀를 짜증 나게 하는 일이 무엇이었는지 발견하고 자제력을 완전히 잃은 원인을 찾아보면, 그 기저에 있는 낙심이나 슬픔을 보게 된다. 나는 아이들에게 무엇 때문에 실망했는지, 다른 사람들이 자신에게 실망했을 때 어떻게 대처하는지에 대해 자주 질문했다. 아이들은 삶의 모든 영역인 학교, 가정, 친구들과 일에 대해 이야기한다.

"선생님들은 저에게 가능성이 있다고 말해요. '너는 정말 똑똑한데 훈련이 좀 더 필요하다. 최선을 다한 게 아니다.' 그분들이 그렇게 말하면 너무나 슬퍼요. '그럼 어떻게 해야 하는데요?' 이렇게 물어보고 싶어요. 왜냐하면 전 어찌할 바를 모르겠어요. 고민해야 할 다른 것들도 있거든요. 제가 낙담하는 이유는 사람들을 실망시키기 싫어서인데, 항상 실망시키게 돼요."

- 16세 켈리

"반 애들은 제 책상에서 시험 점수를 서로 공유하거든요. 저는 그냥 제 점수에 만족한 척해요. 저는 이런 척을 잘해요. 기분이 좋지 않아도 속으로 삼키면서요…. 부모님에게 점수를 보여 주고 혼자 있을 때, 감정을 분출하지만 울지는 않아요. 제가 더 잘할 수 있으면 좋겠다는 생각을 하죠."

- 11세 놀란

"제가 지각을 너무 자주 하는데, 사람들이 제가 일부러 그런다고 생각하기 때문에 이게 사람들을 실망시키고 상처를 준다고 생각해요. 제가 뭘 많이 잃어버려서 사람들이 이걸로 또 실망하고요. 마음속에 감정을 꾹꾹 눌러놓고, 벌어지는 일 때문에 스스로에게 너무 좌절해요. 절대 다시 생각하고 싶지도 않아서 그냥 회피해요."

- 15세 대런

단절, 고립, 회피, 포기는 모두 ADHD 아동이 실망을 드러내는 방식이다.

실망을 견뎌 내는 것은 누구에게나 힘든 일이며, 이때 견디는 힘은 시간이 지날수록 발달하는 근육과도 흡사하다. 아이들을 돌보는 어른들은 아이들의 인생에서 실망을 아예 없앨 수는 없겠지만, 실망과 더불어 사는 법은 가르칠 수 있다. 켈리, 놀란, 대런은 슬퍼하고 좌절했지만,

이는 또한 '바른 일'을 하고 싶어 하는 아이들의 갈망을 보여 준다. 이 갈망이 실망의 이면에 존재하는 마음이다. 이러한 욕구가 어떻게 동기를 불러일으키든지 간에, 많은 경우 ADHD 아동의 의도는 집행기능 활용의 어려움 때문에 좌절된다. 당신은 아이들이 목표하는 성공을 달성하는 데 필요한 집행기능기술을 쌓는 길을 찾도록 협력하며 도울 수 있다. 호흡법 혹은 아이들을 진정시키는 활동을 하도록 북돋아 주라. 일어난 일을 재검토하고, 아이들의 좌절이나 수치심에 공감하며, 선택할 수 있는 사항을 고려하도록 돕고, 일을 마치려는 노력에 감사해 하며 계속 시도하도록 권고하고, 잘했을 때는 칭찬하고 열광하라. 당신의 지지는 아이들에게 실망감이 주는 고통의 무게를 덜어 줄 수 있다.

스스로를 격려하는 법

나는 ADHD 아동이 어떻게 자신의 부정적 사고, 수치, 화, 걱정, 감정적 폭발과 실망에 맞서 싸우는지에 대한 이야기를 들으며 끊임없이 감동하고 영감을 얻는다. 아이들은 다시 일어나 기운을 차린다. 이를 위한 취미, 음악, 스포츠, 텔레비전, 컴퓨터, 친구들이 자주 언급되지만, 대부분의 아동과 십 대 청소년들에게는 스스로에게 용기를 주는 말이 있다.

> "저는 잘못된 선택을 할 때가 있어요. 완벽한 사람은 없잖아요. 이게 제 노래 중 하나예요. '아무도 완벽하지 않아. 그래도 괜찮아. 나는 완벽하지 않아. 그래도 나는 내가 좋아.'"
>
> \- 10세 카밀라

"낮 시간에 저 자신에게 질문한다면, '나는 지금 무엇을 하고 있지? 이 상황을 더 나아지게 하기 위해 내가 무엇을 할 수 있을까?'라고 해요. 저 자신을 비난하지 않고 그냥 더 잘하려고 해요."

- 17세 헌터

"저는 춤추고 치어리딩 하는 걸 좋아해요. 가족도 사랑하고 친구들도 사랑하고요. 저한테 좋은 점이 있어요. 저는 더 이상 나쁜 생각이 저를 가로막게 두지 않아요. '알았어. 다음에 더 열심히 해 보자.' 이런 식으로 얘기하고 다시 앞으로 나아가는 거예요. 엄마가 제게 '경험으로 터득하는 거야'라고 말했듯이요."

- 15세 아나

"…실수를 고치려고 노력해야 하고, 절대 다시 반복하지 않도록 노력하는 거죠. 그렇게 하면 효과가 좋아요."

- 9세 크리스티안

"지금의 방법이 효과가 있으면 좋겠어요. 없다면 새로운 방법을 찾아 할 일을 끝내야죠. 힘들 때도 있지만 항상 다시 기운을 낼 수 있는 방법이 있거든요."

- 12세 제이드

위의 아이들은 부모가 힘들여 기르기를 바라는 회복탄력성을 가지고 있다. 아이들은 격한 감정을 수용하는 법을 배우고, 자신에게서 좋은 점을 찾아내며, 모두가 실수를 한다는 것을 인식하기 시작한다. 경로를 이탈할 경우에는 제자리로 돌아오기 위한 다른 전략을 실험한다. 당신은 격한 감정이 어떻게 ADHD 뇌에 영향을 미치는지, 부정적 사고는 어떤 영향을 끼치는지, 마음을 가다듬기 위해 잠시 멈추는 행동이 주는 이득은 무엇인지에 대한 정보를 활용하면, 5C 양육방법의 도구를 통해 자녀에게 감정을 더욱 올바르게 다루는 기술을 제공할 수 있다. 자녀와 함께 힘들었던 시간들을 검토하고, 촉발 요인을 찾고, 변화할 방법을 이야기하며, 새로운 방법을 시도하도록 지지할 수 있다. 샨텔과 로버트가 아침 식사 참패 사건 후 다시 시도했던 것처럼 당신도 다시 시작하라. 아나의 말처럼 핵심은 경험으로부터 터득하는 것이기 때문이다.

제11장

시작한 일을 마치는 법

자기 집 부엌 식탁에 앉아 나와 얘기하고 있는 14살 아이샤를 만나 보자.

아이샤 저에게 제 방은 깔끔한데 다른 사람한테는 지저분하게 보일 수도 있을 거예요. 저는 이게 뭐랄까… 세련된 지저분함이라고 생각해요. 전 뭐가 어디 있는지 다 알아요. 선생님한테는 지저분해 보이겠지만 모든 것에 다 자기 자리가 있어요. 완벽하진 않아도 자기만의 자리인 거죠. 여기 한 무더기, 저기 한 무더기, 그리고 침대 위에 옷들이 있어요. '왜 옷이 방 여기저기에 있어?'라고 생각하시겠지만, 저는 여기엔 이걸 놓고, 저기엔 저걸 놓고, 다른 데엔 다른 걸 놓는 거예요…. 치우는 건 어떻게 하냐고요? 제가 스스로 하죠. 엄마가 제 물건을 만지지 않았으면 좋겠어요. 저도 치울 만큼 다 컸는데요. 저번에 엄마가 제 방을 치워서 제가 폭발해 버렸어요. 물건을 다 옮겨 놔서 뭐가 어디에 있는지 하나도 모르겠더라고요. 너무 화났어요.

토냐 (아이샤의 엄마인 토냐는 TV 보는 공간인 바로 옆 거실에서 말을 거들며) 나는 대체 네 문제가 뭔지 모르겠다. 네 방은 바닥에 과자 봉지, 사용한 접시, 유리컵, 옷가지들 같은 쓰레기가 사방에 널린 돼지우리잖아. 쥐라도 나올까 봐 네가 학교에 있을 때 방을 치웠더니 네가 고맙다고나 말했니? 아니잖아. 나한테 욕하며 소리 소리를 질렀잖니. 저는 딸에게 나를 방에서 나가게 하고 싶다면 방을 치우라고 할 때 치우라고 했고, 어떻게 치워야 하는지 한 번 더 가르쳐 줬어요. 지금은 그나마 나아졌어요.

아이샤 (웃으면서) 뭐, 이제 괜찮아요. 엄마는 제 방이 더러우면 쪽지를 붙여 놔요. '내가 집에 오기 전에 방을 치워야 한다'라는 쪽지를 방문에 붙여 놓으면, 엄마를 위해 제 방을 얼른 치워요. 그러면 많이 싸우지 않게 돼요. 옷장 정리처럼 힘든 일은 엄마랑 함께 할 때도 있고요.

(아이샤가 나에게 몸을 기울여 속삭이며) 선생님, 제가 어떻게 치우는지 아세요? 일단 큰 거, 보이는 거를 구석에다 몰아넣어요. 그리고 바닥을 쓸고 남은 건 다른 구석에 넣고요. 그리고 방을 둘러보면서, '아직도 더럽게 보이나? 엄마에게 바닥이 잘 보일까? 좀 더 치워 봐야겠다'라고 해요. 그렇게 이전보다 깨끗하게 보이도록 방에 있는 모든 물건을 구석 어딘가에 몰아넣어요. 그렇게 두는 거죠. 엄마가 아직도 방이 더럽다고 하면 저는 '알았어요, 여기 있는 걸 또 저기에다 놓을게요' 하게 돼요. 더 정교한 장소에 물건을 옮겨 놓는 거예요.

위와 같은 상황은 당신의 가정에서도 재현되고 있을 수 있다. ADHD가 있는 자녀는 당신이 편안하게 느끼는 것보다 더 어질러진 방을 선호한다. 당신이 깨끗하다고 생각할 만한 방으로 만들고 싶다면 자녀와 피곤한

싸움을 해야 한다. 아마도 아이들에게 청소란 바닥에서 장난감 몇 개를 줍고, 그걸로 또 노는 것을 의미하기도 할 것이다. 아이들은 세탁한 옷을 개지 않고 옷장에 쑤셔 넣어 안 보이게 하기도 한다. 모두 아시다시피, 아이들은 아이샤처럼 물건을 전혀 정리 정돈하지 않고, 물건을 뭉쳐 여기저기에 옮겨 놓는다.

그러나 자녀에게 단지 수학 숙제나 사회 과목을 어떻게 공부해야 하는지 설명하는 게 아이들을 성공적으로 돕기보다 오히려 갈등을 일으키는 것과 마찬가지로, 협력이 아닌 정리와 생산성에 대한 당신의 방법만을 주장한다면 그 효과는 제한적일 수밖에 없다. 토냐는 그들만의 효과 있는 정리 방법을 터득하기 전까지는 수년간 딸에게 기본적인 정리 방법을 가르치려고 노력하였다. 아이샤는 엄마와 화해하는 방법의 일환으로 방에 쌓인 물건을 다른 곳으로 옮김으로써 비록 엄마의 이상적인 기준에는 못 미쳐도 방이 전보다 깨끗하게 보이도록 만들었다. 이러한 처리 방식은 완벽하지는 않지만, 이들은 이 방식이 스트레스를 덜 받으면서도 함께 해결책을 찾는 방향으로 한 걸음 나아가는 것임을 깨달았다.

ADHD 아동은 스스로에게 타당한 정리, 청결, 계획에 대한 자신만의 아이디어를 가지고 있다. 아이들은 자신의 아이디어가 단순하거나 우스워 보일지라도, 당신이 들어 주고, 고려하고, 통합하여 조직적인 루틴으로 만들어 주기를 바란다. 아이들이 기여할수록 참여율은 높아진다. 바로 협업이 작동하는 것이다! 당신은 기준을 세우고, 달성 가능한 사항을 협상하며, 아이들의 아이디어를 포함시켜 이를 실현할 수 있는 기술을 가르친다. "내 방법대로 안 할 거면 하지 마"라든지 "그 방법 아니면 절대 안 돼"가 아닌, "우리가 합의한 방법"이 되어야 한다. 아이들이 어릴 때는 해야 할 일을 함께하면서, 필요한 단계를 밟아 가도록 가르치고 도와주는 것이 아주 중요하다. 아이들이 성장하면서 내면의 감독 기능이 발달하면 당신은 서서히 물러나게 된다. 믿기 힘들겠지만, 당신의 영향력은 결국 뿌리를 내린다. 이에 대해 켈리는 이렇게 설명한다.

> 부모님은 항상 "어, 켈리가 여기 있었나 봐. 켈리가 어디로 갔는지 알려 주는 쓰레기 흔적이 있잖아"라고 말해요. 부모님은 "뒤돌아서 네가 남긴 흔적을 보거라"라고 해요. 왜냐면 제가 요리를 하고 '나중에 치워야지' 하고는 잊어버리거든요. 아예 생각조차 나질 않아요. 그런데 제가 아이를 봐 주는 일을 할 때 애들을 따라다니며 치우면서, "뒤돌아서 네가 남긴 흔적을 봐 봐"라고 얘기하고 있는 거예요. 제가 아이들에게 어떻게 뒤돌아서 살펴야 하는지를 보여 주고 있었어요. 신기했어요.

켈리는 크게 생각할 필요 없이도 부모의 가르침을 받아들이고, 스스로 놀랄 정도로 이 가르침을 그녀의 삶에 잘 적용하고 있었다. 이번 장에서는 5C 양육방법이 어떻게 자녀가 주변을 더 잘 정리하고 덜 미루도록 돕는 데 청사진이 되는지를 알게 될 것이다.

가족 구성원의 집행기능기술을 이해하기 위한 협업

아침에 학교와 직장에 서둘러 가면서 자녀와 말다툼을 하고, 바닥에 널브러진 신발에 걸려 넘어지거나, 아침에 부엌 조리대에 놓인 상한 우유를 발견할 때, 부모인 당신은 미칠 지경일 것이다. 몇 번이고 아이에게 상기시키지만, 같은 문제가 반복되는 것 같다. 당신은 너무 큰 좌절을 느끼는 상황에서 아직은 고예산 영화감독으로서의 역할을 수행하지 않았으며, 필요한 자격을 갖추기 위한 연습, 경험, 시간이 필요함을 기억해야 한다. 이처럼 자녀의 감독도 시행착오를 통한 학습이 필요하다.

당신의 ADHD 여부와 상관없이, 부모인 당신은 아들이나 딸에게 전해 주는 유전인자와 행동 패턴의 일부로서 집행기능의 강점과 약점을 지니고 있다. 당신도 15살 아들과 마찬가지로 시작한 일을 끝내기 어려워한다는 것을 깨달을 때 아이들에게 더욱 긍휼하고 인내할 수 있다. 당신이 지난달 청소했어야 하는 지붕의 홈통gutters 근처에도 가지 않았다는 사실을 기억하는가? 아마 이 홈통과 끝내지 않은 중세 시대에 대한 역사 보고서, 자녀들의 방에 있는 먹다 남은 과자 부스러기는 그렇게 다르지 않을 수 있다. 아이들은 부모와 비슷한 점을 발견하거나 차이점을 비교해 보기를 좋아한다. 숙제를 제때 내지 못해 힘들어하는 빈스는 아빠 토니가 기억을 잘하지 못한다는 말을 듣자 웃으며 말했다. "아, 맞아요. 아빠는 뭘 잘 잊어버려요. 지난주 제 농구 경기도 잊어버렸잖아요!" 토니도 웃으며 대답했다. "네 말이 맞다. 그래서 나는 기억해야 할 내용을 핸드폰에 적어 놓는데, 농구는 내가 놓쳤지 뭐야. 알람을 맞춰 놓고 다음 경기에는 꼭 가도록 하마." 빈스와 아빠는 서로 어려움을 공유하며 유대감을 쌓았을 뿐 아니라 또한 아빠 토니는 어떻게 대처할지에 대한 모범을 보여 주었다.

자녀가 ADHD 검사를 받았다고 하더라도 당신과 자녀가 공유하는 이러한 성격특성은 검사 과정에 포함되지 않는다. 자녀가 자신들의 집행기능기술에 대해 생각해 보는 동안 당신도 자신의 집행기능을 조사하는 시간을 갖는다면, 자녀와 다양하고 유용한 대화를 시작할 수 있다. 다음은 이러한 과정을 돕기 위한 연습법이다.[1] 반드시 구성원 모두가 다음의 양식을 복사하여 작성해 보라.

연습 5	가족 구성원의 뇌 이해하기		
실생활에서 나타나는 집행기능의 '핫스킬'	빈도	실생활에서 나타나는 집행기능의 '쿨스킬'	빈도
자기조절: 말하고 행동하기 전에 멈추고 생각함.		**각성:** 지루한 활동을 할 때 깨어서 참여함.	
감정처리: 좌절, 걱정, 실망의 감정을 소리를 지르거나 화내거나 다투지 않고 참아냄.		**인내:** 어렵더라도 새로운 일을 계속 시도함.	
정리: 방, 노트와 책상 등을 깨끗이 유지하여 필요한 물건을 찾을 수 있음		**정보처리:** 새로운 개념을 빠르게 이해하고 실행함.	
시간 관리: 일을 제시간에 하며, 일하는 데 걸리는 시간을 정확히 예측함.		**작업기억:** 할 일이나 무엇을 제출해야 하는지를 기억하며 일련의 단계를 포함한 지시를 따름.	
계획과 우선순위를 정함: 일의 방법과 시작점, 가장 중요한 게 무엇인지 파악함.		**주의 유지:** 집중을 유지하고 방해를 참아 냄.	
일의 시작: 미루지 않고, 여러 번 상기시키지 않아도 집안일, 숙제, 프로젝트를 시작함.		**전환/유동성:** 스케줄이나 계획의 변화에 쉽게 적응함.	
		목표 지향적인 지속성: 목표를 세우고 집중하며 중단 후 다시 업무를 수행함.	
		자기평가: 나의 행동이 타인에게 미치는 영향을 알아차리고, 피드백을 수용하며, 실수를 통해 학습함.	

* 빈도(0=거의 안 함, 1=아주 가끔, 2=가끔, 3=자주)

가족 모두가 작성한 후에는 답변을 살펴보라. 서로 비슷한 점과 다른 점은 무엇인가? 각자 점수가 낮은 집행기능기술을 개선하기 위해 무엇을 하는지 토론해 보고, 서로의 전략 중 관심 가는 것이 있는지 알아보라. 서로의 방법을 시도해 보고 어떤 결과가 있는지 알아보면 어떨까?

많은 아이들은 부모님과 비슷한 점이 이들에게 어떠한 영향을 미치는지에 대해 자세히 설명하고 있다.

"우리 집에는 저랑 똑같은 사람이 한 명 더 있는데 바로 우리 엄마예요. 엄마는 전혀 들떠 있지는 않지만 뇌가 떠돌아다녀요. 그냥 누군가가 가끔 제 기분이 어떠할지 이해한다는 걸 알죠. 엄마도 어렸을 때 저랑 같았대요…. 제가 뭘 기억하지 못하면 아빠는 화를 내는데, 엄마는 그게 어떤 건지 알아요."

- 9세 루비

"우리 아빠한테는 ADD가 있어요. 아빠랑 저는 가끔씩 ADHD가 어떤 모습으로 나타나는지와 정리하지 못하는 문제에 대해 이야기하는데 이런 게 너무 좋아요. 그렇지만 제가 방을 치워야 해서 아빠랑 싸울 때도 있어요. 아빠는 ADHD가 제가 지저분해진 원인이라고 하지만, 그게 허용할 수 있는 핑곗거리는 아니라고 했어요. 제가 그냥 '견디고 해야 할 일'인 거죠."

- 11세 클레이

"아빠랑 저는 항상 ADHD에 대해 얘기하지만, 우리가 잘 지내는 건 아니에요. 아빠는 제가 ADHD인 것에 지나치게 예민해요. 저에게 매번 '내가 너한테 이렇게 엄하게 대하는 이유는 네가 내가 한 실수를 반복하지 않았으면 해서야'라고 말해요. 아빠가 제 단점을 필요 이상으로 지적할 때는 아빠 말을 안 들어요."

- 17세 릴라

당신 자신의 집행기능의 장점과 약점을 알아차릴 때 당신은 자녀가 매일 해결해야 하는 일에 관한 도움을 줄 수 있다.

일을 시작하는 것의 어려움
— 미루는 버릇과 시간 관리에 관한 대처 방법

우리 모두는 할 일을 미룰 때가 있다. 제7장에서 당신은 ADHD 아동이 하기 싫은 학교 숙제를 해야 할 때 어떻게 동기 부여가 되지 않아 힘들어하는지 알아보았다. 아이들은 그들의 뇌에 있는 도파민 양이 적기 때문에 ADHD가 아닌 또래에 비해 일을 시작하기까지 더 많은 시간이 걸린다. 아이들은 대개 일을 수행함으로써 얻는 내재적 보상인 만족의 효과가 나타날 때까지 이들을 북돋아 줄 외재적 보상을 요한다. 우리 부모 세대의 "내가 하라고 했으니까"라고 위협하는 방식으로 아이들이 일을 시작할 수는 있으나, 이 방식으로는 지속적이며 효과 있는 기술을 쌓을 수 없다. 자녀와 함께 고안한 인센티브 기반의 계획이야말로 학교 숙제와 마찬가지로 집안일에 책임감을 갖도록 동기 부여를 장려하는 가장 좋은 방법이다.

ADHD 아동은 부모를 도와 반갑지 않은 일인 낙엽 쓸기, 빨래 개기, 쓰레기 내다 버리기를 해야 할 때 이를 미루려 한다. 미루고 싶은 마음은 압도되고 회피하고 싶은 마음과 한 팀이 되어 일을 시작하기 어렵게 만든다. 이때 부정적인 혼잣말이 불쑥 튀어나온다. "뭐 하러 설거지를 해야 해? 끝도 없는데", "내가 컴퓨터 게임을 계속하면 어차피 엄마가 설거지를 할 테니까 나는 안 해도 되겠지"처럼 말이다. 아동이나 십대 자녀에게 이러한 비판적인 내면의 소리는 그들이 해야 할 일에 착수하지 못하게 하는 변명이 된다.

일의 착수에 관한 또 다른 큰 장애물은 시간을 이해하고 효율적으로 사용하는 데 따르는 내부적인 어려움이다. ADHD 뇌에서 시간은 '지금' 혹은 '지금이 아닌 시간'으로 나뉜다. 예를 들어, 아이들은 5분이 어떤 느낌인지 이해하지 못할 수 있다. 또한 시간이 얼마나 걸리는지를 과소평가해 마지막 순간까지 기다리거나, 걸리는 시간을 과대평가하여 너무 위축된 나머지 일을 시작하지 못하는 경향이 있다. 이때, 시간 관리는 백워드 설계Backward Design 방법을 사용해 6살 때부터 습득할 수 있으며, 당신이 가르칠 수 있는 기술이다. 백워드 설계란 계획을 역순으로 해 당신이 미래에 원하는 목표로 갈 수 있게 하는 방법이다. 이는 당신이 생각하는 이상적인 시작 시간이나 마치는 시간에서 시작해 일이 얼마나 걸리는지 예상하는 것을 기반으로 한다. 일의 과정을 거꾸로 거슬러 올라가며 그 과정의 여러 단계에서 점점 쌓이는 시간을 할당한다. "나는 7시 45분에 일하러 나가야 해. 그전에 고양이에게 밥을 주는 데 5분 정도 걸리고, 아침밥을 만들고 먹는 데 20분 정도 걸리고, 옷 입고 이를 닦는 데 대략 25분이 걸리니 총 50분이 걸려. 그러면 내가 6시 45분에 일어나면 10분 정도 여유가 있어. 이 시간이면 예측 불가능한 일을 처리하고, 전화를 걸거나, 이메일을 확인하기에 충분할까?"

백워드 설계의 사용은 실제 업무 수행 시간의 정확한 평가를 요하므로 많은 사람에게 어려울 수 있으며, 특히 ADHD를 가진 사람들에게는 더욱 그렇다. 당신의 자녀가 시간을 어떻게 예측하고 사용하는지 관찰하는 능력을 기르기 위해서는 직접적인 지시가 필요하다. 그러므로 분주하지 않은 시간에 자녀와 함께 앉아 숙제나 저녁 식사 전 피아노 연습에 쓸 시간 배분을 위한 일련의 순서에 필요한 단계를 차근차근 검토하라. 아이들이 시간을 어떻게 예측해 할당하는지 들어 본다. 당신의 관찰을 바탕으로 아이들에게 실제로 얼마나 시간이 걸리는지에 대한 피드백을 줄 수 있다. 자녀와 함께 핸드폰이나 아이팟으로 아이들에게 시간을 알려 줄 알람을 맞추라. 알람은 많은 도움이 된다.

시간 예측은 일을 미루게 하는 중요한 원인이지만, 또 다른 주요 원인은 압도되는 데에 있다. 늪에 빠진 기분을 느끼면 어디에서부터 시작해야 할지 모르게 된다. 회피는 일의 규모가 너무 크다고 느낄 때 시작된다. 16살 소피아는 이 현상을 이렇게 묘사한다.

> 저는 많은 사람들처럼 빨래하는 걸 싫어하고 차라리 다른 걸 했으면 좋겠다고 생각해요. 저는 빨래 더미가 걷잡을 수 없이 커지고, 입을 게 하나도 없어질 때까지 빨래를 계속 미뤄요. 결국, 빨래할 때가 되면 좀 더 일찍 빨래했을 때보다 훨씬 더 큰일이 되어 산처럼 쌓일 정도가 되고요. 세탁기를 한두 번 돌리는 게 아니라 하루 종일 돌리게 되죠. 세탁하는 게 죽고 사는 문제는 아니지만, 저는 이렇게 미루면서 스스로 일을 악화시키고 있어요.

소피아는 빨래 더미가 계속 늘어나 최악의 공포로 변할 때까지, 빨래하는 데 걸리는 시간과 양을 잘못 판단하고 있다. 업무를 쪼개어 분량을 적게 만든다면 훨씬 쉬운 일이 될 수 있다. 빨래를 적은 양으로 나누어 셔츠만 빨고, 그다음 바지를 빠는 등 한 번에 한 단계씩 밟는 방식을 적용한다면 더 빠른 시일 내에 끝낼 수 있다. 이렇게 하는 대신 그녀는 입을 옷이 없어지는 마지막 순간까지 거슬리는 일을 계속 내버려 두다가 빨래를 하는 데 하루를 온통 버리고 말았다.

많은 십 대 아이들은 아동과는 달리 더 이상 일의 진행을 위해 부모의 도움을 필요로 하지 않기 때문에 일을 더 미룬다.

"저는 마지막까지 일을 미루거나 아니면 아예 안 해 버려요. 모든 일을 최대한 빠르게 해 버리고, 저에게 재미있는 일인 친구와 노는 시간이나 또 마지막 순간에 해야 하는 일을 위해 시간을 벌려고 노력하죠. 저는 아주 오랫동안 일을 미루는 사람이었어요."

- 15세 나디아

"저는 때때로 어디서부터 시작해야 할지 잘 모르겠어요. 저녁 식사 후 엄마가 저에게 하라고 한 부엌을 치우고, 다 쓴 그릇, 냄비, 음식을 치우는 일이 저에겐 너무 벅차요. 그래서 핸드폰을 하거든요? 아빠가 저에게 그만하고 일하라고 소리를 지를 때도 해야 할 일은 그대로 남아 있죠."

- 13세 메그

"저는 최강의 미루기 선수예요. 마지막 순간까지 모든 걸 미뤄요. 금요일까지 에세이 숙제를 내야 하면 목요일 새벽 2시에 해요. 그냥 게으른 거죠. 저는 뭔가 열기를 느낄 만한 압박이 있어야 일을 잘해요. 아빠는 '얘, 미룬다고 속상해하지 마라. 나랑 네 엄마도 똑같이 미룬단다'라고 말해요."

- 15세 마커스

물론, 부모로서의 가장 큰 문제는 '자녀가 시작할 수 있는 알맞은 분량의 일을 어떻게 정할 것인가?'일 것이다. 아동, 십 대 자녀의 능력에 적합한 계획을 세우기 위해 아이들과 협력하라. 가능한 구체적으로 집안일의 가이드라인을 정하며, 아이들이 언제, 어떻게 압도되는지 이야기를 들어 보라. 자기 전 7살 아들의 방이 엉망이어서 이를 치우려 하지만 자꾸 딴짓을 한다면 다른 방법을 써 보라. 당신과 아들이 각각 다섯 개씩 치우기로 동의하고 방을 깨끗하게 유지하는 방법도 있다. 저녁 식사 후 딸에게 냄비를 행주로 닦아 달라고 요청하고 딸이 부엌을 치울 수 있도록 과정을 안내하면서 딸 옆에 있어 줄 수도 있다. 당신의 참여는 자녀가 과제를 독립적이고 능숙하게 하도록 가르쳐 주는 역할을 한다.

여기에서는 당신의 가정에서 5C 양육방법으로 미루는 습관을 어떻게 극복할 수 있는지 살펴보겠다.

1. 당신의 자녀와 정해진 시간에 앉아 이야기를 시작하기 전에, 일단 자신에게 먼저 물어보라. 자녀는 산만해지거나 지루해지기 전에 실제로 얼마 동안 집중할 수 있는가? 자녀가 하는 부정적인 혼잣말에는 어떤 종류가 있는가? 이렇게 질문한 후 자녀에게 똑같이 물어보라.

2. 숙제와 집안일의 차이점을 이야기해 보라. 숙제의 경우 흔히 집중력이 제일 좋을 때 어려운 걸 먼저 하는 것이 바람직하다. 집안일의 경우에는 쉬운 일부터 시작해 끝내는 방식으로 더 힘든 일을 하기 전에 성취감을 느끼는 것이 좋다.

3. 숙제와 마찬가지로 자녀에게 인센티브로서 관심을 끌 만한 행동

목록을 만들라. 휴식 시간이 필요한지, 필요하다면 얼마나 필요한지 토론하라. 어디에서 시작하고 다음에 무엇을 할지에 대한 전략을 함께 세울 수도 있다. 시작 시간과 마치는 시간을 구체적으로 정하여 집안일을 하는 데 너무 많은 시간이 걸리지 않도록 한다.

4. 아무리 작은 것이라도 아이들의 발전을 격려하라. 자녀가 할 일을 마치지 못했다면, 아직도 일의 분량이 너무 많은 것이니 더 줄이라. 화가 날 때는 '자기절제'를 하거나 서로 떨어져 있는 시간을 갖는다. 자녀가 해야 하는 집안일이 무엇이건 간에 폭발할 만큼의 가치는 없다.

5. 할 일을 마쳤을 때는 마친 일을 긍정적으로 주목하는 시간을 잠시 가져라.

일을 재미있게 만들면 자녀가 지속적으로 일에 참여할 수 있고, 미루는 행동을 줄일 수 있다. 아이들은 해야 할 일 안에 놀이의 요소가 있을 때 더 참여하고 싶어 한다. 아들과 바닥에 떨어진 물건을 얼마나 빠르게 주울 수 있는지 시간을 재며 신나는 경쟁으로 만들어 보겠는가? 딸이 설거지를 할 동안 딸이 좋아하는 음악을 틀고 함께 춤을 추는 건 어떨까? 지루한 일을 즐겁게 만들어 고됨을 덜고, 자녀를 기꺼이 참여하게 이끌 수 있다. 어쩌면 이렇게 하는 과정에서 집안에 웃음소리가 퍼질 수도 있을지 누가 알겠는가?

효과 있는 지시 방법 '3의 법칙'

일을 마치기 위해서는 지시를 따르는 것이 중요하다. 부모와 교사들은 나에게 ADHD 아이들이 들은 내용을 자주 기억하지 못한다고 불평한다. 옷을 입고, 침대를 정리하고, 양치질을 하라는 모든 내용을 한 번에 나열하는 지시는 실패를 위한 처방전과 다름없다. 아이들은 당신이 방금 말한 일의 순서를 따르기 위해 필요한 단계를 기억하지 못하거나, 다른 이유로 산만해질 것이다. 당신의 아들이 비록 바지는 입었지만, 셔츠 옆에 있는 서랍장 위에 놓인 장난감 트랜스포머를 갖고 놀기 시작할 수도 있다. 딸은 양치질을 하러 화장실에 가서는 느낌이 좋다는 이유로 5분간 흐르는 물에 손을 대고 있기도 한다. 아이들은 다음에 해야 할 일을 버려둔 지 오래다. 이렇게 망각하는 몇 가지 이유에는 작업기억의 어려움, 내적 및 외적인 방해, 과제를 단계별로 나누는 것의 어려움, 망각에 대한 불안을 들 수 있다. 당신이 아이에게 당면한 과제에 대해 이야기하는 방식을 바꾼다면 이 모든 과정을 개선할 수 있다.

즉, 당신은 '3의 법칙Rule of Three'을 사용하여 더 효율적으로 지시할 수 있다. 이 법칙은 당신이 자녀에게 지시할 때 자녀의 온전한 집중이 필요함을 전제하는 데서 출발한다. 당신이 부엌이나 위층에서 소리를 지르지 않고, 현관문으로 나가면서 무엇을 하라고 상기시키지 않는 것을 뜻한다. 대신, 이 '3의 법칙'은 당신이 자녀와 반드시 직접 접촉해야 하기 때문에 '바라보고, 듣고, 말하기'를 수반한다. 이 법칙을 어떻게 적용하는지 살펴보자.

1. 자녀의 눈높이에 맞춰 몸을 낮추고 다정하게 어깨에 손을 올리며

이름을 부른다. 자녀가 당신보다 키가 크다면 함께 앉는다. 자녀가 당신을 바라보고, 듣고, 참여하고 있음을 확인하라. 자녀가 다른 곳을 보거나 몸을 움직이면 "네 눈으로 내 눈을 봐야 한다"라고 말하면서 당신에게 집중하도록 친절하게 도와주라. **[바라보기]**

2. 해야 할 일을 명확하고 차분하게 말한다. ("타일러, 식탁에 있는 네 접시를 치워 주렴", "샐리, 방에서 네 신발을 가져와서 아래층에 놓으렴.") **[듣기]**

3. 당신이 자녀에게 요구한 사항을 그대로 두 번 반복해 말하도록 요청한다. ("내가 무엇을 하라고 했니? 한 번 더 말해 주겠니?") **[말하기]**

이러한 방식으로 지시를 내림으로써 당신은 뇌의 여러 영역인 시선, 촉감, 소리, 말을 활성화해 감독이 모두를 일에 합류시키게 할 수 있다. 이는 일을 기억하고 완성할 가능성을 높여 준다. 자녀가 첫 번째 과제를 완성하면 당신은 정확하게 동일한 방법으로 다른 과제를 줄 수 있다. 무슨 일이 일어나는지 지켜보고, 격려해야 할 수도 있다. 아이들이 과제를 질질 끌고 있다면, 과제가 너무 복잡한 게 원인일 수 있으므로 이를 쪼개야 한다. ADHD 아이들은 단순한 과제를 위해 하나의 지시를 내려야 이를 해낼 수 있다. 옷을 입는 것이 하나의 전체적인 과제가 될 수도 있고, 각 구성 요소로, 예를 들면 셔츠를 입고, 바지를 입는 등의 방식으로 나눠야 할 수도 있다. 특히 아이가 어릴수록 한 번에 하나씩만 할 수 있으며, 보통 청소년 시기가 돼야 한 번에 두 가지 일을 수행할 준비가 된다.

일의 수행을 돕는 가정의 루틴

아이들이 숙제하는 데 루틴이 중요함을 살펴보았듯이 일정한 루틴은 집에서도 성취를 촉진시키는 동시에 갈등을 줄여 준다. 집을 나서는 아침과 모두가 쉬는 밤 시간은 의견 충돌과 짜증이 일어나는 황금 시간대이다. 할머니 캐롤은 딸 스테파니와 두 명의 손주인 14살 위니, 10살 그렉과 함께 살고 있다. 몇 달 전 ADHD 진단을 받은 손자 그렉과 캐롤이 보내는 아침은 보통 이렇다.

> 매일 아침, 아이 엄마가 출근 전에 아이를 깨워요. 제가 세 번 소리를 질러서 깰 때까지 애는 안 일어납니다. [할머니가 그렉의 흉내를 낸다.] "아, 이제 일어났으니 옷을 던져 뭘 입을지 고를 때까지 서랍장 옆에 얼마 동안 서 있어야겠다. 아이고, 옷이 바닥에 떨어졌네. 바지를 갖고 침대에 앉아서 레고로 좀 놀아야지." 걔는 그냥 자기 일을 미루고 남의 일인 것마냥 꾸물거립니다. 제가 방에 들어가서 소리를 지르면, 그렉이 양말 한쪽을 신고 다른 한쪽은 제가 신깁니다. 걔는 그냥 옷 하나 입는 것도 끊임없이 감독해야 겨우 하고, 아침 식사나 양치질, 문밖으로 나가는 건 말할 것도 없어요. 저도 할 일이 있고, 출근 준비를 해야 합니다.

캐롤이 불만을 느끼는 만큼 그렉 역시 아침이 싫다고 말했다. "저는 학교에 가기도 전에 문제가 생겨요." 아침 시간을 체크리스트와 인센티브에 기반을 둔 루틴으로 구조화하면 이들을 극적으로 도울 수 있다.

당신은 구체적인 과제 수행을 위해 '3의 법칙'을 사용할 수도 있으나, 학교에 가기 위해 준비를 하거나 자러 가는 일과 같은 일련의 사건 같은 경우에는 하나의 지시로는 충분하지 않다. 이때는 한 가지 일을 위한 목록이나 차트가 효과적이다. 자녀가 밟아야 할 단계를 인지하고 말이나 그림으로 표현할 수 있을 때, 아이들은 똑같은 지시를 반복하여 듣는 것보다 이를 더 잘 따른다. 아이들은 당신이 이미 쌓아 놓은 인센티브에 의해 기억을 잘 유지하고 강화할 수 있으며, 동기 부여도 마찬가지이다. 많은 ADHD 아동은 단순히 머리에 어떠한 일의 일련을 기억하는 능력이 아직 발달하지 않은 상태이기 때문에 일의 목록은 계획 완수에 도움이 된다. 사실상 많은 십 대 아이들이 핸드폰에 목록을 저장하는 이유도 기억하고자 하는 많은 내용을 기억하지 못하기 때문이다.

성공적인 아침과 저녁 루틴은 자녀와 대화를 통해 만들 수 있다. 당신은 자녀가 해야 할 일, 걸리는 시간, 마쳐야 할 시점을 알고 있다. 하지만 아이들은 일을 하는 자신만의 체계가 있고, 보통 이 체계는 당신의 방식과 충돌한다. 당신은 자녀가 먼저 아침을 먹고, 옷을 입고, 이를 닦고 난 후, 가방을 싸는 게 맞다고 생각할 것이다. 하지만 자녀는 옷을 먼저 입고 난 후 아침 먹기를 선호할 수도 있다. 또는 아침을 먹기 전에 이를 닦는 게 더 수월하다고 생각할 수도 있다. 이 지점이 타협해야 할 부분이다. 당신은 목표와 목표 달성을 위해 충족해야 할 요소가 무엇인지 알지만, 아이들은 자신이 맞다고 생각하는 부분에서 끼어든다. 일의 순서와 그 후의 보상을 정하기 위한 아이들의 참여는 긍정적인 결과를 가져온다. 10살 메이지는 내게 말한다. "저도 제가 일하는 방식에 대해 참여할 권리가 있어요. 우리 집에서는 누구도 저를 존중하거나 제 말을 들어 주지 않아요. 제가 아이디어를 말하려고 할 때마다 사람들은 소리를 지르거나 웃어요."

나는 당신이 사용하는 목록이나 차트를 만들 때 자녀에게 협조를 요청하기를 권장한다. 어떤 가정은 매일 가족의 스케줄에 따라 바꾸어 작성할 수 있는 화이트보드를 활용한다. 12살 쉬나의 아빠 에릭은 내게 이렇게 말한다. "부엌에 있는 큰 칠판은 하늘이 보내 준 선물입니다. 저는 칠판을 더 늘리고 있는데, 거기에 적극적으로 미술, 피아노, 농구 같은 것을 적어 놓기 때문이에요." 당신은 굳이 해야 할 일을 말로 하지 않아도 된다. 당신의 자녀가 읽기를 힘들어하거나 그림을 선호한다면 손으로 그린 그림이나 잡지에서 오린 사진을 활용하라. 나의 지인 중 한 엄마는 딸이 학교에 갈 준비가 다 되었을 때마다 사진을 찍고, 이를 모아 포스터로 만들었다. 이 포스터를 냉장고에 붙이고 "이 모습이 맘에 드니? 필요한 걸 다 챙겼니?"라고 써 놓았다. 저녁 루틴도 이와 동일한 방법으로 만들 수 있다.

인센티브와 직결된 구체적인 단계를 적어 놓은 목록은 자유를 얻는 비결이 된다. 만약 자녀가 잠자기 전에 당신과 책 읽기를 좋아한다면, 시간에 맞춰 바구니에 빨래할 옷 넣기, 샤워하고 양치질하기를 목록에 첨가하면서 읽을 책을 두 권 더 추가하는 것이다. 게임이나 15분간 문자를 더 할 수 있는 특혜가 자녀의 관심을 끌 수도 있다. 어떻게 결정하든 당신이 먼저 무엇이 효과적인지를 파악하고 있어야 한다. 한 달 안에 자녀가 선택한 보상에 싫증을 낸다면, 새로운 보상을 첨가하여 다시 협상하라. 사실 집안일 자체도 하다 보면 지루하게 느껴지기 때문에 이럴 때는 '빨래 개기'를 '거실에서 청소기 돌리기'로 바꿔 볼 수도 있다.

다음은 방 청소를 위한 예시 체크리스트이다.

당신은 자녀에게 여전히 목록을 사용할 것을 상기시켜야 하지만, 이는 자녀에게 해야 할 일을 말해 주는 방식보다 낫다. ADHD 아동이 목록을 만들어 참고할 때, 이전으로 돌아가 모든 목록을 펼쳐 놓고 진행

임무	완성!
책을 제자리에 꽂아 놓는다.	
책상에 있는 펜과 연필을 모은다.	
바닥에 있는 옷을 주워 바구니나 서랍장에 넣는다.	
장난감, 인형, 동물 봉제 인형을 제자리에 놓는다.	
침대를 정리한다.	
쓰레기통을 비운다.	
내가 받을 보상	

당신의 방을 깨끗이 하기 위한 체크리스트

상황을 확인함으로써 계획을 세우고 순서를 정하며 업무를 완성하는 집행기능기술이 강화된다. 11살 카터는 이러한 기술을 어떻게 사용하는지 이야기해 주었다.

> 학교에서 집에 오면, 엄마는 제가 해야 할 일인 가방 풀기, 도시락 싱크대에 놓기, 간식 먹기, 숙제하기 같은 목록을 작성하도록 도와줘요. 제가 스스로 확인할 때도 있지만, 대부분은 엄마가 확인하라고 얘기해 줘요.

반면에 12살 칼리는 목록이 그녀를 압도한다는 이유로 작성을 그만두었다. 그녀는 말했다. "제 목록이 자꾸 늘어나는 거예요. 끝도 없이요. 무슨 심해 속 두루마리처럼 보였어요." 자녀가 목록을 작성하거나 따르기를 망설인다면 토냐처럼 포스트잇으로 기억하게 해 볼 수 있다.

어떠한 방법으로든 가족의 목표는 덜 다투고 자녀가 더 독립적이게 되는 것이며, 이 두 가지 모두 자녀에게 중요하다. 연습과 반복을 통해 업무의 개요를 파악할 때, 아이들은 이에 무슨 이익이 있는지를 알게 된다. 15살 하비에르는 구조화된 목록을 사용하는 일에 저항하다가 어떻게 이를 받아들이게 되었는지 이야기했다.

> 처음에는 힘들었어요. 저 자신을 표현할 수 있는 자유가 없어진 느낌이었거든요. 지금은 고등학생인데 제가 체계적인 걸 좋아한다는 것을 깨달았고, 효과도 아주 좋았어요. 더 많이 배우고 집중할 수 있었어요. 그래서 책에 모두 적어 놓고, 집에서 이것저것 해 보며 저만의 루틴을 실행하고 있죠. 미리 계획도 하고요. 지금까지는 예전보다 모든 걸 더 잘하고 있어요.

하비에르는 우리에게 목록 작성법 습득이 어떻게 그가 원하는 바를 달성하는 데 도움이 되었는지를 보여 준다. 17살 이반은 이제 어떻게 특정 집안일을 아주 쉽게 하게 되었는지 말해 주었다.

> 저는 일요일마다 방을 치워요. 그날이 엄마가 청소하는 날이거든요. 방 청소를 하고, 옷을 정리하고, 할 수 있으면 쓰레기를 밖에 내놓기도 해요. 엄마는 되도록 "이거 해라, 저거 해라"라는 말을 하지 않으려고 해요. 대신 "네가 더 어릴 땐 엄마가 이렇게 얘기했는데, 지금은 네가 해야 할 일은 마땅히 해야 한단 걸 아는 책임감이 필요하단다"라고 말하죠. 쓰레기통이 거의 다 차면요? 바로 내다 버려요. 이런 일이 이제 저에게 일상적인 건 아주 오랫동안 계속해 집안일을 하는 것에 익숙해졌기 때문이에요.

이반은 부모님이 만든 루틴을 따랐고, 지금 이 루틴은 이반의 루틴이 되었다.

어지르는 병 치유법

모든 아동이나 십 대는 어지름과 지저분함에 대한 어려움을 공유한다.

> "사실 어질러져 있을 때 물건을 더 찾기가 쉬워요. 뭘 꺼내서, 접고, 다시 집어넣지 않아도 되거든요. 저는 청바지 더미에서 청바지를 찾기 전에 카프리 바지 두 개와 반바지 하나를 꺼냈어요."
>
> \- 9세 티아나

> "제 가방을 보시면 상태가 많이 안 좋을 거예요. 방은 깨끗한 편인데 가방은 그렇지 않아요. 종이 같은 건 가방에 구겨서 넣고요. 밤에는 '아까 그 종이 어디 있지?' 이러죠. 그리고 50장의 종이를 꺼내 다 넘겨 봐요. 더 정리하자고 스스로 다짐하는데도 하루 정도 그렇게 하면 또다시 엉망이 돼요."
>
> \- 15세 오스카

> "저는 정말 지저분해요. 방만 그런 게 아니라 제가 만지는 모든 게 어떻게든 엉망이 되어 버리는 것 같아요. 그림을 그리거나 뭔가 괜찮은 걸 만들려고 하면, 결과물이 그렇게 좋지 않아요. 너무 좌절하게 되죠. 방도 깨끗하게 유지하려고 하는데 한 주 지나면 완전 더러워지고요.

'왜 이러는 걸까? 나는 방을 어지른 기억이 없는데'라고 생각해요."

- 17세 브리아나

아이들의 문제가 쌓인 옷더미, 물건이 온통 뒤섞인 가방, 매끄럽지 못한 프로젝트, 그 무엇이건 간에 이 아이들은 모두 물건을 제자리에 놓고 보관하는 데 어려움을 겪는다.

정리는 가정에서의 삶을 더 편하게 만든다. 당신이 물건을 정리하는 방법에 대해 생각해 보라. 어떤 사람은 정리가 쉽지만, 다른 누구는 목에 50톤의 짐이 매달린 것처럼 느끼기도 한다. 당신이 250쪽에서 가족 구성원 각자의 뇌를 이해하는 연습을 마쳤을 때, 정리할 때 드러나는 당신과 자녀 간의 유사점이 있었는가? 당신이 정리를 시작하기 전에 이 정보를 아는 것이 도움이 되는 이유는 이를 통해 자녀가 직면한 문제에 대해 진심 어린 긍휼을 느낄 수 있기 때문이다.

정리할 수 있는 체계를 만드는 일이 체계를 유지하는 일보다 훨씬 더 쉽다는 데에는 의심할 여지가 없지만, 체계를 유지함으로써만 ADHD 자녀에게 필요한 효과적인 기술을 가르칠 수 있다. 당신이 시간을 갖고 실제로 관찰 가능하며 아이들이 진심으로 따를 수 있는 프로그램으로 시작하라. 가능하면 부엌이나 거실 같은 공유 공간은 깨끗하게 유지하도록 한다. 이는 아이들이 일반적으로 느끼는 압도되는 감정을 줄여 줄 수 있다. 12살 칼리는 매일 절대 쫓아갈 수 없다는 느낌으로 산다고 말한다. "머리에 파일이 들어오면 종이가 사방으로 퍼진다고 할까요? 그러면 하나를 찾기 위해 다 살펴봐야 해요. 지금까지는 파일이 더 많이 들어오면서 종이도 더 많이 흩어지고 있어요." 아수라장이 된 그녀의 뇌는 무엇을 분류하기 위한 논리적 사고를 하기가 어렵다.

모든 물건에 자리가 있다면, ADHD 아동은 물건을 좀 더 쉽게 제자리에 돌려놓을 수 있다. 당신은 특정 아이템을 보관할 수 있도록 보이는 곳에 라벨을 붙인 보관함을 놓아두어 자녀를 옳은 방향으로 인도할 수 있다. 모자와 장갑을 수납할 보관함이나 박스를 사용해, "저기에"라는 말 대신에 "네 보관함에 모자와 장갑을 넣어 놓으렴"이라고 말하라. 아이들은 지시가 명확할수록 더 잘 이해하고 이행한다. 또, 자녀가 보고 사용할 수 있는 장난감, 책, 기기의 수를 줄여 보라. 아이들이 선택할 수 있는 물건이 25개나 될 필요는 없다. 몇 개만 골라 나머지는 치워 놓고, 한 달에서 두 달 안에 이를 교체한다. 그 물건들을 다음번 생일에 보게 될 수도 있다. 자녀와 함께 열쇠, 학생증, 지갑, 좋아하는 물병 등 중요한 물건을 놓을 장소를 정하라. 이렇게 함으로써 이후에 정신없이 물건을 찾는 일을 피할 수 있다.

나는 아이들이 대체로 자신의 물건 위치를 계속해서 파악하기 위한 스스로만의 방법을 갖고 있다는 사실에 놀랐다. 나는 이 아이들의 방법을 셀프-스마트 시스템self-smart system이라고 부르고 싶다. 부모는 이에 긍정적으로 반응하고 아이들의 아이디어를 계획에 포함시키기도 하지만, 그렇지 않을 때도 있다. 17살 셀레스트는 엄마에게 자기 옷을 서랍장 말고 책꽂이에 넣게 해 달라고 애원했다. 그녀는 서랍장에서는 옷이 보이지 않아 옷을 꺼내 바닥에 늘어놔야 하기 때문이라고 설명했다. 엄마인 실비아는 이를 거절하고 셀레스트가 그냥 서랍장을 이용해 깨끗이 정돈할 수 있다고 믿었다. 이 일로 6개월을 싸운 후, 결국 실비아는 더러운 딸의 방을 바꾸기 위해 자신의 불만은 접어 두고 이 방법을 시도했다. 궁극적으로 책꽂이 해결책은 성공적인 아이디어였다. 셀레스트의 옷은 정돈되었고, 대부분 바닥에 널리지 않게 되었다.

아이들이 효과가 있다고 말해 준 정리 방법 몇 가지를 소개하고자 한다.

- **아이들의 곁을 지키거나 이끌어 주는 부모, 돌보는 어른의 참여:** 12살 라몬은 말한다. "아빠는 저에게 이렇게 말해요. '가서 셔츠를 다 가져오렴.' 그러면 저는 '아, 너무 어질러져서 찾을 수가 없어요'라고 해요. 아빠는 '그건 이유가 될 수 없어. 그냥 가서 셔츠를 다 가져오거라'라고 해요. 그러면 더러운 건 빨래 더미에 놓고 빨아 놓은 셔츠는 아빠랑 함께 개요."
- **아이들에게 타당한 체계의 사용:** 9살 티아나는 이렇게 설명한다. "바지와 셔츠로 나눠 정리하기보다는 옷 색깔별로 정리하는 게 더 쉬워요. 제가 느끼는 대로 입고 싶거든요. 제가 행복할 때는 제 행복의 색깔인 보라, 노랑, 오렌지색의 옷을 입고 싶어요. 제가 뭘 정리해야 한다면 제가 찾을 수 있는 방식으로 하고 싶어요."
- **물건을 치울 구체적인 장소 지정:** 13살 마리아는 말한다. "엄마는 제가 깨끗한 옷을 담아 놓는 바구니가 사실은 빨아야 할 옷을 담는 바구니라고 했어요. 그걸 그냥 비워 놓아야 하지만, 저는 욕실에 가서 옷을 벗고 샤워할 때 옷을 넣을 바구니가 필요해요. 샤워실 바로 옆에 둘 바구니요."
- **구조화를 위한 전자기기 사용:** 16살 헨리는 말한다. "저는 아이폰 없이는 못 살아요. 그걸로 모든 일을 구조화하거든요. 정말 모든 걸요. 아침에 제가 뭘 가져가야 하는지나 온갖 내용을 적어요. 알람도 맞춰서 사용하고, 마찬가지로 엄청난 스케줄도 관리해요."

정돈과 생산성의 양성

가정에서 정리와 집안일로 어려움을 겪을 때 5C 양육방법을 적용한다면 삶이 더 평온해진다. '자기절제'로 당신의 좌절을 관찰하고, '긍휼'로 자녀의 관점에 공감하며, 함께 수행 가능하고 지속적인 해결 방법을 찾는다. 당신은 질문하고 자녀의 아이디어를 들은 후, 그중 일부를 집안일을 수행하는 데 통합한다. 수용할 수 있는 범위에 대한 기준은 지키되, 집안일을 완수하는 데 있어 자녀가 의미 있게 참여할 기회를 부여한다. 자녀의 관심을 끄는 인센티브를 추가하는 '협력'으로 당신이 실행하고자 하는 프로그램에 자녀가 기꺼이 참여하도록 고취한다. 지속적인 실천을 위해 자녀의 노력을 관찰하고 자녀가 따를 수 있도록 간단하게 지시함으로써 '일관성'을 적용한다. 처음에는 자녀의 제안을 두고 서로 씨름할지라도, 실비아와 딸 셀레스트의 사례처럼 장기적으로는 뜻밖의 즐거운 수확이 생길 수도 있다. 그렇지 않다면, 재정비하여 다른 방법을 시도하라. 어떠한 경우든 자녀가 자신의 물건이 어디에 있는지 파악하고 일을 마치는 발전을 이룰 때는 '축하'가 필요하다.

제12장

당신에게는 친구가 필요하다

ADHD 아동의 사회생활

또래 관계를 조율하고 있는 엘리야, 자스민, 카터를 만나 보자.

"저는 학교 아이들이 거의 다 싫어요. 걔네들은 와서 저를 괴롭히거나 말도 안 되는 걸 물어봐요. 애들은 저를 '이상한 애'라고 불러요. 제가 걔네와 다르게 행동하고 똑같이 행동하지 않거든요. 사람들이 저를 좋아하지 않는 열여섯 가지 이유가 있어요. 다섯 가지는 제가 따분한 거랑 관련 있어요. 저는 팀 스포츠를 관람한다거나 직접 경기를 하지 않아서, 사람들이 전날 밤 중요 경기에 대해 이야기할 때 참여하지 않거든요. 저는 일본 만화를 좋아하고, 인기 없는 친구들이 몇 있어요. 친구들하고 학교에서만 얘기하고, 아무도 우리 집에 놀러 오지 않아요. 제가 초대하지도 않고 애들도 와도 되는지 안 물어봐요."

- 13세 엘리야

"만약에 누가 저를 어느 파티에 데려다 놓는다면, 저는 외향적이고, 매력적이고, 카리스마 있고, 수줍어하거나 두려워하지 않아요. 저는 친구도 많고 남자 친구도 있는데, 걔네들은 저한테 진짜, 진짜 소중해요.

제 인생과 같다고 할 수 있죠. 솔직히 저는 미친 사교성을 갖고 있어서 다른 일에 대해서는 생각하지 않아요. 문제가 있다면 제가 비밀을 지키지 못하고 말해 버리는 거예요. 그렇지만 친구들은 저를 잘 알고 저의 이상한 행동을 참아 줘요. 제가 걔네들을 많이 좋아하고, 걔네들을 위해 무엇이든 할 거라는 걸 알거든요."

- 17세 자스민

"친구를 사귀는 일에 대해 생각해 보면 저는 저 자신과는 친구가 되고 싶지 않을 것 같아요. 저는 진짜 짜증을 많이 내고, 모든 일에 화도 많이 내고, 목소리도 정말 커요. 남의 집에 가면 기분이 이상해요. 걔네들이 저랑 너무 많이 놀다 보면 진절머리가 나기 시작할까 봐 그냥 걱정이 돼요. 누구와 다시 놀기 위해 인내심이 필요할 때가 있잖아요."

- 11세 카터

우리 모두에게는 친구가 필요하다. 나의 농담에 웃고, 우울할 때 위로해 주며, 좋을 때 함께 기뻐하는 사람들 말이다. 이러한 관계는 우리를 지탱해 준다. 사람들이 우리를 좋아하지 않을 때, 그들의 거절은 우리에게 많은 영향을 끼친다. 풍요롭고 만족스러운 삶이란 함께할 사람들이 있고, 관계에서 불가피하게 일어날 수밖에 없는 기복을 어떻게 견디는지 알고 있음을 의미한다. 어떤 ADHD 아동에게는 자스민처럼 만족스러운 관계 형성이 자연스러운 일이지만, 엘리야나 카터처럼 이를 훨씬 힘들어하는 아동도 있다. 어떤 경우든 당신의 아동이나 십 대 자녀는 세상과 관계를 맺으며 옳은 결정을 하고, 문제 상황을 처리하며, 신뢰를 쌓는 데 있어 당신의 지도를 요한다. 이번 장에서 당신은 또래와의 직접적인 상호 작용을 바탕으로 긍정적이었던 경험과 좌절감을 공유하며, 이들의 사회적 관계를 어떻게 구축하고 유지하도록 도와야 하는지를 알게 될 것이다.

나의 역할에 대한 이해

대부분의 부모는 초기 또래 관계 형성을 위해 어린 자녀를 돕는다. 자녀를 어린이집, 유치원에 보내거나 같이 놀 친구와 약속을 잡아 다른 아이들을 만나게 한다. 공평하게 놀고, 상처 주는 말이나 행동은 하지 말고, 장난감은 같이 가지고 놀며, 그룹의 규칙을 지키라고 가르친다. 아이들이 성장하면서 또래 관계는 늘어나지만, 학교, 스포츠, 그 외의 다른 활동으로 점점 부모의 시야에서 벗어나게 된다. 표정과 신체적 신호를 잘 놓치는 ADHD 아이들은 공감과 '자기절제' 능력의 부족으로 주변 사람과의 관계에서 어려움을 겪는다. 대개는 직접적인 사회기술 훈련이 도움이 되지만 아이들은 이를 하려 하지 않는다. 자녀가 또래 관계에서 어

연습 6	관계에 대한 성찰

- 지금 당신의 인생에서 대인 관계는 만족스러운가?
- 그렇지 않다면 관계 형성을 힘들게 하는 요소는 무엇인가?
- 당신은 친구나 중요한 사람들과의 관계에서 힘들었던 적이 있는가?
- 당신은 사람들과 자연스럽게 상호 작용할 수 있는가? 그렇다면 어떤 이유 때문인가?
- 당신이 아동이나 십 대였을 때 친구 관계는 어떠했는가?

려움을 겪을 때, 아이를 돌보는 어른은 여기에 언제 어떻게 개입해야 하는지를 알기가 어렵다.

아동이나 십 대 자녀의 친구 관계에 문제가 있을 때, 과거 당신의 관계 이력에 자연스러운 부모의 보호 본능이 더해져 분노를 느낄 수 있다. 친구 관계로 어려움을 겪는 상황은 5C 양육방법을 사용할 수 있는 중요한 기회이다. 운동장에서 당신의 딸을 놀린 남자아이의 부모에게 당장 전화하는 대신에 '멈추고, 생각하고, 행동하기'를 실천해 보라. 잠시 진정하고 호흡하는 시간을 갖는다. 자녀를 말로 위로하거나 신체적으로 편안함을 느끼게 해 주고, 무슨 일이 있었는지 이야기를 들어 보라. 이러한 선택은 당신의 뇌를 진정시키는 동시에 자녀를 안정시킬 것이다. 자녀와 함께 무슨 선택을 할 수 있는지 알아보고, 어떻게 대응할지 브레인스토밍하며 다음 단계를 결정하라.

흔히 ADHD 아동은 작업기억, 집중, 충동 조절, 자기이해의 어려움으로 사회적인 역동의 중요 요소를 놓친다. 9살 세스는 나에게 이렇게 말했다. "저는 제가 사람들이 싫어하는 행동을 하고 있다는 걸 알아차

연습 7	아동, 십 대 자녀의 친구 관계에 대한 성찰

조용한 시간에, 아마도 자녀가 자기 전 침대에 누워 있을 때, 자녀와 함께 친구에 대한 일반적인 주제로 가벼운 대화를 시작해 보라. "누구, 누구와 어떻게 지내고 있니? 쉬는 시간이나 점심시간에 누구와 어울리니?"처럼 말이다. 자녀가 친구 관계에서 외로움이나 어색함을 느끼고 있는지 파악하라. 친구가 된다는 것은 무슨 의미인지 묻고, 겪고 있는 어려움은 무엇인지 알아보라. 이러한 격식 없는 대화는 당신에게 자녀의 사회생활을 선명하게 보여 줄 것이다.

리지 못해요." 16살 파티마는 얘기한다. "저는 항상 다른 사람들이 뭘 생각하고 느끼는지 잘 몰라요. 제가 조용히 있는 이유는 망치고 싶지 않거나 할 말이 별로 없어서예요. 어떤 사람들은 사람들이 뭘 얘기하고 싶어 하는지 그냥 알던데, 저는 그렇지 않거든요." 당신의 자녀는 당신과 가족 구성원과의 연습을 통해 사회적 신호를 감지하는 법은 물론 대화의 내용도 개선할 수 있다. 자녀가 보디랭귀지와 얼굴 표현에 주목하도록 연습을 시키라. "동생이 너에게 '아니'라고 말하면서 발길질을 하고 있는데, 뭐라고 말하고 있는 걸까?", "나는 팔짱을 끼고 네가 신발 끈을 맬 때까지 기다리고 있어. 내 몸과 얼굴에서 뭐가 느껴지니?" 등 식사 시간을 대화의 기술을 쌓는 시간으로 활용하라. 애틀랜타에서 당신의 사촌이 방문할 때, 딸에게 미리 샘플 질문을 제공할 수도 있다. "애틀랜타는 뭐가 좋아요?", "어떤 일을 하세요?" 또, 딸이 이러한 질문으로 또래와 상호 작용하도록 도우라. "시험이 어려웠어? 나는 에세이 시험이 싫었어", "학교 끝나고 뭐 해? 나는 이웃집 개를 산책시키는 알바를 해." 이런 리허설은 아동이나 십 대 자녀가 학교 복도에서 벌어지는 실전에 대비하게 한다.

소외

ADHD 아동 중에는 친구 관계가 의미하는 바를 이해하지 못하는 아이들이 있다. 아이들은 우리 각자가 다양한 범주의 지인, 친구, 제일 친한 친구들, 그다음의 중요한 사람들과 서로 상호 작용하고 있음을 충분히 이해하지 못한다. 어떤 사람들은 지인 범주에 적합한데, 복도를 지나며 "안녕"이라고 인사하는 사람들이다. 친구는 점심을 같이 먹고, 프로젝트를 같이 하거나 하키팀에서 같이 경기하는 사람이라 말할 수 있다. 깊은 감정과 마음은 친밀한 교제의 범위에 있는 가장 친한 친구에게 털어놓을 것이다. 또래에 비해 더 구체적으로 사고하는 뇌를 가진 ADHD 아이들에게는 이러한 미묘한 차이를 이해하기가 어려울 수 있다. 아이들은 친구를 하자고 물어볼 적절한 방법을 알지 못하거나 의도치 않게 사람들을 멀어지게 한다. 나는 15살 말론에게 친구의 정의가 무엇인지 물었다.

> 솔직히 말하면 저를 참아 줄 수 있는 사람이요. 저를 이해하셔야 되는 게, 저는 재미를 좇는 엉뚱한 사람이거든요. 매일 자신에게 "오늘이 마지막인 것처럼 살자"라고 얘기해요. 그래서 항상 사람들과 장난을 치면서 좋은 추억을 만들어요. 만약에 제가 누굴 간지럽힐 때, 그 사람이 저를 모르면 "쟤 왜 저래?"라고 하겠지만 저를 알면 "말론이 그렇지 뭐" 이럴걸요. 사람들이 시간을 갖고 저를 이해하려 한다면, 제가 괜찮은 애라는 걸 알게 될 거예요.

말론은 사람들 사이의 적절한 친밀감의 정도를 혼동하고 있다. 물론 친한 친구라면 말론이 간지럽혀도 신경 쓰지 않겠지만 모르는 사람은 이를 싫어할 수 있다.

어떤 아이들은 또래에게 다가가고 친해지는 것을 힘들어하고, 또 다른 아이들은 사람들이 자기에게 관심이 없다고 생각한다.

> "다른 애들이 저랑 같이 게임을 하지 않으려 하는 이유는 제가 기분이 좋으면 통제가 안 되기 때문이에요. 저의 ADHD와 피부색 때문에,

또 여기가 새로운 학교이기 때문에 저는 다른 애들과 너무 달라요. 참 속상해요. 여기 다니는 대부분의 학생들은 백인이지만, 저는 스페인어를 써요. 제가 마치 루비 브리지스Ruby Bridges처럼 느껴져요. 여기에서 저는 평범하지 않죠."

- 10세 카밀라

"아무도 저에게 놀자고 한 적이 없고, 제가 항상 먼저 놀자고 해요. 저는 제가 주워 담을 수 없는 말이 잘못 나올까 봐 늘 걱정해요. 지난주에는 뮤지컬로 알게 된 한 애가 저에게 커피를 마실 거냐고 물었는데 그때 제가 집에서 동생을 봐야 했거든요. 동생 때문에 집에 가야 한다고 말했더니 다음번에 가자고 하더라고요. 정말 그랬으면 좋겠어요. 아마 이게 누가 저에게 처음으로 '야, 더스틴, 같이 놀래?'라고 물어본 경험 같아요."

- 16세 더스틴

"저의 유일한 친구들은 저를 인정해 주는 애들이에요. 저는 머저리, 멍청이, 미친 애, 예술가이고, 항상 틀을 벗어나죠. 친구들도 그렇고요. 우리는 뭔가 서투른 아이들 같아요. 틀 안에 있는 애들은 완벽하고 멋지고 모두 다 좋아하잖아요. 그중 다수는 저에게 친절하지 않아요. 그렇다고 제가 그 틀 안에 있고 싶은 건 아니에요. 재미없거든요. 틀 밖에 있으면 저처럼 모험을 하는 거죠."

- 11세 브리

여기에 등장하는 아동과 십 대 아이들이 다른 친구들과 잘 어울리지 못한다거나 외로움에 대해 이야기하는 반면에, 카밀라가 당면한 문제는 인종 차별로 인해 더 심각해졌다. 브리는 영리하게 틀box이라는 비유를 들어 그녀의 상황을 재구성하고, 자신을 보호했다. 그녀 자신을 그녀와 비슷한 동료들과 틀의 바깥에 위치한 예술가로 보면서 소외의 느낌을 긍정적인 모험의 이미지로 전환했다. 제3장에서 소개한 자신의 "총알 브레인"에게 웃어 주며 실수를 인정하던 마야처럼 브리는 비슷한 소수의 친구들과 함께 어울리며 용기 있게도 자신만의 그룹을 만드는 법을 생각해 냈다.

당신도 자녀가 브리처럼 행동하고 생각하며 친구 관계를 형성하도록 도울 수 있다. ADHD 아동이 사회생활을 힘들어할 때, 이들은 가장 발달시켜야 할 관계 기술을 연습할 기회가 더 줄어들게 된다. 이는 시간이 지날수록 사회적인 불편감을 더욱 크게 야기한다. 가능하다면 누가 잠재적인 친구가 될 수 있는지에 대해 자녀와 대화해 보라. 외울 수 있는 문구를 포함하여 어떻게, 무엇으로, 어디서, 친구들과 적절하게 연결될 수 있을지를 다시 짚어 보라. 당신이 아이들에게 집안일을 쪼개어 하도록 교육했던 것과 마찬가지로, 작은 부분부터 시작하라고 북돋아 줄 수 있다. 오늘은 "안녕"이라고 인사하고, 다음번에는 "티셔츠 예쁘다"라고 말해 볼 수 있다. 어린아이의 경우, 친구의 부모에게 통화를 제안하고 놀이 약속을 잡아 주라. 큰 아이들과는 새로운 친구들과 지속적으로 할 수 있을 만한 활동이 있는지 훑어보라. 각 단계마다 격려를 통해 다음 단계를 계속 시도하도록 하라. 관계에서 무언가 잘 풀리지 않을 때는 친구 관계를 쌓는 일에는 시간이 걸린다는 점을 상기시켜 주라. 신뢰는 대화와 함께하는 활동을 통해 쌓이며, 누구에게나 관계에서의 갈등은 불가피하다. 가정에서 아이들의 사회적 신뢰와 회복탄력성을 양성하는 일은, 당신이 자녀들이 이후에 독립적으로 사용할 수 있는 관계의 도구를 제공해 주는 일과도 같다.

괴롭힘에 직면하기

어려운 사회적 상황과 건전하지 못한 또래 관계가 괴롭힘이나 공격의 형태로 선을 넘을 때는 당신의 분별력 있는 참여가 필요하다. 괴롭히는 사건은 공공연하게 일어나건 조용히 일어나건 관중 앞에서 힘을 얻고자 하는 싸움으로 벌어지며, 이는 가해자에게 권한을 부여한다. 많은 아이들은 사회적 지위를 얻고 멋져 보이기 위해 이런 행동을 하며, 이는 악순환의 반복을 영속시킬 뿐이다. 때로는 다른 아이들을 괴롭히는 행동이 자신을 공격하는 행동에 대한 방어 행동인 경우도 있다. 친구나 가족에게 하는 농담 같은 가벼운 놀림teasing과 싫어하는 사람에 대한 공격적인 행동인 조롱taunting에는 큰 차이가 있다. 가벼운 놀림은 당사자와 함께 웃는 것이지만, 조롱은 당사자를 비웃는 것이다. 괴롭힘의 한 형태인 조롱은 굴욕, 잔학 행위, 심한 편견으로 상대방에게 피해를 입히려는 목적을 가지고 있다. 모든 형태의 괴롭힘은 아동, 십 대 아이에게 중대한 영향을 끼치기 때문에 학교와 가정에서 어른의 개입이 필요하다.

다음은 아이들이 묘사한 몇 가지 공격적인 상황의 예이다.

"라이언은 애들을 괴롭히는 애예요. 대부분은 저를 놀려요. 조금 놀리는 것까진 괜찮지만 모욕까지 하는 건 괜찮지 않잖아요. 근데 걔는 선을 많이 넘어요. 나쁜 일이 일어나면 누구든 제일 가까이 있는 애 탓을 하죠. 자기가 도어 매트에 넘어져 놓고 제가 밀었다고 했어요. 저도 그러길 원해요. 선생님은 저희가 절대 같은 책상에 앉지 못하게 하셨어요."

- 9세 레비

"제가 6학년 때 한나라는 아이가 저를 괴롭혔어요. 완전 미친 애였는데 저한테 욕하고, 제가 점심시간에 줄 서서 기다리는데 밀고, 짜증 나는 걔 친구들이랑 같이 웃었어요. 저에 대해 온갖 나쁜 욕도 하고 다녔고요. 제가 생활지도 상담 선생님께 한 다섯 번 정도 이야기했는데, 어떤 조치도 없더라고요. 뭐 그런 거엔 이제 넌덜머리가 났어요. 그래서 저와 제 친구 제스는 직접 해결하기로 하고, 중학교 2학년인 덩치 큰 맥스 선배한테 돈을 주고 걔를 겁주라고 했어요. 뭐, 별로 심각한 건 아니었어요. 그런데 그 일이 일어나기도 전에 어쩌다 교장 선생님이 알게 됐고 우리는 정학을 당했죠. 그리고 저와 제스도 친구가 될 수 없었어요."

- 15세 에즈미

"걔네들한테는 저를 놀리는 게 무슨 코미디 루틴 같아요. 저한테 멍청하다거나 짜증 난다고 말하고 온갖 욕을 다 해요. 저는 걔네들을 무시하려고 하거든요? 제 점심을 훔쳐 가고, 과학책을 가져간 애들도 있어요. 체육 시간은 최악이에요. 작년에 그 애가 저를 사물함에 밀쳐서, 제가 얼굴에 주먹을 날렸죠. 걔가 알아들었을 거라 생각했는데, 교장 선생님이 우리 아빠한테 전화했고, 저는 교장실에 불려갔어요…. (웃으며) 맞아요. 저는 걔네한테 뭔가 나쁜 일이 생기거나 걔네가 사라지는 미래를 상상해요."

- 12세 드류

드류의 아빠 빌은 학교에서 무슨 일이 있었는지 전해 듣고, 바로 첸 교장 선생님에게 면담을 요청했다. 드류, 빌, 교장 선생님 셋은 무슨 일이 일어났는지, 주동자가 누구인지, 드류를 어떻게 보호할지에 대한 계획을 논의했다.

만약 안 좋은 일이 일어나면, 저는 거기서 나와 사무실로 갈 수 있어요. 또 점심시간에 물병을 머리 위로 올리면 첸 선생님이 제 테이블로 오시고요. 그리고 제가 들고 다니는 아이패드에 "사건"이라고 적어서 선생님께 일주일에 한 번씩 보고해야 해요. 그런데 사소한 일은 항상 일어나는 일이라서 기억을 못 해요. 그런 일은 일어나자마자 제가 바로 잊어버리려고 하거든요.

드류는 이 계획에 대한 확신이 없었고 보복을 당할까 봐 걱정했는데, 이 계획이 실제로 도움이 되자 놀라워했다. 그는 사무실에 가서 아이들이 자신에게 말한 내용의 목록을 작성하였고, 그 이후 괴롭힘은 줄어들었다. 아직 친구들이 많지는 않지만, 드류는 더 이상 누군가의 타깃이 되지 않음에 만족하였다.

당신과 학교가 실제로 일어나는 상황에 대한 구체적인 내용을 알아야 현재 일어나는 어떠한 나쁜 괴롭힘에도 함께 대처할 수 있다. 하지만

괴롭힘의 징후

당신이 만일 자녀가 괴롭힘의 피해자일 수도 있다는 의심이 든다면, 아래의 징후를 살펴보라.

- 사회에서의 철수, 혼자 보내는 시간의 과도한 증가
- 최근 학교에 관심이 없어지거나 급격한 성적의 하락
- 대화에서 나타나는 반 친구들, 또래에 대한 부정적인 견해
- 결석하거나 가족 활동, 방과 후 활동을 하지 못하게 하는 두통, 복통, 피로와 같은 신체적 고통의 증상
- 핸드폰이나 컴퓨터 사용의 감소

안타깝게도 대부분의 아이들은 이러한 일과 관련된 정보를 잘 알려주지 않는다. 수치심을 느끼거나, 보복을 두려워하거나, 누구도 자기를 도울 수 없다고 믿어서일 수 있다. 고자질을 안 하려고 하거나, 상황의 심각성을 축소하거나, 자기는 이런 일을 당해도 싸다고 생각하는 것일 수도 있다. 이 모두는 아동이나 십 대 아이들이 마음을 털어놓는 데 걸림돌이 된다.

몇 가지 괴롭힘의 증후가 관찰된다면 5C 양육방법을 써 보라. '자기절제'로 당신의 걱정을 다스리고, 최대한 중심을 지키라. 그다음 '긍휼'의 단계에 진입하라. 당신이 지켜본 자녀의 행동에 대해 이야기하고, 무슨 일이 있는지 짐작되는 내용에 대해 물어보라. 다른 아이들이 자녀와 자녀의 모습에 대해 못되게 말하는지, 그 내용이 무엇인지 질문한다. 그에 대해 어떤 반응을 했는지 알아보고, 괴롭힘이나 문제가 되는 행동은 결코 옳지 않으며 이 문제를 해결함에 있어 혼자가 아니라고 말하며 안심시켜 주라. 그리고 자녀와 함께 어떤 선택을 할 수 있는지 알아보라. 가볍게 놀리는 경우라면 저항하지 않고 무시하는 것이 효과적일 수 있으나, 이 방법은 장기적이며 심각한 괴롭힘의 문제를 다뤄 낼 정도로 힘 있는 도구가 될 수 없다.

당신이 자녀와 '협력'하는 목적은 지금까지 적용한 방법보다는 더 나은 방법을 찾는 데 있다. 만약에 자녀가 학교나 그 외의 활동 기관에 어떠한 정보도 공유하기를 거부한다면 괴롭힘 피해자를 보호하는 법이 있으며, 그렇기 때문에 학교의 관여가 중요하다고 말해 주라. 그리고 모든 요소를 고려하여 인내를 가지고 부모, 학교, 자녀 모두가 시도할 수 있는 측면에서 노력의 '일관성'을 포함하는 전략을 찾아보라. 이러한 상황에서 당신은 어떤 일이 있어도 상대방의 부모에게 전화한다거나 자녀의 문제를 혼자서 해결하기 위해 움직이지 말아야 한다. 아동과 십 대 아이들을 보호할 권한을 가진 공식적인 채널과 함께 협력하라. 이러한 방식을 통해 드류의 사례와 같이 마침내 상황이 나아지기 시작하면, 어떻게 잘 헤쳐 왔는지 돌아보는 '축하'의 시간을 갖는다.

친구 관계를 수월하게 맺는 경우

많은 ADHD 아동이 수월한 사회 활동을 하며 만족스러운 또래 관계를 맺고 있다. 친구들을 사귀고 사람들과 같이 시간을 보내는 일이 식은 죽 먹기인 아이들도 있고, 또래에게 다가가기 위해 어색함을 극복해야 하는 아이들도 있다. 자신과 관심사가 비슷한 친구들을 좋아하는 아이도 있고, 관심사가 다른 친구들을 좋아하는 아이도 있다. 이러한 친구들은 ADHD를 갖고 살아가는 자녀의 삶에 신뢰하는 동료이자 중요한 지지자가 되어 준다.

> "저는 저랑 정반대의 친구들을 좋아해요. 지금 데이트하는 친구도 저의 ADD적 특성과는 말 그대로 완전히 반대예요. 잭은 과제를 꼼꼼하게 하고, 하던 일을 의욕적으로 끝내고 다음 과제로 넘어가요. 그런 친구랑 항상 같이 있는 게 도움이 되죠. 같이 공부하다가 제가 딴짓을 하면 저한테 연필을 던져서 다시 정신을 차리게 하는데 그게 진짜 맘에 들어요."
>
> \- 17세 릴라

> "저는 유치원 때부터 제 친구 폴을 알고 지냈어요. 저흰 거의 똑같이

행동해요. 제가 생각하는 걸 걔도 똑같이 생각하고요. 우리 둘 다 행복해하고 독특해요. 가끔씩 싸우기도 하는데 완전 크게 싸우진 않고, '아니, 그건 아니지', '아니, 맞아', '아니, 틀리다니까' 이런 식이에요. 저희가 뭐 그런 아이들인걸요. 정말 친한 친구예요."

- 10세 샌제이

"저는 저랑 정말 비슷한, 약간 정신없는 뇌를 가진 사람들을 사귀는 경향이 있어요. 그러한 공동체가 있다는 게 좋아요. 굳이 그런 점에 대해 이야기하지 않아도 서로 이해하는 거죠. 제가 좌절을 느낄 때, 걔네들은 제가 왜 그런지 알아요. 걔네들도 비슷한 경험을 하니까요. 그리고 제가 뭔가에 흥분하는 것도 이해하고요. 제가 보고서를 두 쪽이나 썼거든요. 야호!"

- 16세 엘라

이 아이들은 샌제이와 그의 친구 폴처럼 설사 갈등이 있더라도 그들이 얼마나 친구를 소중히 여기는지를 보여 준다. 아이들이 경로를 벗어날 때 친구들은 그들의 독특한 점을 이해해 주고, 어려운 시간을 함께 보내 주어 이들을 다시 제자리로 돌아오도록 한다.

샌제이는 폴과 놀이를 끝내고 집에 가는 게 힘들다고 말했다. 이처럼 많은 ADHD 아이들이 즐기던 사회 활동을 마치는 데 어려움을 느낀다. 숨고, 성질부리고, 당신 차의 타이어에 발길질을 하는 행동은 모두를 좌절시키고 당황하게 만들 수 있다. 이런 상황을 피하기 위해서는 놀이 약속이나 모임을 시작하기 전에 계획을 세워야 한다. 샌제이의 부모님은 기분이 상한 채 자리를 뜨는 상황에 좌절하였고, 이를 바꾸고 싶어 했다. 샌제이 역시 더 나은 방법이 있을 거라고 생각했다.

우리는 논쟁하지 않고, 징징대지 않으며, 신체적인 저항 없이 쉽게 자리를 뜨게 할 수 있는 조건을 찾아보았다. 놀이가 끝나 실망하는 것은 자연스러운 감정이지만, 모두 힘을 합해 이 문제를 해결하고 싶어 했다. 샌제이는 집에 가는 게 힘든 이유가 "부모님이 언제 데리러 올지도 모르고, 오더라도 그다음은 항상 뭐가 됐든 지루하기 때문이에요"라고 말했다. 샌제이의 부모는 그를 데리러 갈 때 주의를 주기로 했다. 샌제이의 아빠는 말했다. "제가 상대 부모에게 아들이 집에 갈 시간이라는 걸 꼭 알려주라고 문자로 부탁드리면, 그분들이 아들에게 10분간 여유를 주는 방식으로 주의를 줄 수 있을 겁니다. 그다음 제가 그곳에 도착하면 아들은 저와 함께 나와야 하는 겁니다." 샌제이도 이 방법이 정말 도움이 될 거라고 생각했다. 우리는 샌제이가 자리를 떠야 할 때 더욱 적절하게 행동하게끔 동기를 부여할 인센티브가 무엇일지 알아보았다. 부모님은 샌제이가 침착하게 집에 가는 데 협조한다면, 그가 고른 게임을 집에 도착했을 때 혹은 그 이후에 부모님과 함께하는 데 동의했다. 샌제이가 계획을 따르지 않을 경우에는 부모님이 정한 일을 10분간 하기로 했다. 한 달이 흘러, 가족들은 이 체계가 효과가 있었다고 보고했다. 샌제이는 웃으며 말했다. "이제 부모님이 우노 게임을 어떻게 하는지 알아요!"

위험한 청춘 — 십 대 아이들의 선택이 빗나갔을 때

ADHD 십 대들의 사회생활은 대개 즐겁고, 풍요롭고, 만족스럽지만, 때로는 아이들이 원치 않는 위험한 상황으로 향하기도 한다. 십 대 자녀가 위험한 선택을 할 때, 부모는 근심하고 두려워할 수 있다. 미국의 청소년들은 너무나 많이 부적절하거나 이른 성적 행위와 더불어 담배, 마리화나, 알코올, 불법 약물의 위험에 놓여 있다. 뇌의 성숙이 더딘 ADHD 아이들은 충동성을 조절하기 어렵고 '이후'의 결과보다는 '당장'의 즐거움에 집중하므로 이러한 위험 요소는 특히 아이들에게 치명적이다. 연구 결과 모든 환경의 ADHD 십 대 청소년은 또래보다 더 일찍 담배, 알코올, 마리화나를 쉽게 접하며, '이와 같은 약물을 한 번 경험한 후 과도한 사용으로 악화되는' 경향이 네 배에서 다섯 배 더 높았다.[1] 이러한 행동으로 아이들이 학교를 제때 졸업할 가능성이 줄어들 수 있다.[2] 또, 성별을 불문하고 ADHD 청소년은 모두 15세 이전에 또래보다 더 빨리 성적 행위를 시작하는 경향을 보였고, 종종 많은 상대를 만나고, 원치 않게 임신을 한 경우도 있었다.[3] 중독, 불법 행위, 십 대의 임신과 관련한 직접적인 개입 방안은 이 책의 주제 범위 밖이기 때문에 다룰 수는 없지만, 여기에서는 ADHD 아동이 왜 이러한 위험한 선택에 끌리는지를 자세히 알아보려 한다. 아이들이 음주, 흡연, 마리화나, 조기 성적 행위를 좇는 이유를 들어 보면 단순한 만족을 넘어 왜 이러한 행동을 하는지에 대한 통찰을 얻을 수 있다. 많은 아이들은 인정받고, 멋져 보이고, 스스로 느끼는 부적절감에 대한 보상을 얻기 위한 대안으로 이러한 행동을 한다.

십 대 청소년들은 나에게 이러한 문제와 이와는 다른 타입의 규칙을 어기는 행동에 대해 자세히 이야기한다. 아이들은 대개 과거에 자신이 잘못된 선택을 했거나 현재에도 그러고 있다는 것을 알고 있다. 자신을 위한 다른 옵션을 보지 못하기도 하며, 신경 쓰지 않을 때도 있다. 아이들은 그냥 느끼는 대로 행동하고 싶을 뿐이다.

"아빠는 제가 잘못된 선택을 한다고 했어요. 그리고 제 친구들을 싫어하고 쓰레기 취급해요. 아, 친구 중 한 명이 지난주 금요일 밤 축구 경기에 보드카를 가져와서 정학을 당하긴 했어요. 그렇지만 걔네들은 제 친구들이에요. 방과 후나 주말에 마리화나를 피우기도 하지만, 별일도 아니잖아요. 남들 다 하는 건데요. 어떤 애들은 더 이상한 것도 하는데, 아뇨, 저는 그런 건 안 해요."

- 15세 제이든

"저는 취했을 때나 약을 했을 때 남자애들하고 더 많이 잤던 거 같아요. 친구들이 파티를 진짜 좋아하거든요. 취하지 않은 채 ADHD만 있을 때도, 그냥 이런 부분을 처음부터 확실하게 생각하지 않아요. 많이 자고 다녔던 건 그냥 그러고 싶어서였어요. 재밌었거든요. 사람들이 저를 원하는 것도 좋았고요. 제가 미래에 무엇을 느낄지는 생각하지 않아요."

- 17세 로즈

"고등학교 2학년 말쯤에 친구들하고 재미로 술을 마시기 시작했어요. 심지어 학교 가는 버스 안에서 마신 적도 있는데, 돌이켜 보면 정말 심하게 어리석은 짓이었죠. 술 마시는 걸 멈추고 나서는 마리화나를 피우기 시작했어요. 그렇게 제 뇌에서 벗어날 수 있었어요. 제 뇌는 생각을 멈추지 않거든요. 뇌는 항상 돌아가고 이 주제에서 저 주제로 넘어다녀요. 하지만 약에 취하면 조용하고 느긋해지죠."

- 16세 앤서니

"만약 제가 지각하고 옷도 맘에 들지 않고 머리 스타일도 이상하다면, 저는 폭발해요. 바보 같지만 점점 더 화가 나다가 결국 이성을 잃어요. 그때 저는 '아, 마리화나를 피워서 여기에서 벗어나야겠다'라고 느끼죠. 마치 제 추한 몸뚱이를 싫어하는 느낌을 그걸로 덮어 버리는 것 같지만 효과가 있으니까 괜찮아요."

- 16세 소피아

마리화나를 피우든, 친구들과 술을 마시든, 어떤 행동이건 간에, 이 아이들은 자신의 충동을 억제하기 위해 몸부림치고 있으며 대안을 선택하는 데 활용할 자원이 부족한 상태이다. 아이들은 사적으로 다른 선택을 하길 원한다는 소망을 털어놓지만, 일이 일어나는 당시에 다른 선택을 한다는 것은 거의 불가능하게 느껴진다. 자녀에게 심리치료를 받게 하는 부모도 있으나, 어떤 아이들은 부모님이 자기가 뭘 하고 있는지 모른다고 얘기한다.

물론 여기에서 묘사한 위험 행동을 다룰 유일한 방법은 없다. 가장 좋은 방법은 십 대 자녀와 긍정적인 연결감을 유지하고 자녀의 자신감을 양성하는 것이다. 하지만 자녀의 달갑지 않거나 안전하지 않은 선택에 어떻게 대응하는 게 가장 좋은 방법인지를 파악하기란 매우 어려우며, 특히 화가 날 때는 더욱 그렇다. 십 대 자녀와 얘기하기 전에 일단 먼저 자신을 가라앉히고, 배우자나 신뢰하는 가족, 친구들에게 지지하기 위해 도움을 청하라. 아마 주변에 비슷한 경험을 했고, 지금은 자녀와 잘 지내는 사람이 있을 것이다. 그들은 당신을 위해 몇 가지 현명하면서도 간단한 정보를 줄 것이다. 방법을 실행하기 전에는, 자녀와 대화할 때 당신과 배우자의 의견이 같아야 한다는 점을 명심하라.

무엇을, 어디서, 언제, 어떻게 등 당신의 주의를 끈 자녀의 위험한 행동에 대해 십 대 자녀에게 차분하게 정보를 얻으라. 아이들 자신을 위한 선택 사항, 선택에 대한 통찰, 만약 결정을 내렸다면 내린 결정에 대하여, 다른 선택을 할 수 있었다면 어떤 선택을 내렸어야 했는지에 대하여 구체화하라. 당신이 공감할 수 있는 고충이 있는지 살펴보라. 아마 제이든이나 로즈처럼 또래로부터 압박을 느꼈을 수도 있으며, 앤서니처럼 뇌를 진정시키고 싶었을 수도 있다. 지금 무엇을 해야 할지에 대한 자녀의 생각을 물어보라. 이것이 핵심이다. 대부분의 아이들은 자신이 실수했음을 잘 인지하며, 다음에 밟아야 할 단계에 대한 흥미진진한 아이디어를 갖고 있다.

> 부모와 십 대 자녀 간의 깨진 신뢰는 인출 한도를 넘은 통장에 비유할 수 있다.

집에서는 마리화나 흡연을 금지한다는 규칙이 있는데, 어느 토요일, 아들이 친구들과 집 현관에서 흡연을 하고 있었다면, 당장 아들에게 패널티(핸드폰을 빼앗는 등)를 주지는 마라. 그 대신 마약을 하지 않는 가정을 만드는 일의 가치를 이야기해 주고 신뢰가 깨졌음을 말해 주라. 부모와 십 대 자녀 간의 깨진 신뢰는 인출 한도를 넘은 통장에 비유할 수 있다. 아이들은 이 비유를 이해하며, 금액이 25에서 마이너스 5로 변한다는 것의 의미를 이해한다. 이렇게 말해 보라. "우리가 집에서 음주나 흡연은 하지 않기로 동의했는데, 네가 동의한 내용을 지키지 않고 신뢰를 저버려 굉장히 실망했다. 그런데 네가 왜 그랬는지 궁금하구나. 무슨 일이 있니? 지금 우리는 무엇을 해야 할까?" 아들이 한 달간 외출하지 않겠다고 말할 수도 있고, 귀가 시간을 열두 시에서 열 시 반으로 앞당기겠다고 제안할 수도 있다. 아들의 아이디어를 들어 보고 시간을 갖고 이 방안을 고려해 보라. 당신이 지금의 상황에 대해 내린 결정을 당장 말해야 한다는 법은 없지만, 당신은 자녀에게 결정의 일부로서 당신의 신뢰를 다시 얻을 수 있는 방법을 반드시 제공해야 하며, 그게 무엇이든 끝까지 계획을 따라야 한다. 그렇지 않으면 아들은 부모의 말을 심각하게 받아들이지 않게 된다.

십 대 자녀가 부모에게 청소년의 전형적인 짜증이나 반응을 보이더라도, 이들은 당신의 지지를 필요로 하고 원한다. 당신이 잘 들어주고, 위로하며, 아이들과 의논할 수 있다는 것은 아이들을 바람직한 길로 인도하며 위험 행동을 다루는 데 매우 중요하다. 자신감을 느끼는 분야가 있고, 또래에게 인정받으며, 자신에게 좋아하는 면이 있을 때, 청소년의 불법 약물 사용률은 낮아진다. 십 대 청소년이 스포츠, 방과 후 활동, 파트타임 일이나 종교 활동으로 바쁜 일상을 보낼 때, 자신감과 회복탄력성이 길러진다. 이러한 활동으로 친구들과 폭넓은 네트워크를 형성한다면 음주나 흡연하길 좋아하는 친구들의 그룹에 의지하지 않을 수 있다. ADHD 약을 복용하는 청소년의 경우 불법 약물을 남용하는 경우가 많지 않지만, 자극제와 비자극제 처방을 받는 많은 십 대들은 여전히 불법 약물을 사용한다.[4] 만약 당신이 자녀의 불법 약물 사용과 성 문제를 염려한다면 전문가의 도움을 받기를 강력히 추천한다. 이러한 문제를 혼자 해결한다고 하여 누가 상을 주지는 않는다. 필요시에는 도움을 요청해야 한다.

제13장

전원을 켜고

전자기기에 빠진 아이들

일상을 침투한 전자기기에 대한 조시, 카일, 데스티니의 이야기를 들어보자.

"전 제 태블릿이 너무 좋아요. 제가 제일 좋아하는 물건이에요. 전 구글맵을 좋아하는데, '16 0 0(sixteen zero zero)'이라고 치면 백악관을 볼 수 있거든요. 쿨 매쓰 게임Cool Math Games도 좋아하는데 이것 때문에 수학을 더 잘하게 됐고, 엄마도 제가 하고 싶을 때마다 허락해 주거든요. 속상하거나 좌절할 때 아이패드를 하면 진정이 돼요."

- 10세 조시

"저는 거의 매일 화내는 아빠를 피하려고 컴퓨터를 해요. 제가 좋아하는 게임은 모탈컴뱃Mortal Kombat이랑 해일로 5Halo 5예요. 보통 아빠가 저한테 그만하라고 소리를 질러야 제가 멈추죠. 아빠가 그만하라고 말하면 저는 처음에 '이것만 끝내고요'라고 말하고 30분을 더 해요. 그러고 나서 아빠가 소리를 지르면서 진짜 열이 받으면 저는 깜짝 놀라서 그만두죠. 더 재미있는 걸 할 수 있다면, 게임을 잘 멈출 수 있을 것 같아요. TV를 못 볼 땐 그냥 침대에 누워 있죠. 아마 손톱을 물어뜯거나 자거나 할걸요."

- 12세 카일

"저는 24시간 내내 핸드폰이 필요해요. 핸드폰 중심으로 살거든요. 앱을 사용하고, 문자를 보내고, 친구들이랑 얘기하고요. 인스타그램, 스냅챗, 페이스북도 확인해요. 잘은 모르지만, 아마 하루에 스물다섯 번 정도는 확인하는 것 같아요. 모두들 뭐 하고 있는지, 나에 대한 얘기를 하는지, '좋아요'가 몇 개 눌렸는지도 궁금해요. 핸드폰이 없으면 무력감을 느끼죠."

- 15세 데스티니

대부분의 미국 아이들처럼 ADHD 아동은 재미와 사회생활, 느긋한 시간을 보내기 위해 전자기기를 사용한다. 이러한 기기는 아이들이 매일의 스트레스로부터 벗어나고, 창의적으로 자신을 표현하거나, 학업 기술을 쌓는 데 도움이 된다. ADHD 아이들에게 수많은 옵션이 함께 제공되는 인터넷과 기기는 보물 창고다. 아이들은 여러 음악, 동영상, 사회생활, 숙제와 그 외의 활동을 동시에 하면서 타고난 산만함을 즉각 만족시킨다. 언제나 원하는 자극을 찾을 수 있다면 어디에서든 신날 것이다. 이로 인해 아이들은 자신의 모습에서 더욱 멀어져 감각을 잃기도 한다. 부모에게 자녀를 위한 온라인, 소셜 미디어의 옵션과 활동 범위는 압도적으로 느껴질 수 있다. 매번 새로운 게임이나 사이트를 찾아내 무엇이 자녀에게 적절할지 파악하는 일이란 거의 불가능하다. 마찬가지로 아이들의 온라인 활동을 관찰하는 법을 익히는 것도 벅찬 일이다. 이번 장에서 우리는 ADHD 자녀가 전자기기에 왜 그토록 끌리는지와 당신이 5C 양육방법으로 어떻게 자녀가 전자기기 사용을 성공적으로 조절하도록 도울 수 있는지 알아볼 것이다.

네트워크화된 우리의 생활

전자기기의 영향은 우리의 모든 삶의 영역에 퍼져 있다. TV, 컴퓨터, 태블릿, 핸드폰을 통해 전 세계의 사람들은 예전보다 더 가까이 연결되었다. 유치원에서 노인복지관까지 모든 사람의 일상에 화면screens이 함께한다. 당신의 자녀는 이미 전자기기로 가득한 세상에 태어났다. 당신은 변화에 뒤처질 수 있지만, 아이들은 기이한 속도와 재주로 이 변화를 파악하며 총알처럼 온라인 여기저기를 날아다닌다. 또한 온라인은 이들이 사회생활을 하는 세계이자 오늘날의 아이들을 위한 멋진 무대이다. 당신이 쇼핑몰, 코너에 위치한 가게나 커뮤니티 센터에 가는 바로 지금, 아이들은 친구들과 어울리며 사회생활을 하고, 음악, 영상, 가상 게임 같은 특별한 취미를 개발하거나, 인터넷 서핑, 웃긴 유튜브 영상을 보며 그냥 빈둥거리기 위해 온라인에 접속한다.[1] 아이들은 어디에나 있는 모바일 기기로, 일상에서 끊임없이 인터넷상에서 활동한다. 13~17세까지의 아이들 중 거의 75%가 스마트폰을 소지하고 있으며, 54%가 하루에도 몇 번씩 온라인에 접속한다.[2] 다수의 아이들 중에서도 특히 여자아이들은 스스로의 내면에 기반을 두고 자존감을 세우는 대신 얼마나 많은 좋아요와 리트윗을 받았는지, 또는 얼마나 많은 팔로워를 가졌는지에 의해 자아정체감을 형성한다. 12세 이상의 대부분의 청소년들은 누가 문자를 보냈는지, 친구들이 무엇을 하는지, 혹은 그들에 대한 남들의 의견이 무엇인지 알아보기 위해 하루에 25~30번 핸드폰을 확인한다고 보고했다. 연구를 통해 이러한 추정이 실제보다 낮게 책정된 것이며, 모든 연령의 미국인들이 하루 평균 46번 핸드폰을 확인한다는 사실이 드러났다.[3]

많은 부모가 과한 미디어 노출이 위험하다는 점을 인지하고 있다. 오늘날의 아이들은 폭넓고 다양한 기기들을 조종할 수 있는 디지털 기량을 가진 반면, 이 활동에 도덕적인 기준을 적용하는 일에는 훨씬 서투르다. 여자아이들은 소셜 미디어를 즐기는 데, 남자아이들은 게임을 하는 데 더 많은 시간을 쓰는 경향이 있다. 연구를 통해 과도한 미디어 사용과 비만, 담배, 알코올, 마리화나 사용, 성적인 관대함 사이에는 중요한 연관성이 있는 것으로 나타났다.[4] 당신은 당신의 자녀가 건강한 미디어 다이어트를 하도록 하며, 위험한 행동을 줄이고, '실제'의 삶과 '클라우드' 내에서의 삶이 균형을 유지하도록 도울 수 있다.

예전에는 사적이고 개인적이었던 내용이 웹사이트, 소셜 미디어 플랫폼과 블로그 등 더 많은 온라인 세상에 공개되며 모두가 이를 보게 되었다. 네트워크 세상에서 어떤 말이나 행동을 하든 디지털 발자국이라는 흔적이 남게 된다. 어른들도 이 사실을 자주 잊어버리지만, 애초에 이 사실을 배운 적이 없는 아이들은 당연히 이 위험을 더 의식하지 못한다. 여기에 ADHD의 충동성이 더해지면, 남의 담벼락에 누구를 비난하는 말을 써 놓는 행위나 컴퓨터 게임상에서 노르웨이에 사는 누군가를 프렌딩(친구 추가)함으로써 나타날 결과를 고려할 확률이 상당히 낮아진다. ADHD 아동은 또래에 비해 재미있어 보이는 것으로부터 스스로를 간단히 제어할 수 있는 성숙한 능력을 지니고 있지 않다. 당신은 아이들에게 온라인 안전 규칙을 확실하게 계속 반복해서 교육해야 한다. 이를 시작하기에 너무 늦거나 이른 시기란 없다. 전자기기 사용에 관한 명백하고 일관성 있는 기본 원칙이 있을 때, 자녀는 안전하고 건강한 선택을 할 수 있다.

모두가 온라인상에 빠져 있을 때 아동과 십 대 자녀에게 자신의 디지털 활동을 관찰하는 이유와 방법을 가르쳐 주기란 만만치 않은 일이다. 다양한 문화권에 있는 미국 성인의 90%가 컴퓨터를 소유하고 있으며, 74%는 스마트폰을, 65%는 소셜 미디어를 사용한다는 대규모 연구 결과가 있다.[5] 이제는 더 이상 누군가 대화 중에 전화를 받으며 일행에서 관심을 돌리는 행위를 무례하다고 여기지 않으며, 보통은 완전히 정상적인 상황으로 간주한다. 당신은 얼마나 자주 핸드폰을 확인하기 위해 자녀를 외면하며, 자녀가 새로운 메시지보다 덜 중요하다는 것을 무언으로 보여 주고 있는가?[6] 자극을 감지하는 우리 뇌의 일부분은 핸드폰 알림음이 울릴 때마다 활성화되어, 우리의 주의를 지금 온 메시지가 주는 잠재적 즐거움으로 돌리라고 촉구한다. 누구나 우리의 주의를 지속적으로 끄는 힘에 중독될 수 있으나 새로운 자극에 자연적으로 끌리는 ADHD 아이들, 어른들에게는 특히나 유혹적일 수 있다. 어느 한 연구에서는 부모의 72%가 자녀에게 전자기기를 건강하게 활용하도록 모범을 보인다고 믿는다는 답변에도 불구하고, 대략 67%의 부모가 많은 경우 그 반대의 행동으로 어디에서나 끊임없이 이메일, 문자 메시지, 소셜 미디어를 확인한다고 시인했다.[7]

자녀는 자신에게는 하지 말라던 행동을 당신이 그대로 하고 있음을 알아차린다. 13살 제이제이는 그와 아빠가 부엌 식탁에서 함께 일할 때 일어난 일을 설명한다.

> 제가 못 참겠는 행동은 아빠한테 질문할 때 아빠가 컴퓨터 자판을 두드리고 있는 거예요. 아빠는 얼굴을 돌려서 저를 보긴 하지만, 그래도 계속 컴퓨터를 보고 있어요. 그것 때문에 돌아 버리겠어요. 저를 아예 신경도 안 쓰는 것 같아요. 반대로 아빠는 제가 게임하거나 아빠를 보고 대답하지 않으면 엄청 화를 내는데, 저는 아무 말도 할 수 없어요.

당신이 온라인상에서 일하고, 가정의 재정 상태를 고민하거나, 휴가를 계획한다고 해도, 자녀는 이것과 자신의 온라인 활동의 차이점을 구분하지 못한다. 아이들은 컴퓨터를 하지 않을 때 어른들은 컴퓨터 스크린을 보고 있는 것이다. 12살 칼리는 핸드폰 사용 시간 제한이 왜 공평하지 않은지에 대해 이렇게 이야기했다.

> 오빠는 방에서 핸드폰이나 컴퓨터를 하거나 숙제를 해요. 아빠는 컴퓨터로 스프레드시트를 하고 있고, 엄마는 페이스북을 하거나, 일 아니면 청소를 하니까 저는 놀 사람이 아무도 없어요. 그래서 제가 친구들한테 문자를 보내는 거예요.

칼리는 심심하고 외로워 재미를 찾고 싶었고, 왜 가족 모두 온라인상에 있을 수 있는데 자기만 핸드폰 사용 시간을 줄여야 하는지 이해할 수 없었다. 이러한 관점은 가정에서 전자기기의 문제를 다루기 전에 당신이 배우자와 함께 스스로의 핸드폰, 컴퓨터 사용 패턴을 돌아봐야 한다는 점을 시사한다. 부모의 65%가 정신건강을 위해 컴퓨터 플러그를 뽑는 것이 중요하다고 동의하긴 하지만, 그중 실제 28%만이 이를 실천하고 있다.[8]

당신이 자녀에게 거짓말이나 물건을 훔치고 때리는 행동은 하면 안 된

연습 8	부모의 전자기기 사용에 대한 성찰

디지털 시민성에 대한 교육을 시작하기 전에, 당신이 전자기기를 어떻게 사용하는지 정직하게 돌아보라.

- 당신은 컴퓨터나 핸드폰을 얼마나 자주 사용하는가?
- 너무 과하게 사용하는가?
- 당신은 건강하다고 생각하는 방식으로 자녀들의 전자기기 사용에 모범이 되고 있는가?
- 당신의 기기 사용에 있어 변화하고자 하는 점이 있다면 무엇인가?

다는 것을 분명하게 가르쳐야 하듯, 디지털 예절과 온라인 안전에 관한 당신의 가치관도 전해 주어야 한다. 온라인 에티켓이란 디지털 세계에서 사람들에게 어떻게 행동해야 하는지에 대한 예절이다. 당신이 상대에게 직접 할 수 없는 말이라면 온라인상에서도 해서는 안 된다. 가정에서 네티켓을 확립하려면 자녀가 성장하는 과정에서 중대한 주기적 가족 회의를 반복적으로 가져야 한다. 온라인 안전은 당신의 디지털 흔적을 다루는 일과 연관이 있다. 당신이 온라인상에서 어디에 방문하는지, 무엇을 하는지, 누구와 함께 그 행동을 하는지는 앞으로 계속 남는 과거의 유산이다. 이는 많은 주의가 필요한 지속적인 과정이다. 자녀에게 인터넷 보안에 대한 기본 원리를 가르치거나 상기시키라. 또래 친구들과 절대로 비밀번호를 공유하지 말고, 부모님의 지도 없이 온라인에 개인 정보를 입력하지 않아야 하며, 온라인으로 알게 된 낯선 사람과 만나거나 사이버 폭력과 부적절한 행동을 당했을 때 혼자 처리하려 하지 말아야 한다. 자녀의 친구나 팔로워가 되어 비밀번호를 포함한 모든 미디어 계정

에 접근할 권한을 계속 요구하라. '지금 아니면 지금이 아닌' 사고방식의 뇌를 가진 당신의 ADHD 아동이나 십 대 자녀는 특히 이들의 인터넷상의 행동이 수년간 자신들을 따라다닐 수 있다는 사실을 정확하게 알아야 한다.

이러한 가르침은 당신과 당신의 배우자가 가정생활에서 함께 전자기기의 역할을 숙고하며 시작할 수 있다. 어떤 웹사이트, 게임, 앱이 자녀의 나이와 성숙도에 적합한가? 아이들은 언제, 어디에서 기기를 사용하는가? 밤에 전자기기의 전원을 꺼 놓는다면, 그것을 어디에 보관하는가? 인터넷 사용 시 한계를 정하기 어려운 이유는 많은 아동이 자신이 원하는 모든 사이트에 접속할 수 있어야 한다고 생각하기 때문이다.

전자기기 사용은 특혜이지 권리가 아니다.

미국 소아과학회The American Academy of Pediatrics는 특히 16세 이전, 혹은 자녀가 전자기기 사용에서의 성숙함과 신뢰를 보여 주기 전에는, 자녀의 방에 컴퓨터, TV, 다른 전자 미디어를 놓지 않을 것을 권장한다.[9] 전자기기 사용은 특혜이지 권리가 아니다. 무슨 거대한 영적 존재에 의해 아들이 배틀필드를 할 수 있거나 딸이 인스타그램을 하도록 예비되어 있는 것은 아니다. 운전과 마찬가지로 어떠한 특혜는 발달된 기술과 올바른 판단을 통해 이용할 준비가 되었음을 입증할 때 누릴 수 있다.

가정에서 전자기기의 역할과 사용의 한계를 명확히 한 후, 가족 구성원들과 생산적인 토론을 시작하라. 당신이 자녀에게 접근 가능한 웹사이트나 앱에 대한 한계를 정하고자 할 때는 자녀의 반발에 부딪힐 수 있다. 그래도 괜찮다. 당신은 자녀가 자신에게 음식, 옷, 주거지, 애정에 관련해 전자기기를 사용할 권한이 있다는 가정을 바꾸려 하고 있는 것이다. 당신이 자녀에게 원하는 인터넷 활동 빈도와 내용 관찰의 선택권을 위해서는 전자기기가 자녀의 방 밖에 있는 것이 훨씬 용이하다. 어린 자녀들과는 무엇을 시청하고, 무슨 게임을 할 수 있는지, 언제 할 수 있는지를 계획하라. 가족의 컴퓨터 사용 시간을 정해서 아이와 부모가 각자 컴퓨터로 자기 일을 하도록 해 보라. 좋아하는 인터넷 방송을 함께 본 후 받은 인상과 메시지를 이야기해 보는 것도 좋다. 건강한 미디어 다이어트를 확실히 하기 위해서 가족 회의에서 결정한 내용을 바탕으로 계약서를 써 보는 것도 권장한다. 자녀의 나이에 맞는 완성도 높은 미디어 계약서는 커먼 센스 미디어(www.commonsensemedia.org)에서 얻을 수 있다. 가족 구성원 모두의 서명을 받아 당신이 이 약속을 진지하게 생각하고 있음을 보여 주고, 정기적으로 추적 관찰하라.

마지막으로 전자기기를 사용하지 않고 서로 연결될 수 있는 가족 시간을 마련하라. 일을 마친 후, 첫 시간은 집에서 가족들과 다시 소통하는 시간으로 정하라. 당신이 만약 '그냥 핸드폰을 확인하는 중'이라면, 당신은 그 자리에 함께 있는 것이 아니다. 아동, 심지어 십 대 아이들도 당신의 주의를 끌기 위하여 말썽을 피우기 때문에, 이러한 감정적인 일이 일어나기 전에 미리 관심을 가져야 한다. 전자기기를 사용하지 않는 날을 정해 함께할 수 있는 활동을 해 보라. 식사 시간을 핸드폰과 TV 없이, 가족이 상호 작용하는 시간으로 사용하라.[10]

쉽게 켜고, 쉽게 끄기

전자기기에 접속하는 건 쉽지만, 끄는 것은 모두에게 시련일 수 있다. 게다가 미루기의 달인인 ADHD 아이들은 컴퓨터, 핸드폰, 태블릿의 유혹에 더 저항하지 못하는 듯하다. 지루함을 달래고, 좋아하는 게임의 마법 레벨에 도달하거나, 친구 관계에서 벌어진 일에 대해 문자를 보내는 일 등 목적이 무엇이든 간에 아이들은 화면을 켜고 싶은 다급하고 강렬한 욕구를 느낀다. 스크린 활동을 못 멈추게 하는 주요 장애물 중 하나는 다른 어떤 것도 재미있어 보이지 않는다는 지각이다. 숙제 때문에 마인크래프트 게임을 종료하거나, 방을 청소하는 일은 온라인 활동에 비해 무색한 일일 뿐이다.

"제가 좋아하는 게임은 좀비 콜오브듀티Zombies Call of Duty예요. 게임에서 몬스터 좀비를 죽이려고 하던 바로 그때 갑자기 게임을 멈춰야 하면 짜증이 나요. 저는 '엄마, 아, 제발요'라고 해요. 부모님이 저랑 놀아주면 좀 낫죠. 저는 보드게임 하는 걸 좋아하거든요. 커넥트 포Connect Four랑 소리Sorry 게임이 제일 재밌죠."

- 9세 크리스티안

"전 누구랑 대화하고 싶은데 주변에 아무도 없어요. 다 바빠요. 어젯밤에는 아이팟을 몰래 가져왔거든요? 화장실에서도 노래를 듣고 나와서도 들었는데, 엄마가 '너 금방 화장실에서 아이팟 썼니?' 묻기에 '아니요'라고 답했어요. 그랬더니 엄마가 '너 거짓말하고 있지?'라고 해서 제가 '네, 맞아요'라고 했어요. 엄마는 '너 이제 스크린 제한 시간 다 사용했다'라고 했고요. 저는 '저랑 같이 뭐라도 하면 안 돼요? 제가 뭐 할 게 있어야죠'라고 말했죠."

- 12세 테일러

"제가 멈추지 않으면 아빠는 아끼는 물건을 빼앗아요. 그게 효과가 없는 게, 제가 계속 전자기기를 달라고 요구하거나, 다른 걸로 아빠를 짜증 나게 하면 다시 돌려주기도 하거든요. 아빠가 포기하지 않으면 제가 포기하고요. 저는 게임을 뺏기면 너무 못마땅해서 아빠를 계속 괴롭혀요."

- 12세 제이제이

부모님들은 나에게 자주 자녀의 전자기기 사용을 멈추게 하기 위해 실행하지도 않을 위협을 한다거나, 실제적인 계획이 없다고 털어놓는다. 당신도 이렇게 한 적이 있는가? 한 아빠는 딸이 핸드폰 사용을 멈추지 않자 너무 화가 나 가족 모두를 교회에 늦게 만들고 딸의 생일 파티를 취소하겠다고 위협했다. 가족이 교회에 도착했을 때, 딸이 너무 흥분한 상태여서 아무도 예배에 참석할 수 없었다. 결국 아빠는 수그러들었고, 딸은 파티를 했다. 당신이 위협하고 그 말을 지키지 않을 때마다, 당신의 신뢰 등급은 미끄러져 내려간다. 아들이 방을 치우지 않았기 때문에 한 달간 컴퓨터를 쓰지 못하게 하는 등 벌에 의미를 부여하기 위해 수위를 높이는 것은 가혹하며, 솔직히 말하면 무의미하다. 많은 ADHD 아이들은 어차피 이 한 달의 의미를 이해하지 못하며 그저 영원할 것만 같이 느낀다. 뿐만 아니라, 아이들이 부모와 함께 게임, 문자와 메시지 보내기를 멈추는 방법에 대한 논의에 참여하지 않으면 실제적으로 협력의 가치를 배울 수 없다. 아이들은 오직 부정적인 결과를 피하는 데만 주의를 쏟게 되고, 기기 사용 시간을 다른 활동으로 전환하는 법에 대해서는 아무것도 배우지 못한다. 아이들에게 가하는 위협과 처벌을 5C 양육방법으로 대신하는 것이 훨씬 더 효과적이다.

'쉽게 켜고/쉽게 끄기Easy On/Easy Off' 방법에는 스크린 사용 시간 기준을 정하는 것과 의미 있는 인센티브의 사용이 포함된다. 일단 시작하기 전에, 당신은 배우자와 함께 자녀가 하루에 쓸 수 있는 총 스크린 사용 시간을 정해야 한다. 아이들은 협상이 불가한 기기 사용 기준 시간이 정해져 있을 때 시간을 더 잘 지킨다. 어떠한 활동을 하든지 아이들은 기준을 이해한다. 아이들에게 정해진 기준이 오히려 지키기 쉬운 이유는 전자기기 사용을 위해 싸우지 않아도 되기 때문이며, 당신도 매일 이 문제로 협상하지 않아도 된다. 당신이 아들에게 하루에 기기를 총 한 시간 반 동안 쓰게 한다면, 처음 한 시간은 자동으로 주어지는 기본 시간이다. 아들에게 주어진 이 시간은 품행이 나쁘고, 무례하고, 성적이 좋지 않았다는 등의 이유가 있더라도 없어지지 않는다.

나머지 30분은 자녀가 간절히 원하는 보너스 타임의 특별한 보상으로, '쉽게 켜고/쉽게 끄기'를 위한 동기 부여와 협력을 바탕으로 한 소중한 인센티브로 쓰인다. 아들이 한 시간 동안 컴퓨터를 쓴 후에 논쟁하지 않고 바이올린 연습을 하거나 저녁 식사 준비를 돕는다면, 아들은 당신이 정한 시간에 더하여 기기를 사용할 30분의 추가 시간을 얻을 수 있다. 추가 시간을 마칠 때 자녀가 그만두기를 힘들어한다면 무엇을 해야 하는지에 대해 의논하고, 아이들의 아이디어를 적어 당신의 계획에 반영해 보라. 나는 이러한 추가 시간에 대한 확실한 기대와 욕구로 인해 ADHD 아이들이 덜 싸우고 더 많은 책임도 감당하는 것을 봐 왔다.

당신이 보너스 타임으로 쓸 수 있고, 그 자체로 보상인 또 다른 소중한 인센티브는 바로 당신과 보내는 시간이다. 인센티브가 ADHD 아동이 숙제와 집안일을 마치도록 동기를 부여하는 것처럼, 부모와 보내는 시간 또한 아동, 십 대 자녀가 스크린 사용을 멈추게 하는 동기가 된다. 나는 부모가 '부모와 함께 보내는 시간'을 자녀가 전자기기 사용을 끝낸 후 선택할 수 있는 활동 사항으로 만들어 '쉽게 켜고/쉽게 끄기' 계획을 조율하는 가족을 많이 보았으며, 심지어 이 방법은 십 대 아이들에게도 효과가 있었다. 집안일을 할 때 받는 인센티브를 확인하듯 함께 즐길 만한 활동 목록을 자녀와 협력하여 작성하고 냉장고에 붙이라. 자녀에게 스크린 사용 시간과 관련한 두 가지 옵션을 설명해 주라. 첫 번째 옵션은 자녀가 '쉽게 켜고/쉽게 끄기'를 실천하면 활동 목록에서 하나를 선택할 수 있다는 것이고, 두 번째 옵션은 자녀가 '쉽게 켜고/쉽게 끄기'를 실천하지 않을 때 집안일 돕기 목록에서 하나를 선택하는 것이다.

당신은 이제 '쉽게 켜고/쉽게 끄기' 프로그램을 실행할 준비가 되었다. 다음의 단계를 밟으라.

1. 스크린 사용 시간 제한에 관한 훈련을 실행하기 전에, 타이머 두 개를 맞춘다. 하나는 당신을 위한 것이고, 하나는 자녀를 위한 것이다. 자녀에게 멈춰야 하는 시간의 5분 전, 2분 전에 두 번의 알림을 줄 것이라고 말해 주라. 두 번의 알림 시 모두 '3의 법칙'을 사용한다.
2. 5분의 경고 시간에 이르렀을 때, 자녀에게 가서 말한다. "5분 경고야. 2분 있다가 다시 올게." 그리고 타이머를 다시 맞추라.
3. 2분 후에 다시 가서 말하라. "이건 2분 경고야. 지금 하고 있는 것들 저장해야 한다." 자녀가 당신이 한 말을 반복하도록 한다. 그리고 마지막 알람을 맞춘다.
4. 알람이 울리고 자녀가 '쉽게 끄기'를 실행하면, 다른 활동으로 전환하라. 자녀가 고른 활동을 바로 할 수 있지만, 바로 할 수 없다면 자녀가 보너스 타임을 얻었으며 언제 이를 사용할 수 있는지를 말해 준다.

이때, 당신이 무엇을 하든 협상은 피하라. 힘들다면 계속 심호흡하며 모두에게 이 과정이 어렵다는 것을 기억하고 협력하겠다는 계획을 고수하라.

제10장에서 식탁에 계란을 던졌던 말릭을 기억하는가? 그의 부모는 '쉽게 켜고/쉽게 끄기' 방법을 적용했고, 말릭과 그의 누나의 주요 의견을 반영해 가족 계획을 세웠다. 말릭과 누나는 컴퓨터, 태블릿 사용 후 '쉽게 끄기'를 실행할 경우, 핸드폰 문자나 통화 시간을 15분 더 얻는 보상을 받는 데 동의했다. 그만두는 것에 관해 논쟁하거나, 미루거나, 리모컨을 던지면, 오히려 핸드폰 사용 시간이 없어진다. 거기에 아이들이 만약 15분의 추가 사용 시간을 어기면 다음 날 핸드폰을 쓸 수 없게끔 하는 아이디어도 냈다. 처음에 부모님은 컴퓨터 사용 후 핸드폰을 사용하는 일에 확신이 서지 않았으나, '협력'의 정신을 기억하여 이를 시도해 보기로 했다. 이러한 시스템은 모두가 기억하기 쉬웠고, 공평함에 대한 논쟁과 시간을 더 달라는 요구도 줄어들었다. 이는 가족 구성원 모두에게 유쾌한 발견이 되었다.

물론 이 방법이 당신에게 힘든 노동을 요구한다고 느낄 수도 있다. 실제 내가 이 방법을 제이제이와 그의 아빠에게 제안했을 때, 제이제이는 웃으며 "저는 좋아요. 할 수 있을 것 같아요"라고 했지만, 그의 아빠는 주저했다.

> 그러면 이제 아들이 전자기기를 내려놓을 때마다 저보고 크루즈 안내원 역할을 하라는 겁니까? 아니요, 저는 그럴 시간이 없습니다. 여기서 문제는 인생의 어렵고 지루한 일들도 해내야 한다는 겁니다. 다른 일을 하다가 컴퓨터로 전환하는 것은 쉽지 않습니까? 그것처럼 전자기기

사용을 멈추고 하기 싫은 일도 해야 합니다. 아들은 그걸 배워야 해요.

물론 제이제이는 '인생의 지루한 일'을 하는 법을 배워야 하지만, 아빠와의 잦은 논쟁과 그에 따른 처벌은 그에게 그 방법을 가르쳐 주지 않는다. 제이제이는 영리하여 과로한 아빠가 자기에게 한 위협을 잊거나 규칙을 따르게 하는 데 결국 지칠 것임을 알고 있다. 이것이 바로 많은 ADHD 아이들이 부모의 말을 심각하게 받아들이지 않는 이유이다. 위협 같은 전략은 자녀가 어릴 때는 효과가 있을지 모르나, 고등학교에 다니는 십 대 청소년들은 요령을 알아 별로 두려워하지도 않는다.

전자기기 사용 특혜를 철회해 버리겠다는 약속은 행동을 일시적으로 바꿀 수는 있으나, 지속적인 효과는 거의 없다. 이는 인생 전반에 필요한 집행기능기술을 가르쳐 주지 못한다. 위협이 어떻게 청소년으로 하여금 게임을 끝내고 다음 날 기하학 공부를 하도록 가르칠 수 있겠는가? 어떻게 아이들이 마침내 업무 전환이 가능해지고, 업무의 마감일을 맞추게 되겠는가? ADHD 아동은 성장하면서 전환, 유동성, 조절 관련 기술을 발달시키기 위해 추가적인 도움을 요한다.

아동, 십 대 자녀가 전자기기나 소셜 미디어를 부적절하게 사용한다면 기기를 빼앗는 것이 타당하다. 당신이 허락하지 않는 게임을 하거나, 부적합한 웹사이트에 방문하고, 부적절한 문자, 사진을 웹상에 올리는 행위는 당신의 자녀가 기기를 오용하고 있다는 의미이다. 당신은 5C 양육방법으로 이러한 상황에서 자녀에게 대화를 요청하고, 디지털 시민성을 기르고, 온라인 안전에 대해 배울 책임을 자녀에게 부여할 수 있다. 당신이 만약 15살 딸이 파티에서 맥주를 마시는 사진을 인스타그램에서 보았다면 염려하는 것이 당연하다. '멈추고, 생각하고, 행동하기'를 사용하여 행동 방향을 구상하라.

딸이 설명하는 현재 상황과 느끼는 감정에 대해 대화한 후, 딸에게 디지털 흔적에 대해 상기시켜 주라. 미래에 갈 대학과 고용주들은 정기적으로 온라인에 접속해 장래의 학생과 고용인들에 대한 정보를 얻는다. 당신의 감정을 침착하게 표현하면서 어떻게 신뢰가 깨졌고, 회복하기 위해 무엇을 할 수 있는지 함께 대화하라. 당신이 어떠한 결정을 내릴지 고려하는 시간을 가진 후 결정을 내린 후에는 반드시 집안의 모든 어른이 그 결정에 합심하여야 한다. 그다음 딸과 다시 만나 당신이 세운 계획을 의논한다. 인스타그램 앱을 삭제하거나 핸드폰 사용을 제한하든 간에 잘못을 바로잡고 신뢰를 회복할 기회를 딸에게 주라. 딸이 매일 밤 자기 전에 핸드폰을 반납하고, 당신에게 주기적으로 자신의 행방에 대한 문자를 보낼 때, 당신은 딸이 분투하고 있음을 알아차려 주라. 딸이 당신과 동의한 내용을 지키고 있다면, 이는 신뢰의 통장에 소중한 예금을 하고 있는 것이다.

컴퓨터 게임의 유혹

ADHD 아동이 특히 컴퓨터 게임에 끌리는 이유는 게임이 구체적인 목표를 달성할 때 성취감을 주는 재미있고 흥미로운 활동이기 때문이다. 판타지와 음악, 복잡한 이야기를 혼합한 컴퓨터와 비디오 게임은 눈을 뗄 수 없는 다양한 도전을 하게 해 아이들의 손과 마음을 끌어당긴다. 9살 세스는 말한다. "마리오 카트Mario Kart나 엑스박스Xbox를 하면, 저는 바로 차분해지고 집중하게 돼요. 실제로 진짜 중요한 걸 배울 수 있어서 정말 재미있어요." ADHD와 더불어 아마도 학업의 어려움을 겪고 학교에서의 성취 부족으로 좌절을 느끼는 삶에서 아이들은 게임에서 지정된 레벨에 도달할 때마다 즉각적인 성취감이 뒤따르는 성공을 경험할 것이다.

물론 컴퓨터와 비디오 게임의 유혹은 다음 레벨의 진입에 있다. 한 단계를 끝낸다고 절대 충분하지 않으며 게임은 계속 다음 단계로 넘어가도록 유인한다. 당신의 자녀는 빠르게 '딱 하나만 더'의 소용돌이에 빠져든다. 대부분의 아이들은 이러한 유혹을 떨쳐내기 힘들어한다. 과집중, 부족한 시간 관념, 현재에 집중하는 삶이 지배적인 경향의 ADHD 아동이 이 유혹을 이기는 것은 거의 불가능하다. 게임을 하는 '지금'에 마음이 너무나 사로잡혀 '나중'은 존재하지 않는다. 현재 레벨에서 다음 레벨로 올라가는 하나의 목표를 갖는 것은 과집중하기 쉬운 ADHD 아동에게 완벽하게 들어맞는다. 10살 키어런은 내게 말한다. "아시겠지만 저는 게임과 레벨에 빠져드는 거 같아요. 이기기 위해서는 엄청난 좌절이 뒤따르죠. 멈출 수가 없어요. 제 주위의 모든 것에 신경을 끄고 한 가지에만 집중하죠." 키어런은 게임이 주는 흥분에 사로잡혀 있다. 키어런의 엄마는 덧붙여 말한다. "심지어 제가 5분의 경고를 주고 몇 번이고 그만 끝내고 저녁을 먹으러 오라고 말하지만, 아예 정신이 팔려 있어요. 다른 일을 할 수가 없어요." 게임을 하고 있을 때, 키어런은 그의 감독이 멈추고자 하는 동기와 통제력을 불러들일 수 없으며 자기만의 세계에 빠져 있다.

건강한 게임 활동이란 스크린을 사용하지 않는 활동을 하고, 좋아하는 친구들이 있으며, 학교에서 잘하는 분야가 있거나, 스포츠나 취미 활동이 능숙한 균형 잡힌 삶을 살며, 그 일부분으로 게임을 하는 것을 말한다. 자녀가 게임에 매료되어 게임을 디자인하거나 이를 실행하는 직업을 가질지 누가 알겠는가? 당신의 자녀가 그렇게 좋아하는 게임인데 한 번도 해 보지 않았다면 당신도 시도해 보라. 세상에서 가장 하기 싫은 일이 게임일지라도, 당신의 참여는 자녀에게 중요한 일에 당신이 관심을 가질 정도로 자녀를 사랑하고 있음을 보여 준다. 이는 또한 이후에 당신이 특정 게임을 관찰하려 하거나 한계를 정할 때 그 근거를 제공한다.

게임은 사회적인 목적을 충족시켜 준다. 아이들은 친구들과 함께 게임하거나 다른 게임 참가자들과 온라인으로 소통한다. 가상 세계에서 자신의 열정을 공유하며, 부모는 이해할 수 없는 21세기 친구들을 만든다. 제12장을 시작하며 등장한 관계의 갈등을 겪고 있는 13살 엘리야는 컴퓨터상의 친구들과 실제의 친구들 간에 차이점이 없다고 말했다.

> 컴퓨터가 더 안전한걸요. 온라인에 있는 사람들이 제가 아는 대부분의 사람들보다 더 친절해요. 온라인에서는 행동으로 평가받지, 내가 뭘 좋아하느냐로 평가받지 않거든요. 저는 최신 유행 패션의 옷을 입지도 않고, 스포츠를 좋아하지도 않아서 멋지지 않아요. 그런데 컴퓨터 안에서는 제가 게임을 잘하니까 멋지죠.

엘리야가 그의 온라인 친구들을 신뢰하는 이유는 그들이 엘리야를 받아 주기 때문이다.

또한 친구 관계는 게임을 하며 관심사를 공유하면서 형성된다. 15살 마커스는 여름 방학 계획을 이야기해 주었다. “다크사이더Darksiders 시리즈와 히트맨Hitman을 끝내는 거요. 완전 해방이잖아요. 제가 맥스보다 먼저 더 높은 레벨로 가서 이길 수 있는지 보려고요. 맥스가 우리 집으로 와서 같이 게임을 할 거예요. 게임만 할 수 있다면 맥스랑 전 행복해요." 이러한 관계는 전형적인 대인 관계 기술을 길러 주지는 않지만, 또 다른 한편으로는 가치 있는 소속감과 안전감을 주기도 한다.

게임은 오락을 제공하거나 스트레스를 받은 날 필요한 휴식을 제공하지만, 남용하는 경우 그 이면에는 불안, 외로움, 낮은 자존감 같은 근본적인 문제를 감추게 할 수 있다. 많은 부모님들은 나에게 자녀가 컴퓨터 게임에 중독되었다고 말한다. 일상에서 부수적으로 하는 게임과 일상의 중심이 되는 게임에는 큰 차이가 있다. 내가 많이 만나는 소위 "중독되었다"라고 말하는 ADHD 아이들이 선호하는 여가 활동은 게임하는 것이다. 이 아이들은 학교를 잘 다니고, 스포츠도 즐기며, 친구들도 있다. 또한 할 일이 없을 때 인터넷이나 비디오 게임을 한다. 하지만 이를 그만두어야 할 때 부모에게 협조하면서 멈추는 능력이 부족하다. 부모에게 이런 아이들은 컴퓨터에 중독된 것처럼 보이고 사실상 미디어 활동도 과도하게 한다. 그러나 학업 실패, 사회적 고립 등 심각한 부정적 결과에도 불구하고 게임이 학교, 친구 관계, 방과 후 등 모든 활동보다 우선시되고 있다면, 컴퓨터 게임은 자녀에게 유해하며, 당신의 자녀는 중독되었을 가능성이 있다. 이 경우에는 전문가의 감독이 필요하다.

24시간 서로 연결된 상태로

"제가 멋지냐고요? 사람들이 절 좋아하냐고요? 제가 매력적이냐고요?" 나와 이야기했던 고학년 아이들과 십 대 청소년들에게는 온라인 사회생활이 실제 사회생활과 같다. 17살 셀레스트Celeste는 설명한다.

> 전 모든 게 커다란 하나의 일부라고 생각해요. 왜냐면 우리의 행동을 하나의 플랫폼에서 다른 플랫폼으로 정말 분리할 수는 없거든요. 여전히 저의 일부분인 거죠. 온라인 인지도로부터 저를 완전히 분리할 수는 없어요.

페이스북, 인스타그램, 스냅챗 같은 소셜 미디어 플랫폼은 인기, 소속감, 인맥을 끊임없이 측정하게 한다. 아이들은 프로필을 사용해 인기를 높이거나 상대방의 상태status에 좋건 나쁘건 댓글을 단다. 또한 특정한 방식으로 보이거나 재미있고, 섹시하고, 용감하고, 험악하고, 배려심 있는 등 직접적으로는 하기 힘든 역할을 연기하기도 한다.

> "글쎄요. 저는 보통 저 자신을 실제와 많이 다른 방식으로 표현했어요. 대부분의 사람이 저에 대해 잘 모르니까 소셜 미디어에서는 생머리에 렌즈를 끼고 항상 화장한 모습이에요. 실제로 저는 곱슬머리에 안경을 쓰고 화장도 안 하거든요."
>
> \- 17세 소냐

> "당연히 저의 제일 멋진 모습을 올리죠. 제가 올리는 건 모두 제 사진이나 친구들 사진이에요. 저희는 항상 완전 멋있어 보이고, 저도 진짜 멋있어 보이죠. 항상 그렇게 느끼는 건 아니지만요."
>
> \- 14세 잭슨

아이들은 또한 직접 할 수 없는 말이나 행동을 문자와 온라인에서 한다. 또래의 반응이 보이지 않기 때문에 이들은 자신의 말이나 행동에 감정을 거의 느끼지 않거나 영향을 받지 않는다. 누구를 평가하는 행동은 이에 대한 완벽한 예시이다. 데스티니는 "외모에 대해 대놓고 솔직하게 하지 못하는 말을 온라인에서 하는 이유는 제가 걔네들을 상대하지 않아도 되기 때문이에요"라며 그녀와 그녀의 친구들이 어떻게 남들을 평가하는지 설명했다. 모든 포스트, 좋아요, 팔로워들은 아이들에게 또래들과 어디에서 입장이 일치하는지에 대한 정보를 준다. 자신이 만들어낸 이미지를 유지하고, 무슨 일이 일어나는지 알고 있어야 하며, 연락을 유지해야 한다는 거대한 압박은 불안정감과 불안함을 야기한다. 이미 또래 문제로 힘들어하고 있는 ADHD 아이들에게 이처럼 강렬한 소셜 미디어는 스트레스를 가중시킨다.

소셜 미디어 플랫폼에는 당연히 장점이 있다. 많은 아이들이 온라인에서 서로에게 상처 주는 말을 마음대로 하듯이, 같은 방식으로 아이들은 온라인상에서 더 편하게 이들이 옳다고 생각하는 것을 서로 옹호하는 것으로 보인다. 이러한 공간은 생일이나 휴일이 다가올 때 애정을 표현하며 서로 보살피며 인정해 주는 장이 된다. 아이들은 누군가를 방어하려고 온라인에서 서로 얼마나 단결하였는지 나에게 자주 얘기한다. 15살 파블로는 설명한다.

> 누가 특정 집단을 모욕하는 내용을 올리면, 저는 반박하는 글을 올리죠. 제가 직접적으로는 하지 않는 걸 제 페이스북에서는 할 수 있거든요. 다수의 제 친구들은 공격받은 집단과 관련이 없는데도 공격한 사람에게 분노할 거예요. 직접 만나서 하기보다는 온라인상에서 히스패닉이나 흑인, 게이나 트렌스젠더를 더 지지하는 것 같아요.

대면으로 지지하는 게 어색하다면, 인터넷은 이에 한 걸음 더 다가갈 수 있는 안전한 기회를 제공한다.

ADHD 아동이 컴퓨터와 비디오 게임에 과집중하기 쉬운 것처럼, 아이들은 오락과 참여를 위해 기기와 소셜 미디어, 문자에 심하게 의존하기 쉬운 취약성을 가지고 있다. 13세 이상의 남자아이와 여자아이 모두 핸드폰 알림음이나 문자를 확인하기 위해 하루에 25번 이상 핸드폰을 체크한다고 보고하였다.

> "하루에 한 50번 정도 들어갈걸요? 항상 필요해서 핸드폰을 하는 건 아니지만, 알림은 바로 확인해요. 알림이 없을 때는 그냥 소셜 미디어에 들어가 보고요. 보통은 전부 확인해요. 인스타그램이랑 트위터랑 스냅챗도요."
>
> \- 16세 헨리

> "아마 평균 한 시간에 2번 정도일걸요? 더 할 수도 있고요. 대개는 문자, 이메일, 스냅챗을 확인해요. 알림이 항상 뜨지는 않아서 그냥 사람들이 저에게 연락했는지 보려는 거예요. 친구들이랑 소통할 때는 페이스북 메신저를 쓰고, 그날 찾은 조그맣고 귀여운 걸 공유하고 싶을 때는 스냅챗만 사용하죠."
>
> \- 17세 아마리

> "사람들은 제가 자극에 중독되어 있대요. 그 순간 뭘 하지 않으면, 핸드폰을 만지고, 뭔가를 보거나 읽거든요. 저한테는 시각적인 자극이 필요해요. 바보 같은 소셜 미디어 사이트에 계속 들어가서 끊임없이 뭘 보죠. 항상 자극이 필요한 거예요."
>
> \- 17세 자스민

핸드폰을 가지고 있지 않다는 것은 지루함 그리고 연결로부터의 분리를 의미한다. 15살 에나는 말한다. "저는 핸드폰을 항상 가지고 다니기 때문에 없을 때 평상시보다 더 불안해져요. 마치 속옷을 안 입은 느낌이랄까." 아이들은 핸드폰이 없을 때 또래와 연결된 생명줄로부터 잘리고 분리되었다고 느끼며, 그사이 무엇을 놓치지 않을까 걱정한다.

ADHD 아동 중에는 소속감을 느끼기 위해 온라인에서 다른 사람들이 무엇을 하는지 보는 아이들도 있으며, 자기만 배제당했다고 느끼는 아이들도 있다. 17살 에단Ethan은 그가 온라인 활동을 어떻게 선택하는지에 대해 묘사했다.

> 저는 미용을 공부하고 있어서 대부분 머리 스타일 사진을 보려고 인스타그램에 들어가요. 또 매력적인 애들이나 애완견 콘텐츠도 보고요. 트위터나 스냅챗은 좀 더 친한 애들하고 모인 느낌이고요. 제가 팔로우하는 대부분의 애들을 알고 있어서 걔네가 포스팅하는 걸 다 보러 가죠. 모건이 뭘 하는지 보러 가거나 다른 친구들이 뭐 하는지도 보고요…. 페이스북 계정도 있긴 한데 포스팅하는 사람들이 맘에 안 들어서 계속하지는 않고 있어요.

에단은 포스팅을 하기보다는 보는 데 시간을 더 많이 쏟지만, 몇 년 사이 포스팅하는 내용에 변화가 있었다.

> 예전엔 제가 한 어리석은 일에 대해 이야기했어요. 친구랑 감정적인 일을 겪으면 그 얘길 트윗하거나, 남자 친구와 헤어진 뒤 감상적인 설명을 덧붙인 사진을 인스타그램에 올렸거든요. 전 세계 사람들이 보기엔 아마도 부적절할 수도 있고 모두가 알 필요도 없는 내용이었어요. 지금은 그렇게 하지 않죠.

에단은 전두엽이 성숙해지면서 충동을 조절하고 대인 관계에 대한 이해 능력이 더 발달하였다. 더 이상 예전처럼 온라인에서 사적인 문제를 얘기할 필요가 없다고 느끼는 것이다.

애석하게도 이 분야의 연구를 보면 대부분의 부모가 빠른 속도로 변하는 소셜 미디어 세계를 접하는 데 적절히 훈련되지 않았다는 사실을 알 수 있다.[11] 부모들은 단순히 새롭고 인기가 많은 것을 쫓아가지 못하고, 자녀가 온라인에서 무엇을 하는지, 실제로 얼마나 재미를 느끼는지에 대해 잘못 판단하고 있다. 당신은 13살 딸과 페이스북 친구여서 딸이 친구들과 해변에서 웃는 사진을 보고 친구들과 잘 지낸다고 생각할 수 있지만, 다른 모든 여자애들은 사진에 태그되었는데 딸만 태그되지 않은 모욕적인 사인을 놓칠 수 있다. 누구를 빠뜨리는 행동은 얼핏 아무 문제도 없는 것처럼 보이지만, 배제하려는 목적을 드러내는 의도적인 전략일 수 있다. 피해망상처럼 들리는가? 그렇다. 우리 아이들은 이러한 종류의 미묘한 전략에 매일매일 맞서고 있다.

전반적으로 부모와 아이들은 소셜 미디어 사용과 관련된 반복되는 논쟁에 대해 이야기한다. 다수의 부모들은 자녀의 핸드폰, 태블릿, 컴퓨터를 밤에 쓰지 못하도록 따로 보관하여 온라인 사용 시간을 제한한다. 어떤 부모들은 특정 사이트의 이용을 제한하고, 패스워드를 통제하며, 자녀의 계정을 팔로우하거나 친구가 된다. 당신이 십 대 자녀의 소셜 미디어 활동을 안팎으로 이해할 수는 없을지라도, 미디어상의 당신의 존재와 모니터링이 아이들이 겪는 온라인상의 갈등과 고통을 감소시키는 것으로 나타났다.[12] 부모가 온라인에서 일어나는 일에 대해 계속 알고 있을 때, 아이들은 더 적절한 콘텐츠를 만들기 위해 노력하는 것으로 보인다. 이에 대해 13살 메그Meg는 이렇게 이야기했다.

> 제가 조심해야 하는 이유는 저와 부모님이 페이스북, 인스타그램, 스냅챗 친구이기 때문이에요. '모두가 이걸 볼 거야'라는 생각이 항상 있어요. 처음에 저는 이 일로 부모님을 좀 속이게 될 거라고 생각했어요. 몇 달 동안 가짜 인스타그램 계정을 만들어 사용했거든요. 전 페이스북에서 사람들과 논쟁을 많이 벌이는데 부모님이 그걸 볼 거라고 인식하니, 무슨 단어를 쓸지에 대해서 항상 더 고민하게 되더라고요. 이렇게 하는 게 제 ADD나 뭐 다른 여러 이유로 저에겐 어려운 일이죠.

메그는 원인과 결과를 사고하기가 힘들었지만, 말과 행동을 고치려고 노력했다. 그녀는 자신이 저지른 실수는 친구가 못생기게 나온 사진이나 전 남자 친구를 저격하는 말을 포스팅한 일이라고 말했다. 부모님은 이를 보고 난 후 딸과 대화했다. 메그는 "더 나은 행동은 무엇인지 이야기를 나누었고, 우리 가족은 이런 식으로 사람들을 대하지 않는다고 했고요. 그 일로 하루 정도 핸드폰을 못 쓰게 됐는데 뭐, 부모님이 옳았죠"라고 말했다.

당신이 자녀의 온라인 세계의 일부가 되는 것은 그들이 대처해야 할 세상의 문제를 들여다볼 수 있는 가장 좋은 참여 방법이다. 또한 이를 통해 당신은 자녀의 포스팅 내용이 적합한지 관찰할 수 있다. 당신에게 계정이 없다면 자녀에게 인스타그램이나 스냅챗을 구경시켜 달라고 하라. 자녀가 트위터에서 팔로우하는 사람들과 기관을 살펴보고 어떤 면에 끌렸는지 이야기를 나누어 보라. 당신은 아이들에게 사회적인 문제나 또래와 충돌하는 일이 생겼을 때, 아동, 십 대 자녀가 정보를 얻으려 온라인 여기저기를 찾아다니기보다 당신을 찾아오기를 바랄 것이다. 자녀의 소셜 미디어 웹에 참여하여 미리 정보를 파악함으로써 당신은 자녀가 더 나은 네티켓을 지키도록 장려할 수 있다. 디지털 시민성을 익히기 위해서는 시간과 연습이 필요하다는 사실을 기억해야 자녀의 잘못에 ‘긍휼’, ‘협력’, ‘일관성’을 가지고 다가갈 수 있으며, 자녀가 올바른 선택을 할 때는 ‘축하’할 수 있다.

마지막 메시지

소망과 확신

이 책을 ADHD 아이들의 목소리로 시작했던 것처럼 아이들의 목소리로 끝맺으려 한다. 내가 만난 아이들은 학교에서 겪는 어려움, 약 복용의 문제, 학습차이, 정리(조직화), 친구 관계와 전자기기 사용에 대한 이야기를 내게 나누어 주었다. 또한 자신에게 유익했던 부모님들의 도움을 기반으로 나에게도 유용한 조언을 해 주었다.

"그냥 자녀를 알고 최대한 인내해 주세요. 정말 갈수록 힘들어지거든요. 전 진짜 힘들었어요. 부모님이 저한테 이런 말도 해 줬어요. '넌 멍청하지 않아', '괜찮을 거야. 정말 괜찮다. 다른 많은 사람들도 겪고 있는 문제란다'라고요."

- 17세 헌터

"심리치료를 받고 나서는 아빠랑 말싸움을 덜 하게 되었으니까 상담은 하기 싫었지만 저희에게 도움이 되었다고 할 수 있죠. 아빠가 저를 좀 더 믿어 주기 시작했고요. 예전에 제가 '이걸 어떻게 해야 하는지 모르겠어요'라고 하면 아빠는 제가 일을 안 하고 빠져나가려 한다고 생각했는데, 지금은 저를 더 믿어 줘요."

- 12세 드류

"이런 문제는 주로 엄마랑 이야기해요. 엄마는 진짜 도움이 많이 되고, 항상 저에게 기록하라고 말해 줘요. 전보다 제가 모든 걸 더 스스로 할 수 있는지를 확인해 주시죠."

- 15세 나디아

"할아버지, 할머니, 엄마는 제 말을 들어 줘요. 그분들이 제가 ADHD임을 이해하고 있다는 것도 알아요…. 제가 정말 느리다고 느껴서 슬플 때가 있거든요. 엄마를 안고 있으면 괜찮아져요. 슬픈 느낌이 사라져요."

- 10세 키어런

"아빠의 존재가 아무래도 가장 크죠. 왜냐면 아빠는 항상 제가 스스로를 지지하는 법을 찾도록 도와주거든요. 제가 물어보기 전까지 아빠는 절대 개입하지 않아요. 또 다양한 호흡법도 알려주고, 저에게 '얘, 집중해야지'라고 상기시켜 주고요. 짜증도 나지만 이제는 저를 도와주고 기억할 수 있는 상태에서 다시 집중하게 하려는 아빠의 의도를 알아요."

- 17세 소냐

인내, 경청, 애정, 신뢰, 방향의 전환을 통한 부모의 지지는 당신이 이 책에서 배운 5C 양육방법에 포함된다. 이제 소리 지르고, 오해로 인해 고통받고, 성과 없는 최후통첩을 날리고, 문제 해결 방법을 일방적으로 제시하는 대신, 자녀의 문제를 다루기 전에 먼저 당신 자신을 관찰하고,

자녀의 말을 듣고 행동을 살피며, 무슨 일인지 파악하는 일을 우선적으로 하라. 당신과의 상호 작용을 포함하고 아이들이 좋아하는 인센티브를 기반으로 하여, 자녀와 함께 숙제 괴물을 다스리고, 방 청소를 하며, 컴퓨터를 끄도록 합의하라. 아이들이 참여하고 싶어야 부모에게 더 협조한다. 자녀의 노력을 알아차리고 칭찬해 주라. '자기절제', '긍휼', '협력', '일관성', '축하'로, 당신은 서로 연결되고, 인생의 교훈을 가르치며, 자녀의 자존감을 세워줄 수 있다.

딸이 곧 제출해야 할 역사 보고서를 쓰지 못할 때, 딸에게 부정적인 내면의 목소리에 대항하도록 가르치는 게 불가능해 보이거나, 아들이 성내며 동생이 만든 성을 망가뜨릴 때, '멈추고, 생각하고, 행동하기'를 기억하라. 자녀가 컴퓨터 게임을 끄지 않으려고 소리를 지른다면 '쉽게 켜고/쉽게 끄기'가 필요하다. 나는 당신이 이 모든 일을 잘 해낼 수 있다고 생각한다. 5C 양육방법의 적용을 위해서는 지속적인 연습이 필요하며, 당신은 이 방법이 습관이 되기 전에 넘어질 수 있다. 그래도 계속 시도하라. 당신이 받는 초기의 스트레스는 당신이 가족과 함께 원하는 목적을 이루기 시작하면서 서서히 사라질 것이다. 차트와 동의한 내용을 조정하면서 당신의 생각보다 더 오랫동안 계속 지지하는 자리에 머무를 때, 자녀의 집행기능기술이 분명해지며 감독은 "액션!"이라고 말할 준비를 갖추게 된다.

아이들은 나에게 거듭 자신의 이야기를 들어 줬으면 좋겠다고 말한다. 아동이나 십 대 자녀의 말을 들어 주라. 자녀의 소원에 응할 필요는 없으나, 자녀의 참여를 성사시키기 위해서는 이들의 고민이 무엇인지 알아차려 주어야 한다. 당신의 사랑, 이해, 신뢰에 더불어 자녀의 동의는 지속적인 성공에 중요한 영향을 끼친다.

당신과 당신의 자녀가 현재 어떤 문제에 당면했든, 상황은 분명히 나아진다. 나는 최근 처음 면담했던 몇몇의 아동과 십 대 아이들을 다시 만나 이들의 삶이 어떻게 향상되었는지를 보게 돼 기뻤다. 관계의 외로움을 이야기했던 13살 카밀라는 댄서가 되고 싶은 다양한 배경의 아이들이 모이는 예술 마그넷 학교에 등록해 마음이 맞는 친구들을 찾았다. 14살 호세는 개별화교육프로그램[IEP]이 있는 중학교에 등록해 A, B의 성적을 받으며 일 년 내내 축구를 하고 있다. 그는 칠판에 쓰인 숙제를 사진으로 찍어 오라던 개인지도 선생님을 더 이상 만나지 않는다. 불안하여 자신도 부모님도 잠들지 못했던 메이지는 연기 수업을 마쳤고, 현재는 13살인데 매년 커뮤니티 연극 프로덕션에서 공연을 한다. 그녀는 아직도 시험을 불안하게 여기지만 대부분의 경우 잠은 더 잘 자고 있다. 현재 15살인 말릭은 다니고 있는 공연예술 차터스쿨에서 6개월간 교무실에 불려가지 않았고, 집에서도 '이성을 잃는' 일이 훨씬 줄었다. 그는 학교 아카펠라 그룹에서 비트박서로 활동하는 것을 너무 좋아한다.

20살 케일라는 자기에게 딱 맞는 세 번째 대학으로 옮기기까지 4년제 대학 두 곳을 다녔다. 그녀는 학업계획 세부사항 지원을 받아 노트 필기와 시험을 스스로 준비하여 조직화하도록 노력하고 있다. 20살 에단은 미용학교에 다니면서 보조 헤어스타일리스트 일을 즐기고 있다. 19살 헨리는 지역 전문대학에서 첫 번째 학기에 낙제하여 학업을 잠시 쉬기로 결정하고 가까운 도시로 이사해 소매업으로 자립하였다. 자신이 독립한 사실이 자랑스러운 헨리는 내년에 다시 학교로 돌아가기를 희망하며, 각 과목을 하나씩 수강하고 있다. 장애물을 넘어 앞으로 나아가면서 배워 가며, 아이들 모두 세상에서 자신만의 길을 용케 잘 찾아가고 있다.

마지막으로 나는 아이들이 다른 ADHD 아이들을 위해 해준 조언을 당신에게 남기려 한다. 아이들의 말에는 학교에서, 집에서, 또래 관계에서 힘겹게 몸부림치며 걸어온 용감한 여정이 담겨 있다. 이들의 이야기가 내가 책을 쓰게 된 원동력이었던 만큼 당신에게도 영감을 주기를 소망한다. 당신의 자녀에게 이들의 이야기를 나누어 주길 바란다.

"계속 열심히 노력해야 해. 네가 많은 걸 감수하고 있고 정말 열심히 하고 있다는 걸 선생님들에게 보여 준다면, 대부분의 선생님들은 너에게 잘 반응해 주실 거야. 선생님들이 엄청 너그럽지는 않지만, 그래도 보통은 도와주려고 하시거든. 너는 유색인종이라도 앞서갈 수 있고, 우리가 살아가는 이 힘 있는 문화를 얼마든지 따라갈 수 있어. 네가 정말 많은 걸 감수하고 노력한다면 말이지. 너에게 꼭 좋은 결실이 있을 거야."

- 15세 카를로스

"가는 길에는 장애물이 있지만, 너는 잘 헤쳐 갈 수 있어. 완벽한 사람은 없고, 너도 완벽하지 않지만 괜찮아. 그런 게 인생이거든. 너를 도와줄 선생님이나 부모님이 있고, 좋은 친구들이 있으면 해결할 수 있어. 그런데 화를 조절하는 법은 배워야 해."

- 12세 키아

"네가 반격하면서 '내가 산만해지고 집중에 문제가 있더라도 더 열심히 해 볼 거야'라고 말해야 할 때가 있어. ADHD의 특성과 더불어 사는 법을 배워야 해. ADHD는 너의 정체성의 일부이고 그게 너의 모습이니까. 앞으로 조금씩 이해하게 될 거야. 매일 도전해야 하지만 반드시 좋아지거든."

- 14세 오스카

"너는 누구와도 다르지 않아. 단지 주의집중력이 다른 거지. 문제 해결을 위해 여러 방법을 시도해 보고 너만의 방법을 찾으면서 성장하게 된다는 걸 깨달아야 해. 누구든 성공하려면 다 그렇거든. 네가 멍청해서 그런 게 아니야. 그냥 집중하는 게 힘들 뿐이지. 항상 네가 다르다는 느낌을 받을 거야. 그렇더라도 부정적인 생각은 하지 않아야 해. 너는 사람이고, 모두와 동등하며, 네가 원하는 걸 이룰 수 있고, 원할 때 이룰 수 있어. 단지 네가 그걸 이루기 위해 진짜 노력해야 하는 거지."

- 17세 이반

감사의 글

무엇보다 이 책이 나올 수 있도록 도와준 모든 아이들과 가족들에게 감사드리고 싶습니다. 여러분과 함께 이야기하고 작업할 수 있었음은 제게 큰 특권이었습니다. 여러분의 용기와 유머, 인내는 지금도 저에게 지속적으로 영감을 주고 있습니다.

많은 분들이 이 프로젝트를 진행하는 데 도움을 주셨습니다. 끊임없는 편집, 지속적인 지지와 함께 저에게 작가가 된다는 게 무슨 의미인지를 보여준 교육학 박사 제닌 로버트Janine Roberts와 캐롤 살린Carol Saline에게 감사드립니다. 의사인 제인 크로스Jane Cross, 제이미 벨Jamie Bell, 조나단 슈밥Jonathan Schwab에게도 고마움을 전합니다. 이분들의 소아과에서 제 프로젝트에 관심을 보이는 가족들을 협약하여 만날 수 있었습니다. 프로젝트 코치Project Coach로부터 아이들과의 인터뷰를 조율해 준 샘 인트레이터Sam Intrator 박사, 조 글래딩-디로렌조Jo Glading-DiLorenzo 박사에게 감사드립니다. 심리학 박사[PsyD] 조나단 리히텐슈타인Jonathan Lichtenstein은 신경정신과학에 대한 현명한 자문을 해주셨습니다. 멜린다 메섹Melinda Messeck, 래이 몰츠Rae Maltz, 메기 피블스-도린Maggie Peebles-Dorin, 이자벨 스노드그래스Isabel Snodgrass, 조나 한Jonah Hahn은 훌륭한 연구조교가 되어주었고, 서리나 한Sarina Hahn은 독창적인 그림을 그려주었습니다. 카일Kyle, 마샤 프루엣Marsha Pruett, 줄리 멘쳐Julie Mencher 박사분들과 아론 벡Aaron Beck 박사님, 레이첼 시몬스Rachel Simmons, 빅 옐로우Big Yellow에 계신 분들, 일레인 테일러-클라우스Elain Tylor-Klaus는 이 프로젝트의 초기부터 끊임없는 지지를 해주었습니다. 조안 레빈Joann Levin, 존 조엘슨John Joelson, 캐시 에클스Kathy Eckles는 제가 사색하고 글을 쓸 수 있는 아름다운 장소를 마련해 주었습니다.

제 글의 헌신적인 독자인 석사 캐시 까살레Kathy Casale, 교육학 박사 마가렛 밀러Margaret Miller와 케네스 한Kenneth Hahn은 이 책의 수준을 놀랍게 향상시켜 주었습니다. 제가 제일 힘들 때 저에게 용기를 주는 친구들이 있어 얼마나 다행이었는지 모릅니다. 다른 이들이 성공하도록 진심을 다해 도와주시는 로라 마컴Laura Markham 박사님께는 특별히 감사한 마음을 전합니다. 박사님은 제 일의 지지자가 되어 타처페리지 TarcherPerigee 출판사 분들께 소개하는 글을 포함하여 저를 모든 방면에서 지원해 주셨습니다.

저의 작품을 믿어주고 다른 수준으로 만들어 준 타처페리지 출판사의 메리안 리지Marian Lizzi와 그녀의 놀라운 팀에 감사드립니다. 이 프로젝트를 하며 여러분과 협력할 수 있어 너무나 기뻤습니다. 책을 위한 여러분의 안목 있는 편집과 진심 어린 열정, 저의 많은 질문을 인내해 주셨음에 감사드립니다. 저의 에이전트 수지 에반스Suzy Evans의 지도와 지지는 저에게 가치 있는 시금석이 되어주었습니다. 크리스나 빌Christina Veal의 변함없는 친절과 PR 업무, 마케팅 지식에도 끝없는 고마움을 느낍니다.

저의 가족인 케니Kenny, 조나Jonah, 서리나Sarina에게는 가장 깊은 고마움을 전합니다. 가족은 저에게 사랑, 인내, 연결됨의 진정한 의미를 가르쳐 주었습니다. 가족은 저에게 늘 소중한 버팀목이며 제 삶을 비춰주는 빛입니다. 가족으로 인해 제가 더 나은 사람, 더 나은 부모와 배우자가 되었습니다. 수없이 저를 믿어주고 응원해 준, 저의 남편이며 반석이자 가장 친한 친구인 케니Kenny에게 온 마음을 다해 진심으로 감사를 전합니다.

마지막으로 ADHD를 연구하며 저희에게 소중한 정보를 공유해 주신 모든 연구자분들께 감사를 표합니다. 여러분의 연구가 없었다면 이 책은 절대 나오지 못했을 것입니다.

Notes

CHAPTER 1

1. Greene, R. W. (2008). *Lost at School: Why Our Kids with Behavioral Challenges are Falling Through the Cracks and How We Can Help Them.* New York: Scribner.
2. Taffel, R. (2009). *Childhood Unbound: Saving Our Kids' Best Selves-Confident Parenting in a World of Change.* New York: Free Press.
3. Baumrind, D. (1967). "Child Care Practices Anteceding Three Patterns of Preschool Behavior." *Genetic Psychology Monographs, 75*(1), 43–88.
4. Honig, A. S. (1985). "Research in Review. Compliance, Control, and Discipline." *Young Children, 40*(2), 50–58.
5. Kohn, A. (2005). *Unconditional Parenting: Moving from Rewards and Punishment to Love and Reason.* New York: Atria.
6. The Mindful Classroom. (2012). "Self-Regulation One Breath at a Time." Retrieved from https://themindfulclassroom.wordpress.com/tag/mindful-breathing.
7. Markham, L. (2012). *Peaceful Parent, Happy Kids: How to Stop Yelling and Start Connecting.* New York: Perigee Book.
8. Shaw, P. et al. (2007). "Attention-Deficit/Hyperactivity Disorder Is Characterized by a Delay in Cortical Maturation." *Proceedings of the National Academy of Sciences, 104*(49), 19649–54.
9. Dalai Lama. (1998). *The Art of Happiness: A Handbook for Living.* New York: Riverhead Books.
10. Hallowell, E. M., and Jensen, P. S. (2008). *Superparenting for ADD: An Innovative Approach to Raising Your Distracted Child.* New York: Ballantine.
11. Baumeister, R. F. et al. (2001). "Bad Is Stronger Than Good." *Review of General Psychology, 5*(4), 323–70.
12. Fredrickson, B. L. (2009). *Positivity: Top-Notch Research Reveals the Upward*

Spiral That Will Change Your Life. New York: Three Rivers Press, 32.

CHAPTER 2

1. Hallowell and Jensen. *Superparenting for ADD.*
2. Douglas, V. I. (1972). "Stop, Look and Listen: The Problem of Sustained Attention and Impulse Control in Hyperactive and Normal Children." *Canadian Journal of Behavioural Science/Revue canadienne des sciences du comportement, 4*(4), 259–82.
3. *Diagnostic and Statistical Manual of Mental Disorders: DSM-5.* (2014). Washington, DC: American Psychiatric Publishing.
4. Faraone, S. V. et al. (2003). "The Worldwide Prevalence of ADHD: Is It an American Condition?" *World Psychiatry,* 2(2), 104–13; Polanczyk, G., et al. (2007). "The Worldwide Prevalence of ADHD: A Systematic Review and Metaregression Analysis." *American Journal of Psychiatry, 164*(6), 942–8.
5. Willcutt, E. G. (2012). "The Prevalence of DSM-IV Attention-Deficit/Hyperactivity Disorder: A Meta-Analytic Review." *Neurotherapeutics, 9*(3), 490–9.; Visser, S. N., et al. (2014). "Trends in the Parent-Report of Health Care Provider–Diagnosed and Medicated ADHD: United States, 2003–2011. *Journal of the American Academy of Child and Adolescent Psychiatry, 53*(1), 34–46.
6. Centers for Disease Control and Prevention. (2017). "Attention-Deficit/Hyperactivity Disorder (ADHD)." Retrieved from http://www.cdc.gov/ncbddd/adhd/data.html.
7. Rucklidge, J. J. (2008). "Gender Differences in ADHD: Implications for Psychosocial Treatments." *Expert Review of Neurotherapeutics, 8*(4), 643–55.
8. Centers for Disease Control and Prevention, "Attention-Deficit/Hyperactivity Disorder (ADHD)."
9. Barkley, R. A. (2013). *Taking Charge of ADHD: The Complete, Authoritative Guide for Parents* (3rd edition). New York: Guilford Press, 112–13, 258–60; Wilens, T. E. et al. (2003). "Does Stimulant Therapy of Attention-Deficit/Hyperactivity Disorder Beget Later Substance Abuse? A Meta-Analytic Review of the Literature." Pediatrics, 111(1), 179–85.
10. Watts, V. (2016). "ADHD Diagnoses Climb Across Racial/Ethnic Groups." *Psychiatric News.* American Psychiatric Association.
11. Starck, M., Grünwald, J., and Schlarb, A. A. (2016). "Occurrence of ADHD in

Parents of ADHD Children in a Clinical Sample." *Neuropsychiatric Disease and Treatment, 12,* 581–8; Larsson, H., et al. (2014). "The Heritability of Clinically Diagnosed Attention Deficit Hyperactivity Disorder Across the Lifespan." *Psychological Medicine, 44*(10), 2223–9.

12. Biederman, J. et al. (1995). "High Risk for Attention Deficit Hyperactivity Disorder among Children of Parents with Childhood Onset of the Disorder: A Pilot Study." *American Journal of Psychiatry, 152*(3), 431–5.

13. Barkley, Taking Charge of ADHD, 112–13, 258–60; Banerjee, T. D., Middleton, F., and Faraone, S. V. (2007). "Environmental Risk Factors for Attention-Deficit Hyperactivity Disorder." *Acta Paediatrica, 96*(9), 1269–74.

14. Arnsten, A. F. (2009). "Toward a New Understanding of Attention-Deficit Hyperactivity Disorder Pathophysiology: An Important Role for Prefrontal Cortex Dysfunction." *CNS Drugs, 23*(Supplement 1), 33–41; Rubia, K., Alegria A. A., and Brinson, H. (2014). "Brain Abnormalities in Attention-Deficit Hyperactivity Disorder: A Review." *Revista de Neurologia, 58*(Supplement 1), S3–S18.

15. Monastra, V. J. (2014). *Parenting Children with ADHD: 10 Lessons That Medicine Cannot Teach* (2nd edition). Washington, DC: APA LifeTools.

16. Volkow, N. D. et al. (2009). "Evaluating Dopamine Reward Pathway in ADHD: Clinical Implications." JAMA: *The Journal of the American Medical Association, 302*(10), 1084–91.

17. Brown, T. E. (2013). *A New Understanding of ADHD in Children and Adults: Executive Function Impairments.* New York: Routledge; Gallo, E. F., and Posner, J. (2016). "Moving Towards Causality in Attention-Deficit Hyperactivity Disorder: Overview of Neural and Genetic Mechanisms." *The Lancet Psychiatry, 3*(6), 555–67.

18. Brown, *A New Understanding of ADHD in Children and Adults.*

19. Woltering, S. et al. (2015). "Executive Function in Children with Externalizing and Comorbid Internalizing Behavior Problems." *Journal of Child Psychology and Psychiatry, 57*(1), 30–38. http://doi.org/10.1111/jcpp.12428.

20. Brown, *A New Understanding of ADHD in Children and Adults.*

21. Mayes, S. D., and Calhoun, S. L. (2006). "Frequency of Reading, Math, and Writing Disabilities in Children with Clinical Disorders." *Learning and Individual Differences, 16*(2), 145–57. http://doi.org/10.1016/j.lindif.2005.07.004.

22. DuPaul, G. J., Gormley, M. J., and Laracy, S. D. (2012). "Comorbidity

of LD and ADHD: Implications of DSM-5 for Assessment and Treatment." *Journal of Learning Disabilities, 46*(1), 43–51. http://doi.org/10.1177/0022219412464351; Larson, K., et al. (2011). "Patterns of Comorbidity, Functioning, and Service Use for US Children with ADHD, 2007." Pediatrics, 127(3), 462–70; Mayes and Calhoun, "Frequency of Reading, Math, and Writing Disabilities in Children with Clinical Disorders."

23. Medina, J. (2017). "Specific Learning Disorder." Psych Central. Retrieved from https://psychcentral.com/disorders/specific-learning-disorder.

24. Sexton, C. C. et al. (2012). "The Co-occurrence of Reading Disorder and ADHD." *Journal of Learning Disabilities, 45*(6), 538–64. http://doi.org/10.1177/0022219411407772.

25. Shaywitz, S. E., Gruen, J. R., and Shaywitz, B. A. (2007). "Management of Dyslexia, Its Rationale, and Underlying Neurobiology." *Pediatric Clinics of North America, 54*(3), 609–23.

26. Kutscher, M. L., Attwood, T., and Wolff, R. R. (2014). *Kids in the Syndrome Mix of ADHD, LD, Autism Spectrum, Tourette's, Anxiety and More!: The One-Stop Guide for Parents, Teachers and Other Professionals.* London: Jessica Kingsley.

27. Mayes, S. D., and Calhoun, S. L. (2007). "Learning, Attention, Writing, and Processing Speed in Typical Children and Children with ADHD, Autism, Anxiety, Depression, and Oppositional-Defiant Disorder." *Child Neuropsychology, 13*(6), 469–93; Yoshimasu, K. et al. (2011). "Written-Language Disorder Among Children with and Without ADHD in a Population-Based Birth Cohort." *Pediatrics, 128*(3), e605–12.

28. 이러한 패턴은 "적대적 반항장애"로 볼 수 있으며 보통은 어린 시절에 나타나고 대게 관계의 어려움을 보인다. 때로 이러한 문제가 청소년 시기에 심각한 문제인 절도, 재산파괴나 지속적인 거짓말을 포함한 심각한 문제로 발전하는 경우도 있다. 다음을 참고하라. Barkley, R. A. (2015). *Attention-Deficit Hyperactivity Disorder: A Handbook for Diagnosis and Treatment.* (Fourth edition). New York: Guilford Press, 184–218; Larson et al., "Patterns of Comorbidity, Functioning, and Service Use for US Children with ADHD, 2007."

29. Hoza, B. (2007). "Peer Functioning in Children with ADHD." *Ambulatory Pediatrics, 7*(Supplement 1), 101–6.

30. Barkley, *Attention-Deficit Hyperactivity Disorder*; Elia, J., Ambrosini, P., & Berrettini, W. (2008). "ADHD Characteristics: I. Concurrent Co-morbidity Patterns in Children and Adolescents." *Child and Adolescent Psychiatry and Mental Health, 2*(1), 15.

31. Masi, L., and Gignac, M. (2015). "ADHD and Comorbid Disorders in Childhood Psychiatric Problems, Medical Problems, Learning Disorders and Developmental Coordination Disorder." Clinical Psychiatry. Retrieved from http://clinical-psychiatry.imedpub.com/adhd-and-comorbid-disorders-inchildhoodpsychiatric-problems-medicalproblems-learning-disordersand-developmental-coordinationdisorder.php?aid=7487.

32. Bunford, N., Evans, S. W., and Wymbs, F. (2015). "ADHD and Emotion Dysregulation Among Children and Adolescents." *Clinical Child and Family Psychology Review, 18*(3), 185–217.

33. DuPaul, Gormley, and Laracy, "Comorbidity of LD and ADHD"; Subcommittee on Attention-Deficit/Hyperactivity Disorder Committee on Quality Improvement (2001). "Clinical Practice Guideline: Treatment of the School-Aged Child with Attention-Deficit/Hyperactivity Disorder." *Pediatrics, 108*(4), 1033–44. http://doi.org/10.1542/peds.108.4.1033.

34. U.S. Department of Education. (2006). "Building the Legacy: IDEA 2004." Retrieved from https://sites.ed.gov/idea/.

35. U.S. Department of Education. (2015). "Protecting Students with Disabilities." Office of Civil Rights. Retrieved from http://ed.gov about/offices/list/ocr/504faq.html.

36. The MTA Cooperative Group. (1999). "A 14-Month Randomized Clinical Trial of Treatment Strategies for Attention-Deficit/Hyperactivity Disorder." *Archives of General Psychiatry, 56*(12), 1073–86.

37. Jensen, P. S. et al. (2001). "ADHD Comorbidity Findings from the MTA Study: Comparing Comorbid Subgroups." *Journal of the American Academy of Child and Adolescent Psychiatry, 40*(2), 147–58.

38. Jensen, C. M., and Steinhausen, H-C. (2015). "Comorbid Mental Disorders in Children and Adolescents with Attention-Deficit/Hyperactivity Disorder in a Large Nationwide Study." *Attention Deficit and Hyperactivity Disorders, 7*(1), 27–38.

39. Biederman, J. et al. (2010). "A Naturalistic 10-Year Prospective Study of Height and Weight in Children with Attention-Deficit Hyperactivity Disorder Grown Up: Sex and Treatment Effects." *The Journal of Pediatrics, 157*(4), 635–40.

40. Kohls, G., Herpertz-Dahlmann, B., and Konrad, K. (2009). "Hyperresponsiveness to Social Rewards in Children and Adolescents with Attention-Deficit/Hyperactivity Disorder (ADHD)." *Behavioral and Brain*

Functions, 5(1), 20.

41. 마음챙김을 포함한 인지중점 치료는 비판하지 않으면서 감정을 파악하고 이해하는 데 효과를 보였다. 또한 부모와 자녀 모두의 부정적인 상호작용을 감소시키고 감정 조절 능력을 개선할 수 있다. 다음을 참고하라. Shaw, P., et al. (2014). "Emotion Dysregulation in Attention Deficit Hyperactivity Disorder." *American Journal of Psychiatry, 171*(3), 276–93.

42. Meppelink, R., de Bruin, E. I., and Bögels, S. M. (2016). "Meditation or Medication?: Mindfulness Training versus Medication in the Treatment of Childhood ADHD: A Randomized Controlled Trial. BMC Psychiatry, 16(1); Schmiedeler, S. (2015). "[Mindfulness-based Intervention in Attention-Deficit-/Hyperactivity Disorder (ADHD).]" *Zeitschrift für Kinder-und Jugendpsychiatrie und Psychotherapie, 43*(2), 123–31.

43. Den Heijer, A. E. et al. (2016). "Sweat It Out?: The Effects of Physical Exercise on Cognition and Behavior in Children and Adults with ADHD: A Systematic Literature Review." *Journal of Neural Transmission, 124*(Supplement 1), 3–26. doi:10.1007/s00702-016-1593-7.

44. Cortese, S. et al. (2016). "Neurofeedback for Attention-Deficit/Hyperactivity Disorder: Meta-Analysis of Clinical and Neuropsychological Outcomes from Randomized Controlled Trials." *Journal of the American Academy of Child and Adolescent Psychiatry, 55*(6), 444–55; Barkley, R. A. (2015). Research Findings. The ADHD Report, 23(8). Retrieved from https://guilfordjournals.com/loi/adhd.

CHAPTER 3

1. Hallowell and Jensen, *Superparenting for ADD.*

CHAPTER 4

1. Lawrence-Lightfoot, S. (2004). *The Essential Conversation: What Parents and Teachers Can Learn from Each Other.* New York: Ballantine Books.
2. DuPaul, Gormley, and Laracy, "Comorbidity of LD and ADHD."
3. DuPaul, Gormley, and Laracy, "Comorbidity of LD and ADHD."
4. Lahey, J. (2015). *The Gift of Failure: How the Best Parents Learn to Let Go So Their Children Can Succeed.* New York: HarperCollins.

CHAPTER 5

1. Goleman, D. (2013). *Focus: The Hidden Driver of Excellence.* New York: HarperCollins, 203.

CHAPTER 6

1. Nadeau, K. G., Littman, E. B., and Quinn, P. O. (1999). *Understanding Girls with ADHD: How They Feel and Why They Do What They Do.* Silver Spring, MD: Advantage.

CHAPTER 7

1. DuPaul, Gormley, and Laracy, "Comorbidity of LD and ADHD."

CHAPTER 10

1. Goleman, D. (1995). *Emotional Intelligence: Why It Can Matter More Than IQ.* New York: Bantam Books.
2. Thomas, E. (2015). "The Amygdala & Emotions." Retrieved from http://www.effective-mind-control.com/amygdala.html.
3. Brown, T. E. (2013). *A New Understanding of ADHD in Children and Adults: Executive Function Impairments.* New York: Routledge, 36.
4. Schmeichel, B. J., Volokhov, R. N., and Demaree, H. A. (2008). "Working Memory Capacity and the Self-Regulation of Emotional Expression and Experience." *Journal of Personality and Social Psychology, 95*(6), 1526–40.
5. Hallowell and Jensen, *Superparenting for ADD*, 77.
6. Hallowell and Jensen, *Superparenting for ADD*, 77–80.
7. Pratt, K. (2014). "Psychology Tools: What Is Anger? A Secondary Emotion." Retrieved from https://healthypsych.com/psychology-tools-what-is-anger-a-secondary-emotion.
8. Chansky, T. E. (2008). *Freeing Your Child from Negative Thinking: Powerful, Practical Strategies to Build a Lifetime of Resilience, Flexibility, and Happiness.* Cambridge, MA: Da Capo Press, 36–38.
9. Kemp, C. (2017). "Many Parents Use Time-Outs Incorrectly." Retrieved from http://www.aappublications.org/news/2017/01/24/TimeOut012417;

Morgan, A. (2017). "Why Traditional Time-Outs Don't Work and What to Do Instead." Retrieved from http://www.notimeforflashcards.com/2017/01/time-outs-dont-work.html.

10. Geurts, H. M., Luman, M., and van Meel, C. S. (2008). "What's in a Game: The Effect of Social Motivation on Interference Control in Boys with ADHD and Autism Spectrum Disorders. *Journal of Child Psychology and Psychiatry, 49*(8), 848–57. http://doi.org/10.1111/j.1469-7610.2008.01916.x; Sergeant, J. (2005). "Modeling Attention-Deficit/Hyperactivity Disorder: A Critical Appraisal of the Cognitive-Energetic Model." *Biological Psychiatry, 57*(11), 1248–55. http://doi.org10.1016/j.bps.2004.09.010.

11. Wilson, R., and Lyons, L. L. (2013). *Anxious Kids, Anxious Parents: 7 Ways to Stop the Worry Cycle and Raise Courageous & Independent Children.* Deerfield Beach, FL: Health Communications, Inc.

CHAPTER 11

1. Inspired by the work of Peg Dawson and Richard Guare in their book *Smart but Scattered.* Dawson, P., and Guare, R. (2009). *Smart but Scattered: The Revolutionary "Executive Skills" Approach to Helping Kids Reach Their Potential.* New York: Guilford Press.

CHAPTER 12

1. Nadeau, Littman, and Quinn, *Understanding Girls with ADHD*; Lee, S. S. et al. (2011). "Prospective Association of Childhood Attention-Deficit/Hyperactivity Disorder (ADHD) and Substance Use and Abuse/Dependence: A Meta-Analytic Review." *Clinical Psychology Review*, 31(3), 328–41.

2. Brown, *A New Understanding of ADHD in Children and Adults*, 155.

3. Flory, K. et al. (2006). "Childhood ADHD Predicts Risky Sexual Behavior in Young Adulthood." *Journal of Clinical Child & Adolescent Psychology, 35*(4), 571–7; Babinski, D. E., and Waschbusch, D. A. (2016). "The Interpersonal Difficulties of Women with ADHD." The ADHD Report, 24(7), 1–8. http://doi.org/10.1521/adhd.2016.24.7.1.

4. Bertin, M. (2011). *The Family ADHD Solution: A Scientific Approach to Maximizing Your Child's Attention and Minimizing Parental Stress.* New York: St. Martin's Griffin, 162–4.

CHAPTER 13

1. Ito, M. et al. (2013). *Hanging Out, Messing Around, and Geeking Out: Kids Living and Learning with New Media*. Boston, MA: The MIT Press.
2. Lenhart, A. (2015). "Teens, Social Media & Technology Overview 2015." Retrieved from http://www.pewinternet.org/2015/04/09/teens-social-media-technology-2015.
3. Eadicicco, L. (2015). "Americans Check Their Phones 8 Billion Times a Day." Retrieved from http://time.com/4147614/smartphone-usage-us-2015.
4. Nunez-Smith, M., et al. (2008). Media + Child and Adolescent Health: A Systematic Review." *Common Sense Media*.
5. American Psychological Association. (2017). "Stress in America: Coping with Change."
6. Steiner-Adair, C., with Barker, T. H. (2014). *The Big Disconnect: Protecting Childhood and Family Relationships in the Digital Age*. New York: Harper. 이러한 행동이 부모와 자녀 관계에 미치는 영향에 대한 분석은 『디지털 시대, 위기의 아이들 — 디지털 세상에서 아이는 어떻게 자라는가』(오늘의 책, 2015) 4, 17페이지를 참고하라.
7. American Psychological Association, "Stress in America: Coping with Change."
8. American Psychological Association, "Stress in America: Coping with Change."
9. Chassiakos, Y. R. (2016). "Children and Adolescents and Digital Media." *Pediatrics, 138*(5), e1–18. Retrieved from http://pediatrics.aappublications.org/content/138/5/e20162593.
10. TheFamilyDinnerProject.org: Food, Fun and Conversation About Things That Matter. Retrieved from https://thefamilydinnerproject.org.
11. Underwood, M. K., and Faris, R. (2015). "# Being Thirteen: Social Media and the Hidden World of Young Adolescents' Peer Culture". Retrieved from https://assets.documentcloud.org/documents/2448422/being-13-report.pdf.
12. Underwood and Faris, "# Being Thirteen."

참고문헌

American Academy of Pediatrics, and National Initiative for Children's Healthcare Quality. (2002). Caring for Children with ADHD: A Resource Toolkit for Clinicians. Chicago: McNeil. http://www.nichq.org/childrens-health/adhd/resources/vanderbilt-assessment-scales.

Anderson, A. K. (2007). "Feeling Emotional: The Amygdala Links Emotional Perception and Experience." Social Cognitive and Affective Neuroscience, 2(2), 71–72.

Anderson, P. (2002). "Assessment and Development of Executive Function (EF) During Childhood." Child Neuropsychology, 8(2), 71–72.

Barkley, R. A. (2011). Barkley Deficits in Executive Functioning Scale: Children and Adolescents. New York: Guildford Press.

______. (2012). Executive Functions: What They Are, How They Work, and Why They Evolved. New York: Guilford Press.

______, and Murphy, K. A. (2006). Attention-Deficit Hyperactivity Disorder: A Clinical Workbook. New Haven, CT: Yale University Press.

Baweja, R. et al. (2016). "The Effectiveness and Tolerability of Central Nervous System Stimulants in School-Age Children with Attention-Deficit/Hyperactivity Disorder and Disruptive Mood Dysregulation Disorder Across Home and School." Journal of Child and Adolescent Psychopharmacology, 26(2), 154–63.

Biederman, J. (2000). "Age-Dependent Decline of Symptoms of Attention Deficit Hyperactivity Disorder: Impact of Remission Definition and Symptom Type." American Journal of Psychiatry, 157(5), 816–18.

______ et al. (2012). "Predictors of Persistence in Girls with Attention Deficit Hyperacivity Disorder: Results from an 11-Year Controlled Follow-up Study." Acta Psychiatrica Scandinavica, 125(2), 147–56.

Brown, T. E. (2005). Attention Deficit Disorder: The Unfocused Mind in Children and Adults. New Haven, CT: Yale University Press.

______. (2014). Smart but Stuck: Emotions in Teens and Adults with ADHD. San

Francisco: Jossey-Bass.

Buitelaar, J. K. (2017). "Optimising Treatment Strategies for ADHD in Adolescence to Minimise 'Lost in Transition' to Adulthood." Epidemiology and Psychiatric Sciences, 26(5), 448–52.

Coloroso, B. (2016). "15 Clues Your Child Is Getting Bullied & What to Do About It." Retrieved from http://impactadhd.com/manage-emotions-and-impulses/child-is-getting-bullied.

Conners, K. (2008). Conners. (3rd edition). Toronto: Multi-Health Systems.

Cooper-Kahn, J., and Dietzel, L. (2008). Late, Lost, and Unprepared: A Parents' Guide to Helping Children with Executive Functioning. Bethesda, MD: Woodbine House.

Cortese, S. et al. (2012). "Toward Systems Neuroscience of ADHD: A Meta-Analysis of 55 fMRI Studies." American Journal of Psychiatry, 169(10), 1038–55.

Davidson, R. J., and Begley, S. (2012). The Emotional Life of Your Brain: How Its Unique Patterns Affect the Way You Think, Feel, and Live-and How You Can Change Them. New York: Hudson Street Press.

Dawson, P., and Guare, R. (2010). Executive Skills in Children and Adolescents: A Practical Guide to Assessment and Intervention. (2nd edition). New York: Guilford Press.

______. (2012). Coaching Students with Executive Skills Deficits. New York: Guilford Press.

______. (2013). Smart but Scattered Teens: The "Executive Skills" Program for Helping Teens Reach Their Potential. New York: Guilford Press.

Dendy, C. A., and Ziegler, A. (2007). A Bird's Eye View of Life with ADD and ADHD: Advice from Young Survivors. (2nd edition). Cedar Bluff, AL: Cherish the Children.

Early Childhood Australia, Inc. (2012). "Collaborating with Families: Not a Problem!" Every Child, 18(1), 28–29.

Ellison, K. (2010). Buzz: A Year of Paying Attention. New York: Hyperion.

Epstein, T., and Saltzman-Benaiah, J. (2010). "Parenting Children with Disruptive Behaviors: Evaluation of a Collaborative Problem Solving Pilot Program." Journal of Clinical Psychology Practice, 27–40.

Ferrer, E. et al. (2015). "Achievement Gap in Reading Is Present as Early as First Grade and Persists through Adolescence." Journal of Pediatrics, 167(5), 1121–25.

Gillberg, C. et al. (2004). "Co-Existing Disorders in ADHD—Implications for Diagnosis and Intervention." European Child+Adolescent Psychiatry, 13(Supplement 1), i80–i92.

Gold, A. L., Morey, R. A., and McCarthy, G. (2015). "Amygdala–Prefrontal Cortex Functional Connectivity During Threat-Induced Anxiety and Goal Distraction." Biological Psychiatry, 77(4), 394–403.

Greene, R. W. (2011). "The Aggressive, Explosive Child." In M. Augustyn, B. Zuckerman, and E. B. Caronna, eds., The Zuckerman Parker Handbook of Developmental and Behavioral Pediatrics for Primary Care. (2nd edition). Baltimore: Lippincott, Williams, & Wilkins, 282–84.

______ et al. (2004). "Effectiveness of Collaborative Problem Solving in Affectively Dysregulated Youth with Oppositional Defiant Disorder: Initial findings." Journal of Consulting and Clinical Psychology, 72(6), 1157–64.

Hallowell, E., and Ratey, J. (2011). Driven to Distraction: Recognizing and Coping with Attention Deficit Disorder from Childhood to Adulthood (2nd edition). New York: Anchor.

Harty, S. C. et al. (2017). "Anger-Irritability as a Mediator of Attention Deficit Hyperactivity Disorder Risk for Adolescent Alcohol Use and the Contribution of Coping Skills." Journal of Child Psychology and Psychiatry, 58(5), 555–63.

Hosain, G. M. et al. (2012). "Attention Deficit Hyperactivity Symptoms and Risky Sexual Behavior in Young Adult Women." Journal of Women's Health, 21(4), 463–68.

Johnson, M. et al. (2012). "Attention-Deficit/Hyperactivity Disorder (ADHD) with Oppositional Defiant Disorder in Swedish Children: An Open Study of Collaborative Problem Solving." Acta Paediactrica, 101(6), 624–30.

Kapalka, G. (2010). Counseling Boys and Men with ADHD. New York: Routledge.

Kok, F. M. et al. (2016). "Problematic Peer Functioning in Girls with ADHD: A Systematic Literature Review." PLOS ONE, 11(11), e0165119.

Kooij, S.J.J. et al. (2010). "European Consensus Statement on Diagnosis and Treatment of Adult ADHD: The European Network Adult ADHD." BMC Psychiatry, 10(1).

Lange, K. W. et al. (2010). "The History of Attention Deficit Hyperactivity Disorder." Attention Deficit and Hyperactivity Disorders, 2(4), 241–55.

Loe, I. M., and Feldman, H. M. (2007). "Academic and Educational Outcomes of Children with ADHD." Ambulatory Pediatrics, 7(Supplement 1), 82–90.

Mautone, J. A., Lefler, E. K., and Power, T. J. (2011). "Promoting Family and School Success for Children with ADHD: Strengthening Relationships While Building Skills." Theory into Practice, 50(1), 43–51.

Merikangas, K. R. et al. (2010). "Lifetime Prevalence of Mental Disorders in U.S. Adolescents: Results from the National Comorbidity Survey Replication-Adolescent Supplement (NCS-A)." Journal of the American Academy of Child & Adolescent Psychiatry, 49(10), 980–89.

Miller, V. A. (2009). "Parent-Child Collaborative Decision Making for the Management of Chronic Illness: A Qualitative Analysis." Families, Systems, & Health, 27(3), 249–66.

Molina, B. S. et al. (2013). "Adolescent Substance Use in the Multimodal Treatment Study of Attention-Deficit/Hyperactivity Disorder (ADHD) (MTA) as a Function of Childhood ADHD, Random Assignment to Childhood Treatments, and Subsequent Medication." Journal of the American Academy of Child & Adolescent Psychiatry, 52(3), 250–63.

______. (2009). "The MTA at 8 Years: Prospective Follow-Up of Children Treated for Combined-Type ADHD in a Multisite Study." Journal of the American Academy of Child & Adolescent Psychiatry, 48(5), 484–500.

______, and Pelham, W. E. (2003). "Childhood Predictors of Adolescent Substance Use in a Longitudinal Study of Children with ADHD." Journal of Abnormal Psychology, 112(3), 497–507.

Moya-Albiol et al. (2013). "Psychophysiological Responses to Cooperation: The Role of Outcome and Gender." International Journal of Psychology, 48(4), 542–50.

Mrug, S. et al. (2012). "Peer Rejection and Friendships in Children with Attention-Deficit/Hyperactivity Disorder: Contributions to Long-Term Outcomes." Journal of Abnormal Child Psychology, 40(6), 1013–26.

Murray-Close, D. et al. (2010). "Developmental Processes in Peer Problems of Children with Attention-Deficit/Hyperactivity Disorder in the Multimodal Treatment Study of Children with ADHD: Developmental Cascades and Vicious Cycles." Development and Psychopathology, 22(4), 785–802.

Newcorn, J. H. et al. (2001). "Symptom Profiles in Children with ADHD: Effects of Comorbidity and Gender." Journal of the American Academy of Child & Adolescent Psychiatry, 40(2), 37–146.

Nigg, J. T. (2013). "Attention-Deficit/Hyperactivity Disorder and Adverse Health Outcomes." Clinical Psychology Review, 33(2), 215–28.

Ollendick, T. H., et al. (2016). "Parent Management Training (PMT) and Collaborative & Proactive Solutions (CPS): A Randomized Control Trial for Oppositional Youth." Journal of Clinical Child and Adolescent Psychology, 45(5), 591–604.

Peterson, R. L. et al. (2017). "Cognitive Prediction of Reading, Math, and Attention: Shared and Unique Influences." Journal of Learning Disabilities, 50(4), 408–21.

Polderman, T. J. et al. (2010). "A Systematic Review of Prospective Studies on Attention Problems and Academic Achievement." Acta Psychiatrica Scandinavica, 122(4), 271–84.

Pollastri, A. et al. (2013). "The Collaborative Problem Solving Approach: Outcomes Across Settings." Harvard Review of Psychiatry, 21(4), 188–99.

Quinn, P. O., and Nadeau, K. G., eds. (2002). Understanding Women with AD/HD. Silver Spring, MD: Advantage.

Reynolds, C. R., and Kamphaus, R. W. (2015). Behavior Assessment System for Children (3rd edition). New York: Pearson.

Riley, A. R. et al. (2017). "A Survey of Parents' Perceptions and Use of Time-Out Compared to Empirical Evidence." Academic Pediatrics, 17(2), 168–75.

Rubia, K., Alegria, A., and Brinson, H. (2014). "Imaging the ADHD Brain: Disorder-Specificity, Medication Effects and Clinical Translation." Expert Review of Neurotherapeutics, 14(5), 519–38.

Seidman, L. J. et al. (2005). "Impact of Gender and Age on Executive Functioning: Do Girls and Boys with and Without Attention Deficit Hyperactivity Disorder Differ Neuropsychologically in Preteen and Teenage Years?" Developmental Neuropsychology, 27(1), 79–105.

Sesma, H. W. et al. (2009). "The Contribution of Executive Skills to Reading Comprehension." Child Neuropsychology, 15(3), 232–46.

Shaywitz, S. E., and Shaywitz, B. A. (2005). "Dyslexia (Specific Reading Disability)." Biological Psychiatry, 57(11), 1301–9.

Siegel, D. (2013). Brainstorm: The Power and Purpose of the Teenage Brain. New York: Jeremy P. Tarcher/Penguin.

Sobanski, E. et al. (2010). "Emotional Lability in Children and Adolescents with Attention Deficit/Hyperactivity Disorder (ADHD): Clinical Correlates and Familial Prevalence: Emotional lability in ADHD." Journal of Child Psychology and Psychiatry, 51(8), 915–23.

Spencer, T. J. et al. (2013). "Effect of Psychostimulants on Brain Structure and Function in ADHD: A Qualitative Literature Review of Magnetic Resonance Imaging-Based Neuroimaging Studies." Journal of Clinical Psychiatry, 74(9), 902-17.

Stasik, D. et al. (2008). "[Graphomotor Functions in Children with Attention Deficit Hyperactivity Disorder (ADHD).]" Psychiatria Polska, 43(2), 183-92.

Stiles, J., and Jernigan, T. L. (2010). "The Basics of Brain Development." Neuropsychology Review, 20(4), 327-48.

Swanson, E. N., Owens, E. B., and Hinshaw, S. P. (2014). Pathways to self-harmful behaviors in young women with and without ADHD: a longitudinal examination of mediating factors. Journal of Child Psychology and Psychiatry, 55(5), 505-515.

Swanson, E. N., Owens, E. B., and Hinshaw, S. P. (2001). "Clinical Relevance of the Primary Findings of the MTA: Success Rates Based on Severity of ADHD and ODD Symptoms at the End of Treatment." Journal of the American Academy of Child & Adolescent Psychiatry, 40(2), 168-79.

Talan, J. (2007). "ADHD Brains Lag in Development, New Study Finds." Neurology Today, 7(24), 1.

Tough, P. (2012). How Children Succeed: Grit, Curiosity and the Hidden Power of Character. New York: Houghton Mifflin Harcourt.

Tuckman, A. (2012). Understand Your Brain, Get More Done: The ADHD Executive Functions Workbook. Plantation, FL: Speciality Press.

Uchida, M. et al. (2015). "Adult Outcome of ADHD: An Overview of Results from the MGH Longitudinal Family Studies of Pediatrically and Psychiatrically Referred Youth with and Without ADHD of Both Sexes." Journal of Attention Disorders, 1-12.

University of Michigan. (2015). "Slow to Mature, Quick to Distract: ADHD Brain Study Finds Slower Development of Key Connections." Health System University of Michigan. Retrieved from http://www.uofmhealth.org/news/archive/201409/slow-mature-quick-distract-adhd-brain-study-finds-slower.

Volkow, N. D. et al. (2011). "Motivation Deficit in ADHD Is Associated with Dysfunction of the Dopamine Reward Pathway." Molecular Psychiatry, 16(11), 1147-54.

Willcutt, E. G., Doyle, A. E., Nigg, J. T., Faraone, S. V., and Pennington, B. F. (2005). Validity of the Executive Function Theory of Attention-Deficit/Hyperactivity Disorder: a Meta-Analytic Review. Biological Psychiatry, 57(11), 1336-1346.

Willcutt, E. G. et al. (2010). "Etiology and Neuropsychology of Comorbidity between RD and ADHD: The Case for Multiple-Deficit models." Cortex, 46(10), 1345–61.

Wolraich, M. L. (2005). "Attention-Deficit/Hyperactivity Disorder Among Adolescents: A Review of the Diagnosis, Treatment, and Clinical Implications." Pediatrics, 115(6), 1734–46.

Zwi, M. et al. (2011). "Parent Training Interventions for Attention Deficit Hyperactivity Disorder (ADHD) in Children Aged 5 to 18 Years." In the Cochrane Collaboration, ed., Cochrane Database of Systematic Reviews. Chichester, UK: John Wiley & Sons, Ltd.

지은이

샤론 살린(Sharon Saline, Psy.D.)

임상 심리학자(Clinical psychologist)이며, ADHD, 학습장애, 정신건강문제가 아동, 십 대, 가족에게 미치는 영향을 다루는 분야의 최고 전문가이다. 그녀는 브라운 대학을 졸업하고 캘리포니아 뉴칼리지에서 심리학 석사, 캘리포니아 심리학 전문 대학원에서 박사학위를 취득하였다. 살린 박사는 개인 상담실을 운영하면서 학교생활에 영향을 미치는 정신건강문제, 대안학습을 위한 도구, 교사와 부모 간의 소통을 주제로 학교와도 광범위하게 협업하고 있다. 가정에서 치료를 받지 못한 ADHD로 어려움을 겪었던 동생과 자라면서 형성된 그녀만의 특별한 시각과 수십 년 동안 축적된 그녀의 임상경험들은 가족 구성원을 정보, 감정, 갈등, 스트레스의 미로에서 성공적인 대화, 중재, 연결로 인도한다.

심리학 지식뿐 아니라 연극을 전공했던 배경이 어우러진 국제적으로 유명한 강연가, 워크숍 퍼실리테이터, 의사와 교육자의 트레이너로도 알려져 있는 살린 박사는, ADDitude 잡지의 디어 페어런트 십 대 자녀 코칭 시리즈에도 정기적으로 글을 연재하고 있다. 다수의 ADHD와 부모를 대상으로 한 컨퍼런스의 인기 강사인 살린 박사는 ADHD와 아동, 십 대의 집행기능을 이해하여 청소년의 뇌를 잘 알고 받아들이도록 하는 주제로부터 학습 속도가 다른 학습자와 디지털 시민을 기르는 주제에 이르기까지 다양한 영역을 다루고 있다.

또한, 다양한 매체를 통해 양육에 도움이 되는 소중한 통찰과 추천 자료를 무료로 나누고 있다. 사이트(www.drsharonsaline.com), 페이스북(@DrSharon Saline), 트위터(@DrSharonSaline)에서 더 많은 정보를 얻을 수 있다.

옮긴이

송지영(toyandjy@gmail.com)

Columbia International University에서 목회상담을 공부하였다. 교육과 상담으로 다양한 문화권의 사람들을 만났으며, 현재는 루오심리상담센터에 찾아오시는 귀한 분들과 함께 고민하고 성장하고 있다. 함께하고 있는 WAW공동체에서 부모교육에 힘쓰고 있으며 함께 가치를 실현해 나가고 있다.

부모들이 모르는 우리 아이 ADHD 이야기

초판 1쇄 발행 2023년 4월 10일
초판 2쇄 발행 2023년 12월 18일

지은이 | 샤론 살린
옮긴이 | 송지영
펴낸이 | 소정영

펴낸곳 | 도서출판 하나의학사
출판신고 | 1988년 4월 1일 제2022-000082호

주소 | 서울특별시 송파구 동남로 159, 302호(한흥빌딩)
전화 | 02-730-2555, 2556 **팩스** | 02-730-2557
이메일 | hanampc1@naver.com
홈페이지 | www.hanampc.co.kr

ISBN 979-11-91658-26-2 03180